SV

D1668958

Bernhard Lypp

Ästhetischer Absolutismus und politische Vernunft

Zum Widerstreit von Reflexion und Sittlichkeit im deutschen Idealismus

Suhrkamp Verlag

Erste Auflage 1972
© Suhrkamp Verlag Frankfurt am Main 1972. Alle Rechte vorbehalten
Druck bei Georg Wagner, Nördlingen. Printed in Germany
D 188

Inhalt

A. Der ästhetische Progreß ins Unendliche

I. Der Gegensatz von *Natur*kausalität und Kausalität der *Freiheit*. Seine Interpretation durch den ästhetischen Absolutismus 9
  1. Das absolute Ich im Verhältnis zur Positivität des Lebens. 23
  2. Die Skepsis unendlicher Reflexion 42
  3. Die Ironie der Reflexion und die Beziehungen des Witzes zum Unbewußten 57
  4. Hermeneutischer Historismus und konstruierende Kritik. 82
  5. Die epische Anamnese des Selbstbewußtseins als ästhetische Utopie 94

B. Der ästhetische Regreß ins Unendliche

II. Der Gegensatz von *Natur* und *sittlicher Welt*. Seine Darstellung als Kausalität des Schicksals 139
  1. Die Positivität des Lebens im Spiegel der Trennung von Moralität und Legalität 148
  2. Die Aufführung der »Tragödie im Sittlichen« 182
  3. Komödie und Tragödie als Darstellungen des Schicksals 200
  4. Die Aufhebung der Schicksalskausalität in den Formen des Geistes 227
  5. Anmerkungen zum Modell einer »Logik des Zerfalls« 236
  6. Exkurs zu Hölderlin 243

Für Peter Szondi

A. Der ästhetische Progreß ins Unendliche

I. Der Gegensatz von *Natur*kausalität und Kausalität der *Freiheit*. Seine Interpretation durch den ästhetischen Absolutismus

Die Frage, wie sich die für den Menschen geforderte Autonomie des Handelns als durchgängig bestimmte Erfahrung auch in der Geschichte durchsetzen könne, beantwortet Kant mit der nur ihm eigenen Vorsicht. Wenn der Zusammenhang einer solchen Erfahrung überhaupt denkbar sein soll, muß die menschliche und außermenschliche Natur als »verläßlich«[1] betrachtet werden können. In geschichtlicher Hinsicht wäre das Resultat jener durchgängig bestimmten, d. h. geregelten und kontrollierbaren Erfahrung die liberale Utopie eines Zustands, der gleich einem sich selbst regulierenden System, also »wie ein *Automat* sich selbst erhalten kann«.[2] Kants Mutmaßungen über diesen möglichen Endzweck der Geschichte zufolge wäre auf ihn allein das Kriterium empirischer Wahrheitsfindung applizierbar, und dadurch wäre er von einem »Traum«[3] unterscheidbar.

Der Endzweck der Geschichte kann als weltbürgerlicher Zustand, als Fortschritt zu einer gesellschaftlichen Organisation, die in »ewigem Frieden« lebt, unter hypothetischen Vorgriffen nur angesteuert werden, wenn der Natur und dem Handeln der menschlichen Gattung eine immanente Zweckmäßigkeit zugesprochen wird. Kant nennt sie den »verborgenen Plan der Natur«[4] und versucht auf dieser Basis seine Geschichtsphilosophie in praktischer Absicht zu entfalten; zugleich distanziert er sich durch den Gebrauch eines solch apriorischen Leitfadens für eine mögliche

---

1 Vgl. Kambartel (1), S. 87 ff. In einem Kapitel zu Kants Konzeption der Beziehung autonomer Vernunft zu ihr entgegenstehender Natur weist Kambartel darauf hin, daß die Natur »verläßlich« sein muß, wenn sich die Vernunft ihr gegenüber als autonome bewähren soll.
2 Kant (VI), S. 43.
3 (II), S. 433.
4 (VI), S. 45.

Geschichtsbetrachtung vom Geschäft empirischer Historie. Den Einwand, Geschichte könne in solcher Absicht nur als unwissenschaftliches Erzählen[5], als narratives Aneinanderreihen beliebig ausgewählter Fakten, nicht aber als Wissenschaft betrachtet werden, nimmt Kant in dem Hinweis vorweg, daß sich der unübersehbare Tatsachenzusammenhang der Vergangenheit nur zur Einheit zusammenfügen lasse, wenn man ihn mit dem Interesse an jenem weltbürgerlichen Zustand ordne. Dieses Interesse aber bedarf keiner weiteren Rechtfertigung, denn es kann von allen Handelnden a priori eingesehen werden.

Der Versuch einer von Zielvorstellungen angeleiteten Geschichtsphilosophie, der im gesellschaftlichen Kontext vorrevolutionärer Erfahrung steht, hängt mit der Aufklärung der Antinomien zusammen, in die sich die menschliche Vernunft in der Forderung verstrickt, sich als autonome zu bewähren. Die Suche nach einem Erfahrungsbegriff, deren Ziel darin besteht, weder die menschlichen Erkenntniskräfte dogmatisch zu fixieren, noch ihre Ordnungsfunktion skeptisch preiszugeben, veranlaßte Kant in bezug auf das Feld der Erscheinungen in der Geschichte zu fragen, wie es möglich sei, ein »... planloses *Aggregat* menschlicher Handlun-

5 (VI), S. 48; vgl. Jauß (2), S. 579.

Dort macht R. Koselleck in einem Diskussionsbeitrag zum Problem der Zufalls- und »Motivationsreste«, die einer historischen Darstellung zugrunde liegen und immanent bleiben, folgende Bemerkung: »Die Historie muß verkürzen, um überhaupt Aussagen machen zu können und seitdem entstehen Verpflichtungen, die Darstellung so zu stilisieren, daß die *verjüngten Bilder* auch als solche deutlich werden. Kant war sich z. B. darüber völlig im Klaren, als er im neunten Satz seiner *Idee zu einer allgemeinen Geschichte in weltbürgerlicher Absicht* den Versuch skizzierte, die allgemeine Weltgeschichte nach einem Plan der Natur zu entwerfen. Er distanzierte sich von dem Leibnizschen Ausdruck des *Romans*, den er als poetischen Schein abwertete, um ihn gleichwohl als Metapher seiner philosophischen Geschichte gelten zu lassen. Es kam ihm darauf an, die versteckten Ziele der Natur so darzustellen, daß sich die Geschichte aus einem Aggregat vieler Einzelheiten in ein vernünftiges System zeitlicher Erfüllbarkeit verwandele. Aus den Geschichten wurde hier ein System, oder die *Geschichte an sich*, die *Geschichte selbst* ... ›Die Geschichte‹ wurde entdeckt, indem sie zugleich ihre geschichtsphilosophischen Weihen empfing.«

gen, wenigstens im großen, als ein *System* darzustellen«.[6] Die Applikation der menschlichen Erkenntnisvermögen, in deren Zusammenhang eine durchgängig bestimmte Erfahrung gerade besteht, setzt also deren entfaltetes System voraus; denn sie sind es, mit deren Hilfe die Mannigfaltigkeit von Tatsachen in die Einheit gesetzmäßiger Ordnung gebracht werden kann. Soll jedoch ihr Zusammenhang gewährleistet sein, dann ist vorausgesetzt, daß die Lösung der dritten Antinomie der reinen Vernunft, wie nämlich Kausalität der *Natur* und Kausalität der *Freiheit* zusammengedacht werden können, bruchlos gelungen ist. Diese für den Zusammenhang von theoretischer und praktischer Philosophie entscheidende Antinomie, deren scharfe Kennzeichnung durch Kant die idealistische Freiheitsphilosophie nach ihm angestoßen hat, ist es aber, die Kant motiviert hat, den Bezug von theoretischer und praktischer Vernunft im gesamten System der Erfahrung in den Einleitungen zu seiner dritten Kritik nochmals darzulegen.

Die Bestimmung des Umfangs und der Grenzen menschlicher Erfahrung, deren leitendes Interesse die Herstellung einer auf sich selbst gestellten Vernunft ist, zerfällt in einen deskriptiven Bereich der Analyse ihrer Mittel und einen präskriptiven der Formulierung ihrer Zwecke.[7] Zwischen beiden Bereichen liegt, dem Diktum von Kant selbst zufolge, ein Abgrund, der später als die Dichotomie von Sein und Sollen nicht hinreichend bezeichnet und gegen die Kantische Konstruktion einer durchgängig bestimmten Erfahrung gewendet worden ist. Denn Kant selbst versuchte zwischen den Natur- und Freiheitsbegriffen, die durch eine Kluft voneinander getrennt blieben, das System der Erfahrung dahingehend zu erweitern, daß die Urteilskraft die »Brücke«[8] zwischen jenen getrennten Erfahrungsbereichen bildet. Im Katalog der oberen Erkenntnisvermögen tritt sie zwischen den Verstand, dessen Aufgabe in der Analyse von Naturgesetzen besteht, und die Vernunft, deren Ziel die Formulierung des

6 Kant (VI), S. 43.
7 Zur Unterscheidung von »deskriptiv« und »präskriptiv« vgl. Hare(1).
8 Kant (V), S. 270; vgl. Biemel (1), S. 22 ff.

Sittengesetzes ist. Denn trotz der gesetzfindenden Funktion des Verstandes ist es prinzipiell möglich, daß die menschliche Wahrnehmung auf eine chaotische Mannigfaltigkeit in der Natur enthaltener empirischer Gesetze stößt. Aus ihr muß die Einheit einer theoretisch konsistenten Erfahrung erst gewonnen werden. Und trotz der uneingeschränkten Geltung des Sittengesetzes ist es dennoch nötig, dieses Gesetz einem handelnden Subjekt kommunikabel zu machen, besonders dann, wenn es sich als Träger des Fortschritts in der Geschichte begreifen soll.

Die vermittelnde Funktion des Erkenntnisvermögens der Urteilskraft ist also durch die verschärfte Frage bedingt: Wie kann die Mannigfaltigkeit eines Erfahrungskontinuums so bestimmt werden, daß sich seine Einheit unter dem Gesichtspunkt der These der Autonomie menschlicher Vernunft herstellen und zugleich in der Geschichte verwirklichen läßt; denn die Utopie eines sich selbst regulierenden gesellschaftlichen Systems läßt sich so verstehen, daß in ihr von der gesamten gesellschaftlichen Organisation gilt, was von jedem einzelnen Handelnden gefordert ist. Die Frage nach der vermittelnden Funktion der Urteilskraft ist die nach der Beziehung der Mittel theoretischer Vernunft auf die Zwecke[9] der praktischen Vernunft. Der theoretische Zwang, sie so aufeinander zu beziehen, daß das System der gesamten Erfahrung nicht in zwei voneinander getrennte Bereiche zerfällt, ist als die »Wende Kants zur Ästhetik«[10] beschrieben worden.

Ohne entscheiden zu müssen, ob diese Charakterisierung die Kantischen Intentionen wirklich trifft, läßt sich doch sagen, daß die dritte Kritik die theoretischen Bemühungen angestoßen hat, deren Erkenntnisinteresse es war, die von Kant auch noch in ihr

---

9 Als Zeichen für den Auseinanderfall von Natur und Vernunft hat Horkheimer die auf Findung von Gesetzeshypothesen als Mittel zur Beherrschung von Natur gerichteten Zwecke »instrumenteller« Vernunft gewertet. Nach ihm führt die rein funktionale Beziehung theoretischer Mittel der Vernunft auf ihre Zwecke zur Unterdrückung und als deren Kehrseite zu »Revolten« der Natur, die historisch an Erscheinungen wie dem Faschismus manifest werden. Vgl. Horkheimer (2), S. 15 ff. u. S. 93 ff.

10 Marquard (1), S. 231 ff. u. S. 363 ff.; auch Lukács (5), S. 316 ff.

ausgeschlossene Dimension übersinnlicher Realität in der Gestalt des *Absoluten* allein aus den menschlichen Erkenntniskräften zu entfalten, um die von Kant gezogene Grenze der Erfahrbarkeit von Realität zu überschreiten. Als Garant der Einheit für das erweiterte Feld der Erfahrung und zugleich als Bezugspunkt ihrer entfremdeten Bereiche gilt nun die natürliche Sensibilität des Organs, dessen spontane Produktivität sich selbst zum Zweck[11] hat. Aus ihm läßt sich eine absolute, d. h. vollständige Erfahrung für die menschliche Vernunft gewinnen. Das ist der Inhalt des Bezugsrahmens, der unter der Perspektive steht, die Einheit der Erfahrung in der Dimension des Ästhetischen zu bilden. In ihr entscheidet sich nun die Forderung nach menschlicher Selbstbestimmung in paradigmatischer Weise. Dieser theoretische Zugriff kennzeichnet ein Phänomen, das man als *ästhetischen Absolutismus* bezeichnen kann, als die Beschwörung der Einheit absoluter Erfahrung, die auf der Materialität des ästhetischen Sinnes beruht. Nur in ihm manifestiert sich innerhalb dieser Perspektive der Bezug vom Reich der Natur zu dem der Freiheit, wie sich in ihm zugleich der Übergang von einem ins andere vollziehen läßt.

Im Gegensatz zu den Ästhetischen Schriften Schillers, wenngleich mit ihnen ähnlichen Intentionen, kann der ästhetische Absolutismus dadurch charakterisiert werden, daß er die Kantischen Grenzbestimmungen menschlicher Erfahrung vollkommen hinter sich zu lassen versucht. Anfang und Ende der durch ihn bezeichneten Erfahrungsbewegung ist die ästhetische Anschauung im Absolutum der Kunst. Kant versuchte das Ineinandergreifen von Natur und Freiheit und den Fortschritt von einem Bereich der Erfahrung in den anderen in einer Anthropologie zu begründen, die den Antagonismus von Natur und Freiheit als »ungesellige

---

11 Schiller hat dies in dem markanten Satz beschrieben: »der Mensch spielt nur, wo er in voller Bedeutung des Worts Mensch ist, und *er ist nur da ganz Mensch, wo er spielt.*« Schiller (1), S. 359; vgl. H. Marcuse (1), S. 169 ff. In dem Postulat einer Welt »jenseits des Realitätsprinzips« versucht Marcuse einen Rationalitätsbegriff zu entwickeln, der die spontane Aktivität eines Handelnden berücksichtigen muß. Handeln, dessen Regeln spielerische sind, wäre für ihn das Merkmal einer nicht repressiven Kultur.

Geselligkeit« in sich selbst trägt. In seiner geschichtsphilosophischen Konstruktion ist er sogar als Mittel des Fortschritts selbst zu verstehen.[12] Der paradoxe Zusammenhang von natürlicher Bestimmtheit und sittlicher Bestimmung des Menschen kennzeichnet auch den ästhetischen Sinn und dessen Produkt. Von ihm gilt, daß Natur und Freiheit sich in solcher Einheit präsentieren, daß zwischen ihnen nicht der Abgrund liegt, den Kant zwischen ihnen festgestellt hat. Die geniale Produktivität allein ist jene Tätigkeit, die natürlich ist und die sich zugleich selbst bestimmt, so daß im Produkt dieser Tätigkeit sinnlicher Trieb und sittliches Streben zur Selbstbestimmung koinzidieren. Autonomie der moralischen Vernunft und Autonomie des ästhetischen Sinnes fallen in der sich selbst als Zweck begreifenden Produktivität zusammen.

Die Lehre von der schöpferischen Produktivität als der des Genies steht schon im Zentrum der Kantischen Geschmackskritik. Mit ihr sind alle die Merkmale gesetzt, die zwischen den Gegensatz der Naturkausalität und der Kausalität der Freiheit ein Vermögen willkürlicher Spontaneität stellen. Das schöpferische Genie ist es, das aus Freiheit produziert, was die Natur, indem ihr eine planvolle Absicht unterlegt wird, ihrerseits will. Darin kommt die Komplikation der Autonomieforderung zum Ausdruck. Soll sie sich bewähren können, dann ist sie auf eine Natur angewiesen, die gänzlich von der, auf die sich die gesetzfindende Funktion des Verstandes richtet, verschieden ist. Daneben muß es noch ein Individuum geben, das durch die Spontaneität seines Handelns charakterisierbar ist. Beide Forderungen aber sind nur in der Setzung eines genialen Produzenten zu finden. Er schafft eine Kunst, die gleich der Natur organisiert ist. Der freie Wille, der unter dem Sittengesetz handeln soll, ist in ihr zum natürlichen gebildet. Indem Kant seine Zwecke zugleich mit dem Sittengesetz verbindet, versucht er dem Instrumentalismus der theoretischen und dem Formalismus der praktischen Vernunft ein Substrat zu geben, das sich in der Relation theoretischer Mittel auf praktische Zwecke nicht erschöpft. Unter diesem Gesichtspunkt

12 Vgl. Adorno (3), S. 36.

ist der § 59, dessen Inhalt die vom Menschen erstellte Schönheit, die »Zweckmäßigkeit ohne Zweck« als Symbol der Sittlichkeit ist, das Zentrum der Kantischen »Kritik der Urteilskraft«. Die symbolisierende Funktion der Urteilskraft wird in ihm auf die Reflexion des Handelnden zurückbezogen und von dem Schematisieren des Verstandes unterschieden, in dem die Einbildungskraft dessen Begriffe zu versinnlichen in der Lage ist. Schönheit als Symbol der Sittlichkeit ist weder das Resultat der gesetzfindenden Funktion des Verstandes, noch der gesetzgebenden der Vernunft und ist dennoch mit beiden auf eine Art verbunden, die Kant als unbekannt[13] bezeichnet, die aber angenommen werden muß, wenn die menschliche Vernunft nicht dem Chaos der sie bedrängenden Natur preisgegeben werden soll.

Das von Kant angenommene Substrat wird allerdings so eingeführt, daß es gedacht werden muß, *als ob* es wirklich wäre, da seine übersinnlichen Merkmale das Kriterium menschlicher Erfahrung sprengen würden: »Der Verstand gibt durch die Möglichkeit seiner Gesetze a priori für die Natur, einen Beweis davon, daß diese von uns nur als Erscheinungen erkannt werden, mithin zugleich Anzeige auf ein übersinnliches Substrat derselben, aber läßt dieses gänzlich *unbestimmt*. Die Urteilskraft verschafft durch ihr Prinzip a priori der Beurteilung der Natur, nach möglichen Gesetzen derselben, ihrem übersinnlichen Substrat (in uns sowohl als außer uns) *Bestimmbarkeit durch intellektuelles Vermögen*. Die Vernunft aber gibt eben demselben durch ihr praktisches Gesetz a priori die *Bestimmung*; und so macht die Urteilskraft den Übergang vom Gebiet des Naturbegriffs zu dem des Freiheitsbegriffs möglich.«[14]

Die Urteilskraft vereint also in einem Wechselspiel der Begriffe der *Unbestimmtheit, Bestimmbarkeit* und *Bestimmung* die Extreme von Natur- und Freiheitsgesetz. Die durch sie angestoßene Dialektik hat das Programm des ästhetischen Absolutismus motiviert. Einerseits wurde in ihm der kategorische als ästhetischer

13 Kant (V), S. 461.
14 (V), S. 272.

Imperativ interpretiert und die geforderte durchgängige Bestimmung des Erfahrungszusammenhangs in das Paradigma des künstlerischen *Werks* verlegt. Als Repräsentant einer einheitlich organisierten Erfahrung entwickelt es sich aus dem Reflexionsvermögen, das mit der ästhetischen Urteilskraft gesetzt ist, das wiederum auf willkürlicher Spontaneität, dem Tun eines Subjekts beruht. Diese willkürlich verfahrende Spontaneität eines absoluten Ich ist der Schauplatz der Antinomie von Natur und Freiheit. Sie stößt eine der künstlerischen Form immanente Bewegung an, die als unendlich bestimmtes Reflexionskontinuum bezeichnet wird, und überläßt es seiner immanenten Logik. In dieser wiederum, der Logik des unendlich bestimmten Reflexionskontinuums, kommen Motive der willkürlich agierenden Spontaneität des Subjekts zur Darstellung, die seiner eigenen Einsicht entzogen sind. Die Autonomie der künstlerischen Form, die in einem Produkt seiner Willkür vorliegt, ist der einzige Rechtsgrund für seine kritische Vollendung. Sie ist die Legitimation für die Kritik der Erfahrung als Kunstkritik.

Auf der anderen Seite tritt durch die Bindung der ästhetischen Dimension der Erfahrung an die Materialität eines natürlichen Sinnes die unbewußte Motivation seiner Spontaneität stärker hervor als dies im transzendentalen Ich der Fall ist. Für das geniale Kunstprodukt ist es kennzeichnend, daß es als Resultante unbewußter Motive und willkürlicher Agilität der Darstellung betrachtet wird. Über die unbewußte Produktivität der menschlichen Natur erheben sich die Potenzen des menschlichen Bewußtseins, deren konkreteste das geniale Kunstprodukt ist.

In beiden Fällen aber ist das Telos der Bewegung, in der die Dimension des Ästhetischen zum Paradigma einer freien Erfahrung wird, ihr Abschluß in der Erzählung eines neuen, von allen Schranken und Grenzen befreiten Lebens. Unter ihnen gilt die Aufhebung seiner rechtlichen Sanktionsinstanzen, der Rechte setzenden Institutionen, als die entscheidende. Denn der ästhetische Sinn ist durch eine antizipierende Sensibilität charakterisierbar, deren Schemata über einen akkumulierten und sich stabilisierenden Erfahrungszusammenhang hinausführen. Würden sie praktisch eingelöst, würde dies die Aufhebung politischer Herschaftsorgane bedeuten.

In einem frühen theoretischen Text[15] hat Hölderlin die Motive, welche die Distanzierung von der Kantischen Erfahrungsbeschränkung in Gang gesetzt haben, kurz und prägnant zum Ausdruck gebracht. Auch Hölderlins Interesse ist es, den Zufall in der Beziehung theoretischer Mittel der Vernunft auf ihre praktischen Zwecke auszuschließen. Nicht nur in der Beziehung dieser beiden Sphären aufeinander, sondern in ihnen selbst wirkt nach ihm dessen zerstörende Macht. Denn obgleich aufeinander bezogen, sind sie dennoch von verschiedenen Erkenntnisvermögen abhängig. Obgleich von der Lösung der Antinomie zwischen Natur und Freiheit die Möglichkeit einer vernünftigen Praxis abhängt, ist Natur nur vom theoretischen Vermögen des Verstandes beherrschbar. Die praktische Vernunft muß sich durch ein Dekret von allen natürlichen Motivationen freihalten, da sie nach Kant als sinnliche Triebe die allgemeine Geltung des Sittengesetzes zerstören würden. Über ihre tatsächliche Wirksamkeit geht die moralische Vernunft hinweg. Deshalb existiert nach Hölderlin der Zustand der Gesetzlosigkeit der Möglichkeit nach in dem Gebiet der Natur- und dem der Freiheitsgesetze:

»In jener Anarchie der Vorstellung, wo die Einbildungskraft theoretisch betrachtet wird, war zwar eine Einheit des Mannigfaltigen, Ordnung der Wahrnehmungen möglich, aber zufällig. In diesem Naturzustande der Phantasie, wo sie in Verbindung mit dem Begehrungsvermögen betrachtet wird, ist zwar moralische Gesezmäsigkeit möglich, aber zufällig.«[16]

Beide Zustände, in denen die Anarchie der Gesetzlosigkeit wirkt, werden von Hölderlin auf die menschliche Einbildungskraft zurückbezogen. Als Erkenntnisvermögen liegt sie gleichsam noch unterhalb des Verstandes, durch den die Vorstellungen, die sich unmittelbar auf die Natur beziehen, geordnet werden müssen. Verbunden aber ist sie mit dem sinnlichen Trieb, der die Antriebs-

---

15 Vgl. Henrich (1), S. 80 ff.
16 Hölderlin (VI, 1), S. 211.

potentiale zur Formulierung des Gesetzes der sich selbst bestimmenden Vernunft zum Inhalt hat. Dadurch, daß die Kraft der Imagination mit dem Streben, auf dem die moralische Vernunft basiert, in Verbindung gebracht wird, ist der Vorrang der praktischen Vernunft gegenüber der ordnenden Funktion des Verstandes betont. Wenn sinnlicher Trieb und Einbildungskraft koinzidieren, dann ist ein Zustand gegeben, den Hölderlin den einer natürlichen Unschuld des Menschen nennt, und das ihm korrespondierende Erkenntnisvermögen bezeichnet er nicht mehr als Einbildungskraft, sondern als *Phantasie*. In ihr ist triebgesteuertes und Handeln unter dem Sittengesetz identisch gesetzt. Während in der Organisation theoretischer Mittel des Verstandes und in den praktischen Zwecksetzungen der Vernunft die Natur, auf die sich beide beziehen, als Chaos anarchisch sich widerstrebender Bezüge gedacht werden muß, basiert das Zusammenspiel von Natur- und Freiheitstrieb, das die Phantasie präsentiert, auf einem Naturstand, den Hölderlin eine »Moralität des Instinkts«[17] nennt. Erst ein solcher Naturbegriff, der jenseits der Deutungsschemata des auf Naturbeherrschung gerichteten Verstandes liegt, öffnet die Perspektive, natürliche und sittliche Bestimmung des Menschen als identisch zu betrachten.[18] Den Zustand, den er charakterisierbar macht, beschreibt Hölderlin als »himmlisches«[19] Gefühl der Triebbefriedigung. Das Produkt menschlicher Darstellungskraft, das mit ihm verbunden ist, kann durch den Zusammenfall der Kantischen Dichotomien in bezug auf Sinnlichkeit und Sittlichkeit bestimmt werden. Durch ein immanentes Zitat der Platonischen Seelenlehre versucht Hölderlin die Lehre von der Phantasie als Koinzidenz von Natur und Freiheit auf das Erscheinen übersinnlicher Realität hin zu öffnen. In ihr sind sinnlicher Trieb und moralisches Gesetz, den beiden

17 (IV, 1), S. 211.
18 Auf die Bedeutung eines solchen Begriffs von Natur für die idealistische Kunst- und Freiheitsphilosophie hat G. Lukács hingewiesen. In seinem von Rousseau initiierten Sinn ist er gänzlich von dem einer Natur verschieden, die durch den Verstand und die Vernunft beherrscht werden muß. Vgl. Lukács (5), S. 316 f.
19 Vgl. Hölderlin (IV, 1), S. 211.

Rössern des Platonischen Seelenwagens entsprechend, so vereint, daß zugleich die Grenzen der Welt, innerhalb derer dieser Gegensatz wirksam ist, überschritten sind.

Da eine solche Koinzidenz aber ausdrücklich als scheinhaft beschrieben wird, weil ihre Möglichkeit von Ursachen der Natur abhängt, diese aber zufällig sind, errichtet Hölderlin dennoch eine Grenze für moralisches Handeln, innerhalb derer die sittlichen Gebote der Vernunft gelten. In der Beschränkung der ästhetischen Dimension der Erfahrung, die mit dieser Grenze gesetzt ist, unterscheidet er sich von dem Absolutismus, für den moralisches und ästhetisches Gesetz im Universale der Kunst zusammenfallen. Diese Grenzziehung geschieht unter einem explizit politischen Gesichtspunkt, dem Gegensatz von Moralität und Legalität; denn eine vernünftige Politik darf nicht von Handlungsmotiven dependieren, die selbst vom Zufall dirigiert werden. Dieser Kantische Gedankengang wird deshalb auch mit der von aller zeitlichen Kontingenz unangefochtenen Geltung des sittlichen Imperativs begründet. Die rigoristische Härte, daß eine sittliche Norm unabhängig von den Trieben des Handelnden und von jeder geschichtlichen Modifikation Geltung verlangt, hat Hölderlin allerdings mit einer Tiefe gesehen, die erst wieder von Hegel erreicht wurde. Für ihn liegt das Paradoxon sittlichen Handelns unter dem Zwang dieser geltenden Norm darin, daß sie vor ihrer Übertretung gar nicht bekannt sein kann, weil sie unabhängig von aller Zeit gilt, und in der Natur des Handelnden nicht aufgefunden werden kann. So tritt das Sittengesetz, wenn es auftritt, als Strafe gegen die Natur des Handelnden in dessen Erfahrung. Es ist der Zirkel von Gesetz und Strafe, der Hölderlins Versuch motiviert hat, sittliche Bestimmung und Stimme der Natur in der menschlichen Phantasie als vereint darzustellen.[20]

Die Identität von produktiver Darstellung, die auf einem willkürlich-spontanen Akt basiert, und der natürlichen Motive, die ihn anleiten und zugleich mit sittlicher Bestimmung zusammenfallen, kennzeichnet das Programm des ästhetischen Absolutis-

20 Vgl. Hölderlin (IV, 1), S. 214 f.

mus. Exemplarisch ist sein Anspruch in einem Fragment ausgedrückt, das als »Das älteste Systemprogramm des deutschen Idealismus« bekannt geworden ist. Man kann diesen »Entwurf« als Interpretation und Kritik der Kantischen Geschichtsphilosophie in praktischer Absicht und deren Endzweck eines sich selbst regelnden weltbürgerlichen Zustands betrachten.[21] Denn obgleich das Utopikon eines solchen Zustands nur gedacht werden kann, wenn es eine teleologisch strukturierte Natur zur Voraussetzung hat, eine Natur, die als schöne mit den Zwecksetzungen der menschlichen Gattung übereinstimmt, wäre sein verwirklichtes Resultat dennoch die mechanische Organisation des Lebens in gleich einer Maschine reibungslos ineinander greifenden Institutionen. So jedenfalls stellt sich die Kantische Geschichtsphilosophie in der Perspektive der Forderung nicht nach einem Zustand politischer Stabilität, sondern nach dem zwangloser Einheit des Lebens dar, dessen Spiegelung die Form einer neuen Mythologie hat. Das »Systemprogramm« beginnt freilich auch mit einem Phänomen, das auf der Basis vorrevolutionärer Erfahrung nicht angemessen formuliert werden konnte. Es ist das tätige, revolutionäre Selbstbewußtsein, mit dem die Welt, geschichtlich gesprochen, eine aufgeklärte Gesellschaft anfängt. Es ist die Bedingung der Möglichkeit, den Gedanken an sie zu fassen und in Handeln umzusetzen. Der Anfang jeder Erfahrung, die sich als zwanglos erweisen soll, ist allein mit ihm gesetzt. Dieses tätige Prinzip als Beginn der Welt ist der Rechtsgrund für das praktische Erkenntnisinteresse, das dem »Systemprogramm« zugrunde liegt. Die anarchische Spontaneität des Selbstbewußtseins ist in seiner Diktion »die einzig wahre und gedenkbare Schöpfung aus *Nichts*«.[22] Als politische Größe ist sie in der französischen Revolution hervorgetreten. Als Bruch im Kontinuum der Geschichte wird sie im »Systemprogramm« zitiert. Vom Selbstbewußtsein her, das sich in diesem Bruch herausgebildet hat, ist die Forderung nach der Aufhebung des Staates gerechtfertigt, denn sein mechanischer Körper macht die Natur des Menschen zu

21 Vgl. Hollerbach (1), S. 87.
22 In: Hölderlin (IV, 1), S. 297.

funktionalen Gliedern eines Apparats.[23] Mit der natürlichen Spontaneität, die das Merkmal eines freien Menschen ausmacht, ist dies jedoch nicht zu vereinbaren. Daher muß der Staat als nicht nur physisches Zwangssystem zusammen mit den Organisationsmitteln, die ihn dazu machen, dem ästhetisch-anarchistischen Programm zufolge »aufhören«.

Der Anfang der Wirklichkeit mit dem Selbstbewußtsein bedeutet gerade, daß Natur nicht als mechanisches System verstanden werden kann, denn sie ist nicht die Natur, deren Mannigfaltigkeit durch den gesetzfindenden Verstand geordnet wird, sondern die, welche als Triebnatur mit dem frei handelnden Selbstbewußtsein zusammenfällt. In ihr selbst wird der Charakter der Zweckmäßigkeit aufgefunden, der auch die Handlungen eines Subjekts kennzeichnet. Um den naturphilosophischen Spekulationen, die sich aus der Auffassung entwickelt haben, Natur sei nicht nur teleologisch strukturiert, sondern sogar einem handelnden Selbstbewußtsein analog konstruiert, überhaupt Sinn geben zu können, muß man sie als Triebnatur verstehen, die von vornherein nur im Brennspiegel des Menschen gesehen wird. Als eine solche Natur ist sie der depotenzierte Grund freien Handelns, den das Selbstbewußtsein als Rückgang in seine Triebe und als Aneignung seiner Geschichte nun erst auffinden kann. Eine Geschichte der Menschheit ist daher nur mehr als Geschichte des Selbstbewußtseins möglich. Dieses Interesse teilt der ästhetische Absolutismus mit der idealistischen Moralphilosophie. Da seiner Forderung gemäß die menschliche Vernunft Freiheit, Natur und Geschichte in sich vereint, ist sie ursprünglich durch diese verschiedenen Strebungen zu charakterisieren. Aus ihnen ergibt sich die Komplikation, die Einheit der gesamten Erfahrung aus dem Selbstbewußtsein abzuleiten. Es ist die Komplikation der Vermittlung verschiedener Strebungen in der autonomen, sich selbst bestimmenden und spontan produzierenden menschlichen Ver-

---

23 Das ist in der Metapher des in eine Maschine eingespannten, daher als unfrei zu bestimmenden Menschen gemeint. Hegel hat mit ihr den Verlust oberster Zwecke im Bewußtsein des »Bürgers«, seine Fixierung an Recht und Eigentum zu beschreiben versucht. Vgl. Hegel (J), S. 223.

nunft.[24] Sie ist der Grund dafür, daß die Mannigfaltigkeit dieser verschiedenen Strebungen, für die nicht mehr die Kantische Grenzziehung einzelner Erkenntnisvermögen gültig ist, die Einheit des menschlichen Selbstbewußtseins sprengt.

Dem ästhetischen Absolutismus zufolge ist das einzig mögliche Organ einer solchen Einheit der Erfahrung aber der ästhetische *Sinn*. In ihm kehrt die Kantische Hypothese eines intuitiven Verstandes wieder[25], jedoch bezogen auf die Sinnlichkeit nicht nur gedachter, sondern wirklich existierender Produktivität. Daher chiffriert sich in den Produkten des ästhetischen Sinns die Einheit der Erfahrung, die innerhalb der Schranken der kritischen Philosophie nicht als wirklich bezeichnet werden darf. Aus seiner absoluten Produktivität entfalten sich Offenbarung und neue Mythologie. Diesem Organ wird dem »Systemprogramm« zufolge zugemutet, die Bilder eines Zustands zu projektieren, auf den die Trennung theoretischer Mittel und praktischer Zwecke der Vernunft nicht anwendbar ist. Zur Vollendung einer derartigen »Mythologie der Vernunft«[26] kann nur die Spontaneität dieses Vermögens anleiten. Auf ihr beruht der *ästhetische Progreß ins Unendliche*.[27]

24 Der Auseinanderfall des Selbstbewußtseins und seiner Kräfte in einen menschlichen und einen übermenschlichen Teil ist im »Systemprogramm« bereits enthalten. Paradox stehen sich die Sätze gegenüber: »Absolute Freiheit aller Geister, die die intellektuelle Welt in sich tragen, und weder Gott noch Unsterblichkeit *außer sich* suchen dürfen« und »Ein höherer Geist vom Himmel gesandt, muß diese neue Religion unter uns stiften, sie wird das lezte gröste Werk der Menschheit sein«. In: Hölderlin (IV, 1), S. 298 u. S. 299.

25 Vgl. Kant (V) § 77, (II) § 16.

26 In: Hölderlin (IV, 1), S. 299.

27 Von der Intention her ist »Das älteste Systemprogramm des Idealismus« mit Benjamins Skizze »Über das Programm der kommenden Philosophie« vergleichbar. Auch deren Inhalt ist ein Versuch, im Anschluß an Cohens Buch zu »Kants Theorie der Erfahrung« den Erfahrungsbegriff so zu bestimmen, daß seine verschiedenen Bereiche nicht dem registrierenden Schema erkenntnistheoretischer, ethischer und ästhetischer Bedeutungszusammenhänge verfallen. Die Suche nach der »Quelle« einer einheitlichen Erfahrung ist mit der nach einem Absolutum identisch. Mit ihr ist das Verhältnis von Philosophie zur Religion gesetzt: »Die Quelle des Daseins liegt nun aber in der Totalität der Erfahrung und erst in der Lehre stößt die Philosophie auf ein

Der Ausgangspunkt dieses Progresses liegt in der spontanen Produktivität eines absoluten Ich, das natürliche Bestimmtheit und Tendenz zur Selbstbestimmung in sich vereint. Das Resultat seiner produktiven Tätigkeit aber ist ein Produkt in Gestalt des Absolutums der Kunst, sei es als intensive Totalität eines künstlerischen Werks, das in der belebenden Divination der romantischen Kritik alle Erfahrungsbereiche virtuos durchschreitet (Schlegel), sei es als Abschluß des Systems theoretischer und praktischer Vernunft und als Beginn der Erzählung des Absoluten (Schelling). In dem anschauenden Charakter dieses Produkts, in das der Anspruch eingebildet ist, die latenten Motive seiner Genese zu offenbaren, hat sich der ästhetische Absolutismus von der leeren Produktivität transzendentaler Reflexion zu entfernen versucht.

1. Das absolute Ich im Verhältnis zur Positivität des Lebens

Bereits Fichtes erste Wissenschaftslehre, die ein Modell für die Möglichkeit ist, jenes Selbstbewußtsein, das im »Systemprogramm« als Anfang menschlicher Erfahrung bezeichnet wurde,

Absolutes, als Dasein, und damit auf jene Kontinuität im Wesen der Erfahrung, in deren Vernachlässigung der Mangel des Neukantianismus zu vermuten ist.« Vgl. Benjamin (3), S. 26 f. Wäre diese Kontinuität der Erfahrung gefunden, wäre mit ihr auch der Gegensatz von *Natur* und *Freiheit* aufgehoben. (Vgl. (3), S. 18.) Mit ihr wäre die Möglichkeit gegeben, zwanglos vom Reich der Natur ins Reich der Freiheit überzugehen. Die Suche nach der Einheit in der Mannigfaltigkeit von Kulturformen, welche diesen Übergang ermöglichen soll, kennzeichnet die Wiederaufnahme dessen, was hier als ästhetischer Absolutismus bezeichnet wurde. Sie vollzieht sich als Suche nach einer Erfahrung, die jenseits der Deutungsschemata theoretischer und praktischer Vernunft zu stehen hätte. Als utopische ist sie zugleich mit dem Versuch einer »Resurrektion der Natur«, menschlicher und außermenschlicher, verbunden. Die ästhetisch-utopische Perspektive des »Systemprogramms« ist von Rosenzweig, der es zuerst herausgab, als sein entscheidendes Merkmal betrachtet worden. Unter dem Titel: Altes und Neues Denken: »Das älteste Systemprogramm des deutschen Idealismus« hat er es so kommentiert, als sei es das Paradigma einer noch zu *erzählenden* Philosophie. Vgl. Rosenzweig (1), S. 230 ff.

in der Explikation seiner verschiedenen Strebungen transparent zu machen, beginnt mit der Tathandlung des absolut gesetzten Ich. Sie muß als Faktum angenommen werden, wenn es eine Instanz geben soll, in der sich Natur und Freiheit gleichermaßen treffen. Die Wahl eines theoretischen Rahmens, innerhalb dessen sich die willkürliche Spontaneität des menschlichen Selbstbewußtseins so darstellen läßt, daß seine Tätigkeit gleichbedeutend mit der Produktion und Reproduktion von Tatsachen ist, wurde später von Fichte in dem klaren und oft zitierten Satz zusammengefaßt: »Was für eine Philosophie man wähle, hängt sonach davon ab, was man für ein Mensch ist: denn ein philosophisches System ist nicht ein toter Hausrat, den man ablegen oder annehmen könnte, wie es uns beliebte, sondern es ist beseelt durch die Seele des Menschen, der es hat.«[1]

Der Kern jenes Systems, das absolut gesetzte Ich, muß demnach voraussetzungslos handeln, oder vielmehr ist es dieses Ich selbst, das sich voraussetzen muß, wenn es sich selbst und alles, was ihm als Nicht-Ich entgegensteht, produzieren und erkennen will. Seine anarchische Spontaneität kann sich aus dem Zirkel, in dem sie zu ihrer eigenen Erklärung jeweils schon vorausgesetzt ist, nur durch die unmittelbar auftretende Tathandlung befreien. Als solche war sie der Beginn des Erfahrungsprozesses, der im »Systemprogramm« in exemplarischer Weise angedeutet worden ist. Nach der Fügung seiner Gedanken ist es allein dem absolut gesetzten Ich möglich, Erfahrung aus dem Chaos einander widerstrebender Bezüge beginnen zu lassen. In der Wissenschaftslehre von 1794 wird allerdings die Frage nach der Genese des Selbstbewußtseins mit dem Hinweis abgeschnitten, sie sei nicht zu beantworten, weil sie eigentlich gar nicht gestellt werden könne, denn auch in ihr ist dessen Existenz vorausgesetzt. »Die Möglichkeit jener Frage gründet sich auf eine Verwirrung zwischen dem Ich als *Subjekt;* und dem *Ich* als *Objekt* der Reflexion des absoluten Subjekts, und ist an sich völlig unstatthaft. Das Ich stellt sich selbst vor, nimmt insofern sich selbst in die Form

1 Fichte (I), S. 434.

der Vorstellung auf, und ist erst nun *etwas*, ein Objekt; ... Man denkt sich einen solchen Zustand, und fragt: *Was* war damals das Ich, d. h. was ist das Substrat des Bewußtseins? Aber auch dann denkt man unvermerkt das *absolute* Subjekt, als jenes Substrat anschauend, *mit hinzu;* man denkt also unvermerkt gerade dasjenige hinzu, wovon man abstrahiert zu haben vorgab; und widerspricht sich selbst.«[2]

Die Frage, was das Ich wohl war, ehe es zum Selbstbewußtsein wurde, ist daher nur durch das Faktum seiner Existenz zu beantworten. Mit dem unmittelbaren Hinzeigen auf dieses Faktum fängt alle Philosophie an und kehrt auf dem Umweg bestimmender und begrenzender Reflexion seiner Geltung, in der zugleich das Nicht-Ich gesetzt wird, wieder zu ihm zurück. Dadurch, daß der absoluten Reflexion des Ich immer der Widerspruch des Nicht-Ich entgegengesetzt ist, damit sie sich bestimmen und begrenzen kann, meinte Fichte ihr den Dogmatismus einer sich unkontrolliert produzierenden Instanz genommen zu haben. Nur dort, wo das Ich als schlechthin forderndes auftritt, im praktischen Teil des Systems, ist seine Tätigkeit auf die vollkommene Vernichtung ihm entgegengesetzter Realität gerichtet. Diesen Zusammenhang versuchte Fichte dadurch zu kennzeichnen, daß er den theoretischen Teil der Wissenschaftslehre in dem Satz zusammenfaßte: »Das Ich setzt sich als bestimmt durch das Nicht-Ich.«[3]

Den praktischen charakterisierte er so, daß es das Ich ist, welches das Nicht-Ich bestimmt. In der Dialektik von bestimmender Kraft und bestimmtem Gegenstand, von bestimmendem Gegenstand und bestimmter Kraft, die von der Spontaneität des absoluten Ich in Gang gesetzt wird, ist der starre Gegensatz einer Kausalität der Natur und der Kausalität der Freiheit aufgehoben. Unter praktischen Gesichtspunkten ist die Tätigkeit des absoluten Ich aber unendlich, weil ihr eine unendlich bestimmbare Mannigfaltigkeit von Widerständen entgegensteht. Würde es sich über diese hinwegsetzen können, ohne den Weg unendlicher Annäherung an den Zustand gehen zu müssen, in dem aller Wider-

2 (I), S. 97.
3 (I), S. 247.

stand gegen sein Streben vernichtet ist, dann wäre es nicht mehr durch kontingente Verhaltensformen bestimmt, die zu den Merkmalen eines menschlichen Bewußtseins gehören.

Fichte hat die Behauptung einer Kraft, die in dieser Weise absolut gesetzt wird, als dogmatischen Idealismus zurückgewiesen. Denn konsequent gedacht wäre sie nur, wenn sie die Autonomie menschlicher Vernunft unter das Diktat einer außerweltlichen Instanz stellte, die nicht darauf angewiesen ist, sich an innerweltlichen Widerständen zu bewähren. Die für einen kritischen Idealismus entscheidende Voraussetzung, daß eine freie Erfahrung nur aus dem Faktum des Selbstbewußtseins abgeleitet werden kann, hat auch dann keine Geltung, wenn das System der Erfahrung auf dem Boden eines dogmatischen Realismus errichtet wird. In ihm liegt die Wirklichkeit über dem Menschen wie ein undurchdringliches Fatum. Fichte hat es als »Spinozisches« gekennzeichnet und zum System der Erfahrung, das sich unter diesem Diktat bildet, angemerkt, es setze »den Mangel der höchsten möglichen Abstraktion, der vom Nicht-Ich«[4] voraus. Auch in diesem System kann nach ihm die Wirklichkeit nicht konsequent als Resultat menschlicher Produktivität diagnostiziert werden. Gilt es aber, daß die Existenz eines tätigen Selbstbewußtseins ein Faktum ist, dann sind beide Systeme, dogmatischer Idealismus und dogmatischer Realismus, unvollständig, weil sie genau den Punkt der Erfahrung, an dem das Faktum des Selbstbewußtseins angesiedelt werden müßte, leer und unbestimmt lassen. Eine kritische Wissenschaftslehre muß daher eine paradoxe Forderung erfüllen; sie muß als Real-Idealismus oder als Ideal-Realismus bezeichnet werden können.[5] Auf der Suche nach einem Vermögen, das die genannte falsche Alternative in bezug auf die Etablierung einer transparenten Erfahrung überwinden kann, stößt Fichte auf die produktive Einbildungskraft. Zwischen beiden Erfahrungsmodellen schwebt sie »mitten inne«. »Von diesem Vermögen hängt es ab, ob man mit, oder ohne Geist philosophiere. Die Wissenschaftslehre ist von der Art, daß sie durch den bloßen

4 (I), S. 155.
5 (I), S. 281.

Buchstaben gar nicht, sondern daß sie lediglich durch den Geist sich mitteilen läßt . . .«[6]
Die Entfaltung dieses Kerns aller Erkenntniskräfte und die Umstrukturierung der menschlichen Erfahrung auf seiner Basis war als das Interesse des ästhetischen Absolutismus festgehalten worden. Als paradigmatische Erscheinungsform dieses produktiven Kerns wurde von ihm die ins künstlerische Produkt gebannte Reflexion gewertet. Schlegel hat, im Unterschied zu Schelling, mit dem Fichteschen Reflexionsbegriff im Hintergrund, die Produktivität ästhetischer Formen zu bestimmen versucht. Einbildungskraft als produktive Reflexion ist die Folie seiner Kunsttheorie und des ihr zugeordneten Begriffs romantischer Kritik.

Schelling und Schlegel gemeinsam ist jedoch die Frage nach dem Motiv der zentralen Stelle, die sie dem künstlerischen Produkt im System der gesamten Erfahrung zusprechen. Schelling hat sie präzise gestellt, als er nach der Möglichkeit suchte, wie sich denn das absolut freie Ich als wirkliches erweisen, wie es materialiter erscheinen könne. Dieses Ich ist auch für ihn, im Anschluß an Fichte, ein schlechthin unbegründbares Faktum. Obgleich der Anfang und das Ende aller Philosophie die freie Tat dieses Ich ist, kann es als Träger dieser Freiheit weder Erscheinung noch Ding an sich sein. Gleichwohl ist es der oberste und »letzte Punkt«[7], an dem das gesamte Wissen und Handeln des Menschen festgemacht werden muß. Seine Kraft setzt mit sich eine Bewegung der Formen des Wissens und des Handelns, die sich durch sich selbst im Gleichgewicht halten kann. Daher muß sie von der mechanischen, der Kausalität der Natur, in der sich Körper zueinander verhalten, unterschieden werden. Tritt das absolute Ich, als Zentrum sich selbst erzeugender und erhaltender Bewegung, mit der Natur in Wechselwirkung, dann ist es das Streben, sich selbst zu bestimmen, das es dazu treibt, durch das Wirken der Kausalität der Natur hindurch, Zentrum sich selbst in Gang setzender und haltender Bewegung zu sein. Wo das nicht der Fall ist, schaut es sich nach Schelling als absolutes in der intellektualen Anschauung an.

6 (I), S. 284.
7 Schelling(I), S. 177.

Sein Blick ruht auf ihm selbst. Dann aber ist es durch den vollkommenen Mangel an Objektivität bestimmbar, es ist grenzenlos und durch keinen Widerstand begrenzt. Seine Realität, so müßte man sagen, beginnt genau da, wo materiale Existenzbestimmungen keine Geltung haben, d. h. jenseits der Welt. Die Frage Schellings an dieses absolute Ich lautet aber nun: ».. . wie kommt das absolute Ich dazu, aus sich selbst herauszugehen und sich ein Nicht-Ich schlechthin entgegenzusetzen?«[8] Schlegel hat sie in weniger präziser Form wiederholt: *»Warum ist das Unendliche aus sich herausgegangen und hat sich endlich gemacht? – das* heißt mit anderen Worten: *Warum sind Individua?* Oder: *Warum läuft das Spiel der Natur nicht in einem Nu ab, so daß also gar nichts existiert?«*[9] Wenn es ein absolut tätiges Ich geben soll, dann müssen sich also auch Formen aufweisen lassen, die von dieser Tätigkeit dependieren. Sind sie inhaltlich nicht benennbar, dann gibt es entweder nur leere Absolutheit oder von dieser durch eine Kluft getrennt eine Mannigfaltigkeit unorganisierter Materie. Die Erscheinungsform einer absoluten Tätigkeit, die gegenüber der Mannigfaltigkeit und dem Chaos der Materie als konsistente sinnliche Einheit bezeichnet werden darf, nennt Schlegel ein Individuum. Die Materie jedoch, die in einem Individuum zur Einheit gebildet ist, gilt im Gegensatz zur kritischen Transzendentalphilosophie als »unendliche Substanz«[10], so wie sie in jenen Systemen gedacht wurde, gegen die sich das Fichtesche definierte und die es als dogmatischen Realismus auszuschließen versuchte. Die Tendenz, eine pantheistisch tingierte Substanz anzunehmen, von der die willkürliche Tätigkeit des Ich transzendentaler Reflexion dependiert, war es freilich auch, aufgrund derer sich der ästhetische Absolutismus von der kritischen Wissenschaftslehre Fichtes immer weiter entfernt hat. Sie aber ist mit der Komplikation gesetzt, ein Resultat spontaner Tätigkeit des Selbstbewußtseins aufzuweisen, in dem es sich materialiter verkörpert hat. Sie führte bei Schlegel und Schelling in der theo-

8 (I), S. 175.
9 Schlegel (XII), S. 39.
10 (XII), S. 39.

retischen Philosophie zur Aufhebung des autonomen Wissensträgers, der die Wissenschaftslehre begründete, in der Staatstheorie aber zu einer organizistischen Metaphysik.

Ein Versuch dieser Arbeit ist es, zu zeigen, daß die späten Formen der Verabschiedung der kritischen Transzendentalphilosophie, die sich unter der Dominanz religiös tingierter Erfahrungsmodelle vollziehen, erst die Folge aus der Tatsache sind, daß es allein das künstlerische Produkt ist, das als Erscheinung der Tätigkeit des absoluten Ich gewertet werden kann. Als Antwort auf den Kritizismus der Wissenschaftslehre ist mit seiner Bedeutung zugleich die geniale Produktivität aus der Bindung an allgemein verbindliche Handlungsnormen entlassen, wie sie die praktische Transzendentalphilosophie zu geben versuchte. Die Kritik an diesem darzustellenden Absolutismus der Lizenzierung genialer Prokuktivität ist allerdings erst dann gerechtfertigt, wenn es gelingen könnte, Kriterien einer möglichen Erfahrung aufzustellen, die an den Inhalten nicht vorbeiargumentieren, die im ästhetischen Absolutismus durch die Distanzierung von der Transzendentalphilosophie aufgewiesen werden sollten. In dieser Arbeit kann nur vermutet werden, daß zum Prozeß der Bildung einer unbeschnittenen Erfahrung notwendig ästhetische Momente gehören. Nicht in der Annahme, daß sich eine solche Erfahrung nur aus der Dimension des Ästhetischen entfalten läßt, aber in der Voraussetzung, daß sie absolute Geltung haben muß, ist der ästhetische Absolutismus mit der kritischen Wissenschaftslehre Fichtes gegen die Begrenzung der Erfahrung durch Kant verbunden.

Noch in den Windischmannschen Vorlesungen hat Schlegel betont, daß es erst Fichte war, der »eine ganz neue Wissenschaft« initiiert hat.[11] Sie sind jedoch durch geringe systematische Kraft

---

11 Vgl. (XII), S. 292. Diesem impliziten Vico-Zitat einer neuen Wissenschaft korrespondiert die Konzeption neuer Mythologie, die im »Systemprogramm« zum Ausdruck kommt. Schlegel hat sie im »Gespräch über die Poesie« aufgenommen. Der Idealismus der kritischen Transzendentalphilosophie ist für ihn der Grund, auf dem allein diese Konzeption errichtet werden kann. Vgl. (II), S. 313 f.

zusammengehaltene Darlegungen gerade nicht dessen, was Fichte gewollt hatte, sondern der pantheistischen Wende gegen ihn. Diesen Gesichtspunkt hat Schlegel schon in seiner frühen Fichtekritik zum Ausdruck gebracht. Er besteht in der Affirmation einer Instanz, die als allgemeiner Lebensstrom in der Setzung eines absoluten Ich nicht erreicht wird. In bezug auf die sprachliche Konstruktion dieser Instanz, den Roman, dessen Theorie nach ihm den Abschluß einer Kunstphilosophie bilden soll, bemerkt Schlegel dort: »Der *Roman* war von jeher das beste Organ d(er) besten Ekl.(ektischen) (Philosophen) d(er) Modernen. Ekl.(ektische) (Philosophie) im W.(ilhelm) Meister. – Die eklektische p (Philosophie) = *Lebensphilosophie*.«[12] –

In Verbindung mit dem »Wilhelm Meister«, dem Werk, das nach seinem Diktum eine der großen Tendenzen des Zeitalters ist, hat Schlegel den Lebensbegriff geprägt. Leben ist der Gegensatz zum absoluten Ich; in seiner substantiellen Schwere sperrt es sich gegen dessen Reflexion. Die Schwere dieser Substanz ist in erster Linie das natürliche Leben. Da es als unendliches Werden gedacht werden muß, treibt es selbsttätig formale Objektivationen aus sich hervor, unter die auch sprachliche Interpretationen dieser Substanz fallen. Der in sich widersprüchlich organisierten Natur entspricht die gegensätzliche Struktur des menschlichen Bewußtseins. In ihm tritt der »Mechanismus im *Denken*« und die Produktivität der »Phantasie« auf.[13] Sie beruht auf der anschauenden Funktion des Verstandes. Dieser Verstand wird nicht, wie Kant es tat, auf die Findung von Gesetzeshypothesen eingeschränkt, als anschauender ist er nicht an eine unüberschreitbare Erfahrungsgrenze gebunden.

Die Möglichkeit, daß alles menschliche Wissen durch einen anschauenden Verstand reguliert wird, tritt nicht zufällig in § 16 der »Kritik der reinen Vernunft« auf, da es in ihm zu erweisen gilt, daß alles Wissen und Handeln, das durch die Transzendentalphilosophie begriffen werden soll, an einem obersten Punkt, dem Ich denke, das alle meine Vorstellungen begleiten können

12 (XVIII), S. 12.
13 Vgl. (XII), S. 58.

muß, festgemacht ist. Kann dieser Punkt als Selbstbewußtsein nicht gedacht werden, dann bleibt das Unternehmen der Vernunftkritik, nämlich zu untersuchen, wie synthetische Urteile a priori möglich sind, undurchführbar. Ein Verstand aber, »in welchem durch das Selbstbewußtsein zugleich alles Mannigfaltige gegeben würde, würde *anschauen*«.[14] Ein anschauender Verstand wird von Kant aber von vornherein nur als Grenzbegriff zum menschlichen angegeben. Denn er hat die Anschauung auf die Rezeptivität sinnlicher Vermögen zurückbezogen und damit deutlich gemacht, daß der Verstand einer Mannigfaltigkeit von Gegenständen konfrontiert ist, die er nur durch eine unendliche Tätigkeit der Gesetzesfindung organisieren kann. Die Anschauung ist also keine produktive, deshalb kann sie weder Gegenstände erschaffen, noch deren Mannigfaltigkeit anders als im Nacheinander der Zeit überblicken.

Weil es die zeitliche Kontingenz ist, die in den Formen der Anschauung wirksam ist, ergibt sich für den kritischen Idealismus die Notwendigkeit, den gelungenen Endzustand menschlicher Bildungsprozesse hypothetisch vorwegzunehmen, ihn mit Gesichtspunkten praktischen Sollens zu antizipieren. Von diesen erhält alles Handeln seine kritische Gewalt und ist dennoch der zeitlichen Kontingenz ausgeliefert. Diese Gesichtspunkte praktischer Tätigkeit büßen dann ihre Geltung ein, wenn das Leben als eine sich selbst entwickelnde Substanz gedacht wird. Mit dem ästhetischen Absolutismus ist denn auch die Prämisse gesetzt, es sei an sich selbst teleologisch strukturiert. Sie führte konsequenterweise zum Verfall der praktischen Philosophie. Allein auf der Basis der »Kritik der Urteilskraft« und des ihr zugeordneten Naturbegriffs ist eine Ethik nicht zu formulieren. Daher ist es verständlich, daß Schlegel nicht nur, psychologistisch formuliert, »kein Verständnis für den Systemwert der Ethik hatte«[15], sondern eine Ethik gar nicht formulieren konnte.

Die Stelle, an der sie innerhalb des Systems der Erfahrung loka-

14 Kant (II), S. 138 (B 136).
15 Benjamin (II), S. 451.

lisiert werden müßte, wird mit jeweils anderen Inhalten besetzt, die alle um das Problem kreisen, wie denn die gesuchte einheitliche Verkörperung des Lebens nachweisbar sein kann. Als absolute Einheit der Erfahrung erscheint sie »bald als Bildung, bald als Harmonie, als Genie oder Ironie, als Religion, Organisation oder Geschichte«.[16] Wie Benjamin schon bemerkte, ist es allerdings das Absolutum in Gestalt des künstlerischen Mediums und dessen Beziehung auf den Begriff der romantischen Kritik, das durch Schlegel die bestimmteste und produktivste Ausführung erhalten hat. Daß die Kunst in der Philosophie dasjenige Medium der Darstellung ist, in dem sich die Kluft divergenter Bestimmungen des Menschen geschlossen hat, ist nach Schlegel nur in den Produkten des ästhetischen Sinns erreicht. Als schöne schließen sie den Prozeß der Erfahrung durch die Philosophie ab. Schönheit als Abschluß dieses Prozesses ist die Bedingung für die Entfaltung einer enzyklopädisch geordneten Erfahrung. Der Behauptung, allein durch sie sei die Erfahrung in einen organischen Zusammenhang gebracht, widerspricht allerdings das Resultat jener Enzyklopädie, das aus unendlich vielen, zusammengewürfelten Fragmenten besteht. Sie zerfiel Schlegel in diffuse Erfahrungspartikel, die er unter dem Gesichtspunkt ihrer Bildung unter die Konzeption »Philosophischer Lehrjahre«[17] zu bringen versuchte. In Wahrheit ist in ihr die Erfahrung in unendlich viele Splitter zerlegt, die einzelnen Bestimmungen des Absoluten bleiben okkasionalistisch zerstreut. Aus diesem Grund hat er nach immer neuen Termini gesucht, die den einheitlichen Gang der Erfahrung bezeichnen sollten. Am Ende seiner Vorlesungen zur Transzendentalphilosophie wird dies besonders deutlich: »Die Philosophie soll eine Reformation konstruieren. Das organische Ganze der Künste und Wissenschaften ist so, daß jede einzelne das Ganze werde. Eine Wissenschaft, die so wie die Politik die Religion und Moral verbindet, alle Künste und Wissenschaften in eine verbindet, die also die Kunst wäre, das Göttliche zu pro-

16 (II), S. 452.
17 Schlegel (XVIII), S. 118 f. Dort heißt es unter anderem: »Also nur Lehrjahre statt Resultate . . ., chaotische Einzelheiten . . .«

duzieren, könnte mit keinem andern Namen bezeichnet werden als MAGIE.«[18]

Dieses Programm enthält die vollständige Loslösung von der kritischen Transzendentalphilosophie. Sie ist jedoch schon der frühen, nur fragmentarisch vorliegenden Kunsttheorie und dem romantischen Kritikbegriff immanent. Auch auf ihrer Basis ist die Dimension praktischer Philosophie, die zum Begriff der Wissenschaftslehre gehört, nicht entfaltbar. Für Schlegels Kunsttheorie gilt, daß der ins Unendliche gesetzte Fixpunkt, den jede künstlerische Darstellung anzustreben hat, nicht das Resultat der Vernichtung natürlicher und gesellschaftlicher Widerstände ist, sondern das Universale der Kunst. Diese Vorstellung liegt dem Programm der romantischen Universalpoesie zugrunde. Die aufklärerische Prämisse von der unendlichen Perfektibilität des Menschen, die einen Fortschritt zum Ende der Geschichte hin garantiert, ist durch die Voraussetzung ersetzt, daß sich die einzelnen paradigmatischen Formen, die im Laufe der menschlichen Geschichte hervortreten, vermöge ihrer eigenen Tendenz im universalen Medium der Kunst auflösen. Auch dadurch, daß damit die Unterscheidung zwischen der Kunst und dem Leben schließlich hinfällig wird, ist die Dimension der Handlungsmaximen, die durch die Moralphilosophie transzendentaler Prägung errichtet wurde, nicht wieder erreicht, denn die Gleichung von Kunst und Leben ist gerade durch den Glauben gekennzeichnet, daß auf sie praktische Maximen nicht mehr angewendet zu werden brauchen.

Ebenfalls äußerlich erscheint der Standpunkt transzendentaler Moralphilosophie den Objektivationen des Lebens gegenüber, in denen es sich zu Bedeutungseinheiten verkörpert hat. Das hat Schlegel schon in den Vorlesungen zur Transzendentalphilosophie, die zu Unrecht diesen Namen haben, zu betonen versucht: »Die Moral ist eine Philosophie des Lebens. Aber vielleicht ist sie nicht die ganze Philosophie des Lebens ... Wir können ... ein *höheres Leben des innern Menschen* unterscheiden von den äußern

18 (XII), S. 105.

Verhältnissen ... Die Philosophie des innern Menschen, ist *die Religion*, ...«[19] Diese religiöse Wende von der Konzeption eines absolut selbsttätigen Ich zum Pantheismus der Lebensphilosophie hat Fichte im Gange der Explikation seiner Selbstbewußtseins-formel ungleich präziser zu denken versucht. Auch er versuchte in ihr zu zeigen, daß dem Selbstbewußtsein, obgleich mit ihm alles Wissen und Handeln beginnt, Strukturen vorausgesetzt sind, die nicht zu verstehen sind, wenn es ausschließlich als selbst-tätiges, instantan auftretendes Ich gedacht wird. Fichte hat die-ses Ich schließlich als göttliches Leben bezeichnet.[20]

Dieser allgemeine Rahmen, in dem der Gegensatz zwischen dem absoluten Ich und dem Leben hervortritt, gilt für die frühe Kunsttheorie Schlegels wie für seine späten, durch die Konver-sion geprägten Vorlesungen und Abhandlungen – mit einer Dif-ferenz: Das für die frühe Theorie entscheidende Phänomen der romantischen Ironie ist in die späte Systematik nur mehr äußer-lich eingegangen. Da sie durch einen restaurativen Dogmatismus gekennzeichnet ist, kann die entscheidende Bestimmung der Iro-nie als »höchste, reinste Σιφεχο«[21] innerhalb ihres Rahmens nicht mehr gedacht werden. Sie muß als paradoxe Form des Denkens und Darstellens aus ihm verbannt werden.[22] Daran än-dert auch das Faktum nichts, daß Schlegel versucht hat, die skep-tische Ironie dem Rahmen des späten Dogmatismus anzuglei-chen, und sie daher zur Ironie der Liebe uminterpretierte.[23] In ihr kann der paradoxe Kern der frühen Ironiekonzeption nicht mehr gelten. Läßt er sich schon aus der Substanz des Lebens-stromes, die dem absoluten Ich entgegengesetzt ist, nicht mehr entfalten, dann erst recht nicht aus dem Dogmatismus einer Re-staurationsphilosophie. Behandelt man die Form der Ironie so, daß die verbale Analogie genügt, um ihre Geltung festzustellen,

---

19 (XII), S. 48.
20 Vgl. Henrich (3), S. 47.
21 Schlegel (XVIII), S. 406.
22 Dies muß gegen die Interpretation des Schlegelschen Ironiebegriffs durch I. Strohschneider-Kohrs betont werden. Vgl. (1), S. 80 ff.
23 Vgl. Schlegel (X), S. 334 ff. und 357 ff.

dann geht dem interpretierenden Zugriff ein entscheidendes Merkmal des ästhetischen Absolutismus verloren. Gemeint ist das Faktum des unvermittelten Bruchs, in dem das transzendentale Ich auf die Basis seiner Reflexionsbewegung stößt. Es darf durch keine oberflächliche Konstruktion kontinuierlich sich entwickelnder Gedanken verdeckt werden, denn dadurch würde nur die Schwierigkeit verschleiert, die den Versuch kennzeichnet, ein materiales Produkt der Tätigkeit des absoluten Ich aufzuweisen, das mit dem Anspruch auftritt, im Namen der menschlichen Gattung zu handeln. Deshalb wurde hier als Klammer dieser sich gegenseitig ausschließenden Konzeptionen allein das Motiv der Suche nach einer konsistenten sinnlichen Erscheinung vorgeschlagen, in der sich Tätigkeit des absoluten Ich und Strom des Lebens gleichermaßen vereinen. Die Frage nach dieser Erscheinung läßt sich inzwischen folgendermaßen umformulieren: Wie kann sich die Tätigkeit des absoluten Ich individualisieren?

Wie in der Lebensphilosophie, die durch die Psychologisierung und Historisierung der transzendentalen Subjektivität hervorgetreten ist, sind die Leistungen dieser Subjektivität »Wirkungszusammenhänge«, die nicht unter einen kausalen Nexus subsumiert werden können. Und dennoch können sie nicht allein auf die Kraft eines tätigen Ich zurückgeführt werden. Einmal psychologisiert, ist diese selbst ein Element des dunklen Lebensstroms geworden. Auch die schöpferische Leistung der Produktion von Sprachformen steht unter der Bedingung, als Objektivation des Lebensstromes diagnostiziert zu werden. Sie kann über dessen Logik nicht hinausgreifen und muß sie nachbildend wiederholen. In der Spätphilosophie Schlegels ist das produktive Medium der Kunst zur Nachahmung des objektiven Lebens herabgesetzt; es ist in diesem Vorgang nur von sekundärer Bedeutung, ob es dogmatisch vorgegebene Ideen zu reproduzieren oder innerweltliche Sinn- und Bedeutungszusammenhänge zu wiederholen gezwungen ist.

Schlegel hat den Nachdruck, den er auf die Individualisierung transzendentaler Subjektivität legte, auch als er mit dem Fichteschen Idealismus nichts mehr gemein hatte, immer mit einer Kritik an dessen Wissenschaftslehre zu verbinden versucht. Diese Tendenz kommt noch in der späten Schrift »Über die Seele« zum Ausdruck, deren Titel auf das Zentrum verweist, in dem sich das transzendentale Ich und die ihm vorausgesetzten Strukturen vermitteln sollen. Die Seele ist jenes psychologisierte Vermögen transzendentaler Reflexion, aus dem die Formen des Lebens entstehen. Sie versenkt sich liebevoll in die Details des Lebens und umgibt sie mit der Aura positiv christlicher Lehre. Auf der Folie dieser nachbildenden Kraft erhält die geschichtstheologische Deutung der Welt durch die späte Romantik ihre Geltung. Sie gilt innerhalb ihres Rahmens wesentlich als ein Produkt des Abfalls von einem Zustand ursprünglicher Einheit. In dem geschichtstheologischen Modell des Abfalls als Erklärungsmittel für den Erfahrungsprozeß ist der ästhetische Progreß ins Unendliche stillschweigend in sein Negativum verkehrt: »Der Geist ist abgefallen und in Unordnung geraten, darum ist Gedanke und Wille ewig uneins; die Seele aber ist zerstückt und unglücklich, denn Phantasie und Vernunft sind nur die zerrissenen Hälften des ursprünglich Einen, und nur in der Einheit Seligen.«[24] Trotz ihrer Zerrissenheit ist es die Seele, die im Zustande des Abfalls des Menschen aus der Einheit mit der ihn umgebenden Natur und mit sich selbst die Wurzel des menschlichen Individuums ausmacht. Sie ist der Punkt, von dem aus sich die Wirklichkeit in den romantischen Gegensatz von Innen und Außen teilt, wie sie zugleich der Punkt seiner Einheit ist: »Das Zentrum der falschen Ichheit hat aufgehört und ist nicht mehr; und so wird denn auch klar sein, ... daß statt dieser Ichheit, aus der man so oft ein Leben schöpfen wollte, was nicht in ihr ist, der Mittelpunkt unserer Philosophie die Seele ist«.[25] Deshalb sind die praktischen Maximen, nach denen die Transzendentalphilosophie menschliches Handeln auf einen Endzweck hin orientieren wollte, für Schlegel nur Substitute, denen ein Zentrum allein durch jenes Vermögen der Seele gegeben werden kann. In politischer Hin-

24 Schlegel (1), S. 22.
25 (1), S. 33 f.

sicht war die Lehre vom Abfall[26] des Menschen von einem Zustand ursprünglicher Seligkeit, die Legitimation der konservativen Kritik am modernen Staat, deren Fürsprecher der späte Schlegel geworden ist. Kants Geschichtsphilosophie hatte er in der Zeit vor seiner religiösen Wende kritisiert, weil sie seiner Meinung nach den Endzweck der Geschichte nicht streng genug an den Begriff des Republikanismus[27] binde. Als Restaurationstheoretiker läßt er das Zitat konterrevolutionärer Theorien seine Kritik an diesem leiten. Erst in dem Modell des Abfalls, das den romantischen Periodisierungen der Geschichte zugrunde liegt, glaubt Schlegel die okkasionalistische Beziehung des absolut freien Ich zu seinen Produkten überwunden zu haben. In ihnen und den Objektivationen des Lebens, welche sie repräsentieren, kann geschichtliche Kontingenz nicht mehr auftreten. Sie kann es nicht, weil die gesamte Wahrnehmungsfähigkeit des Menschen an das Vermögen der Seele gebunden ist, sie ist das Zentrum seiner dogmatischen Lebensphilosophie. Deshalb ist der Skeptizismus der romantischen Ironie, der in politischer Hinsicht anarchistische Konsequenzen enthält, auf die späte Theorie Schlegels nicht mehr anwendbar. Mit der Insistenz auf einem so gefaßten Begriff der Seele kritisiert er daher die Fichtesche Wissenschaftslehre, die das theoretische Gerüst zur Entfaltung der skeptischen Ironie abgegeben hat, weil sie »nie aus dem abstrakten zersplitterten Bewußtsein herausgekommen ist«.[28]

In bezug auf die Explikation des von ihm angestrebten Systems hat Schlegel freilich von Beginn an die Fichtesche Wissenschaftslehre zu kritisieren versucht: »Fichtes Gang ist noch zu sehr gerade aus, nicht absolut progr.(essiv) cyklisch –.«[29]

Das Ziel auch dieser Kritik ist es, den Prozeß der mensch-

---

26 Auch Schelling hat seine Spätphilosophie auf diesem Theorem aufgebaut. Vgl. Sandkühler (1), S. 198 f. Zu seiner Charakterisierung wird dort in einer Anmerkung auf die Schlegelkritik des Hegelianers Gans hingewiesen, deren Gesichtspunkt die Lehre vom Abfall ist.

27 Vgl. Schlegel (VII), S. 11 ff.

28 (1), S. 34.

29 (XVIII), S. 31.

lichen Erfahrung als Kreis zu erfassen und zu vereinigen, was Fichte als transzendenten Idealismus und dogmatischen Realismus bezeichnet hat.[30] Aus dieser Vereinigung muß sich »Naturgeschichte und Freiheitsgeschichte – die *Bildungslehre d(er) reinen Ichheit*«[31] gewinnen lassen.

In den Windischmannschen Vorlesungen hat Schlegel diese reine Ichheit als Ur-Ich bezeichnet und im Strom des Lebens zu lokalisieren versucht: »Dieses Ur-Ich ist der Begriff, der eigentlich die Philosophie begründet. Hier in diesem Punkt greifen alle Radien der Philosophie zusammen.«[32] Was ihm entgegensteht, ist nicht die Abstraktheit eines Nicht-Ich. Seinen Gegensatz kennzeichnet Schlegel in dialogischer Begrifflichkeit als Du.[33] Beide sind organische Zentren des allgemeinen Lebensstromes. Da sie unter dem Gesichtspunkt organischer Geschlossenheit betrachtet werden, kann auch die Gesellschaft, welche aus ihnen abgeleitet ist, nichts anderes als eine organisch funktionierende Organisation sein. Die Extrempunkte der Wechselwirkung in diesem organischen Ganzen sind das Ur-Ich und das Du. Die Auffassung der gesellschaftlichen Organisation als eines Systems organischer Formen ist eng mit dem Programm des ästhetischen Absolutismus und dem ihn kennzeichnenden Versuch der Resurrektion menschlicher und außermenschlicher Natur verbunden. Nach ihm darf es nicht geschehen, daß der Lebensprozeß und das organische Ganze seiner Formen der Beurteilung technischer Effizienz verfällt. In politischer Hinsicht signalisiert die oft verwendete Metapher des mechanischen Körpers als Bild für einen effizienten Staatsapparat diesen Zusammenhang. Sie wird als Kritik an dem institutionellen Rahmen gebraucht, dessen Kriterien solche der effizienten Beherrschung menschlicher und außermenschlicher Natur, des allgemeinen Lebensprozesses überhaupt, sind. Auch Hegel versuchte mit dieser Metapher den sich formierenden kapitalistisch organisierten Rechtsstaat moderner Prägung

30 Vgl. (XVIII), S. 34.
31 (XVIII), S. 35.
32 (XIII), S. 337.
33 Vgl. (XIII), S. 337.

zu kritisieren. Mit ihrer zunehmenden Verbreitung zu Beginn des 19. Jahrhunderts bezeichnet die Maschinenmetapher jedoch eine eindeutig konservative Kritik, namentlich des Rechtspositivismus, am modernen Staat. Sie erfolgt nicht mehr aus der Bindung an normativ gesetzte Zwecke heraus, wie das bei Hegel der Fall war. Auch Schlegel kritisiert den modernen Staat im Zuge seiner Destruktion des absolut tätigen Ich der Transzendentalphilosophie von Gesichtspunkten positiven Rechts her. In seinen Vorlesungen zur neueren Geschichte heißt es: »Nicht in der künstlichen Berechnung und Benutzung der materiellen Staatskräfte lag das Übel, sondern darin, ... daß der Geist der Staaten immer mehr erlosch, während man den Körper derselben, auch nicht als lebendigen Körper, sondern als tote Maschine immer vollkommener zu machen versuchte.«[34] Auch der Staat als institutioneller Rahmen des Lebens muß sich nach Schlegel nach einer immanenten Zweckmäßigkeit regeln.[35]

Die Forderung nach Aufhebung des Staates, die Form der radikalen Kritik an ihm, die im »Systemprogramm« vorgetragen wurde, ist freilich, obgleich auch in ihr der Staat als Maschine

---

34 (VII), S. 339, vgl. S. 76 ff.

35 Die Polemik gegen den Staatsbegriff des rationalen Naturrechts, die mit der Wertung seines institutionellen Rahmens als seelenloser Maschine verbunden ist, wird ausführlich von Sandkühler in einem Exkurs zur Rezeption der Maschinenmetapher zu Beginn des 19. Jahrhunderts dargestellt. (Vgl. Sandkühler (1), S. 76 ff.) Dort findet sich auch ein Hinweis auf Friedrich Schlegel. Es ist allerdings nicht plausibel, wie Sandkühler den Naturrechtsaufsatz von Hegel gegen die politische Romantik, also Schelling und Schlegel, abzusetzen versucht. Auch in ihm tritt die Vorstellung vom Staat, dem Verstandesstaat, als Maschine auf. Der junge Hegel war mit den Tendenzen dessen, was hier ästhetischer Absolutismus genannt wurde, solange verbunden, bis er die Kategorien des Lebens und der Natur aus dem Zentrum seiner Systematik verbannt und durch die Rezeption der Hobbesschen Staatstheorie und der modernen Ökonomie ersetzt hat. (Vgl. dazu den 2. Teil dieser Arbeit.) Dagegen, so scheint es, können Fichte und der ästhetische Absolutismus, obgleich sich beide auf die Maschinenmetapher berufen, nicht unter die gleiche Kritik am Staat subsumiert werden, denn der kritische Gesichtspunkt Fichtes, den er gegen die »Maschine von Europa« kehrt, ist das sich selbst bestimmende Ich. Seine normative Kraft ist aber im Rahmen des ästhetischen Absolutismus verlorengegangen.

erscheint, nicht unmittelbar mit jener des beginnenden 19. Jahrhunderts zu vergleichen. Denn sie wird von der Geltung eines sich selbst bestimmenden Ich her erhoben; daher ist sie auch mit dem Programm einer Ethik verbunden, die dieses Ich zum Zentrum haben müßte. Insofern ist sie von den späteren Polemiken gegen den Staat zu unterscheiden. Denn diese wollen ihn nicht so sehr als Apparat, welcher der Ausübung von Herrschaft dient, destruieren, sondern als Organisationsform, in der das Leben sich organisch objektivieren kann, positivieren.[36]

Die Prämisse dieser angestrebten Positivierung des Lebens liegt, was den institutionellen Rahmen politischer Herrschaft betrifft,

36 Begreift man die lebensphilosophische Wende Schlegels, die er mit der Verabschiedung der transzendentalen Wissenschaftslehre vollzogen hat, mit dem allerdings unzureichenden Schema von Subjekt und Objekt des Erkennens und Handelns, dann vollzieht sich innerhalb dieses Schemas eine Entwicklung, welche die spätere Konzeption der Lebensphilosophie kennzeichnet. Mit dem allgemeinen Begriff des Lebens zerfällt der bestimmte einer Instanz, die dieses Leben regulieren könnte. Das Ich als Träger von Erkennen und Handeln wird von seiner Übermacht erdrückt, es zerschellt an der Unbestimmtheit und Unbestimmbarkeit dessen, was mit dem Terminus Leben nur vage bezeichnet ist. Der Zerfall der Identität von Erkenntnis- und Handlungsträger ist jedoch nur die Kehrseite davon, daß im normativ zu verstehenden Ich dem Leben eine Kraft gegenübersteht, die aus dem Zirkel ihrer Begründbarkeit nicht heraustreten kann, ohne sich dem entgegenstehenden Leben zu überlassen. Dilthey hat bewußt an jene Tendenzen des Idealismus angeknüpft, die sich gegen die natur- und lebenslose Konzeption des transzendentalen Ich wandten. Sein Lebensbegriff ist überdies deutlich gegen die empiristische Auffassung von Natur und Leben abgesetzt. In ihr ist der Lebensphilosophie zufolge, so ließe sich eine Hymne Schillers, die Dilthey interpretierte, zitieren, die »Entgötterung der Natur« vollzogen. Im Hintergrund noch der Lebensphilosophie steht die Auffassung, daß der Fall der Natur darauf zurückzuführen ist, daß sie sich als mechanisches System darstellte. Dilthey bestimmt sie dagegen, ohne freilich, wie es der Idealismus tat, die verschiedenen Modelle des Setzens von Recht an den Naturbegriff zu binden, im Zusammenhang des Lebens: »An sich selber unbewußt, kommt sie in den empfindenden, anschauenden, denkenden Organismen zum Bewußtsein ihrer selbst« (Dilthey (1), S. 23). Um den Sinn und die Bedeutung von Lebenszusammenhängen gegen deren mechanische Deutung plausibel zu machen, hat Dilthey versucht, eine methodologische Grundlegung der Geisteswissenschaften zu leisten. In methodologischer Hinsicht versuchte er zu vollenden, was gedankliche Motive des ästhetischen Absolutismus waren.

darin, daß »die Natur wie ein Kunstwerk, wie ein Gedicht« betrachtet wird. Denken und Handeln, das in den organischen Zusammenhang der Natur eingebettet ist, »dichtet gleichsam die Welt«[37], das ist der Inhalt dieser Prämisse. Das Individuum, das sich durch jene produzierende Kraft hindurch artikuliert, nennt Schlegel Genie. Es ist klar, daß dessen Produkte nicht hinreichend interpretiert sind, wenn sie ausschließlich als solche der Reflexion verstanden werden. Dem Produkt der Tätigkeit des Genies schreibt Schlegel deshalb schon in den Vorlesungen zur Transzendentalphilosophie die Aufgabe zu, den Mittler zwischen der unendlichen Substanz des Lebens, dem Automatismus ihrer Selbstobjektivation, und der willkürlichen Produktivität des Ich zu spielen. Diejenige Darstellungsform, die sich in formaler Differenz zwischen dem Ich absoluter Willkür und dem pantheistisch interpretierten Strom des Lebens bewegt, nannte er die *allegorische*. In ihr verkörpert sich dessen Substanz zu einer individuellen Form. Sie ist jene Einheit, in der das Unendliche aus sich herausgegangen und sich endlich gemacht hat. Wäre es der Darstellungform möglich, unendliches Leben und bestimmte Individualität ungebrochen ineinander scheinen zu lassen, dann wäre ihre Logik, im Gegensatz zur allegorischen, eine *symbolische*. In der unendlichen Anstrengung allegorischer Darstellungsformen, sich des Symbols alles Darstellbaren zu bemächtigen, liegt ihre Realität. Fehlt ihnen die Tendenz auf einen Kanon der Formen, in dem die Differenz zwischen darstellender Form und dargestelltem Material, zwischen Form und Leben, untergegangen ist, dann wird ihnen von Schlegel Sinn und Bedeutung abgesprochen. Konsequent formuliert er deshalb, »daß die Welt nur Allegorie sey, und daß jedes Wesen nur so viel Realität hat, als es Sinn, Bedeutung, Geist hat...«[38] In der Form der absoluten Reflexion, dem Symbol, aber ist der individuelle Bedeutungsträger vernichtet, er ist, wie Schlegel sagt, zur »absoluten Substanz« zurückgekehrt. Es ist eine Umschreibung der Tendenz allegorischer Darstellungsformen und des ihnen immanenten Strebens nach Auf-

37 Schlegel (XII), S. 105.
38 (XII), S. 40.

hebung der Individualität, wenn die Religion als die Form des Daseins erscheint, in der »der Mensch seine Individualität verliert, und sich über sich selbst erhebt«.[39] Die Religion »ist die Reflexion des erweiterten Bewußtsein(s)«.[40] Als absolute Reflexion ist sie vom Skeptizismus zu unterscheiden, denn » σχ (Skepsis) ist d(er) Zustand d(er) schwebenden Reflexion. –«[41] Erst im Zustand der absoluten aber wäre Schlegel gemäß die Distanzierung von der kritischen Wissenschaftslehre geleistet. Das Leben kann sich organisch genießen und ist zum natürlichen zurückgebildet. Es »*ist*, Alles ist eins, und dies Eine, Ganze ist frey lebendig, organisch«.[42] Der Versuch der Destruktion ironischer Skepsis, die Auflösung der Reflexion ins Leben – hegelianisierend ließe sich von ihm als Destruktion der Destruktion absoluter Willkür des transzendentalen Ich sprechen – geht auf ein gedankliches Motiv zurück, das die Distanzierung von der Transzendentalphilosophie entscheidend bestimmt hat. Auch Schellings Naturphilosophie ist durch es beeinflußt. Sein Inhalt ist die Wiedererweckung einer spinozistischen Substanz des Lebens, die gegen den kritischen Idealismus Fichtes gewendet wird. Der Kern seines Systems, das tätige Ich, das sich allem entgegensetzen kann, ist in organische Positivität aufgelöst.

2. Die Skepsis unendlicher Reflexion

Das Fragment, in dem Schlegel die Französische Revolution, Fichtes Wissenschaftslehre und Goethes Wilhelm Meister die größten Tendenzen des Zeitalters nennt[1], hat Carl Schmitt einer scharfen Kritik unterzogen.[2] Sie steht im Kontext seines Versuchs, die politische Romantik als Phänomen des romantischen Subjekts definitorisch zu erfassen. Aus seiner Existenz, so lautet

39 (XII), Anm. S. 77.
40 (XVIII), S. 468.
41 (XVIII), S. 400.
42 (XII), S. 77.
1 Schlegel (II), S. 198.
2 Schmitt (1), S. 51.

die Prämisse dieser Kritik, ergeben sich solche Kontrastierungen und Verwischungen, wie sie in Schlegels Fragment vorgenommen werden. Sie sind die »spezifisch romantischen Beziehung(en) zur Welt«.[3] Als solche gehen sie auf ein Verhalten zurück, dessen Logik darin besteht, daß sich ihm derartige Gedankenfiguren «in bunter Menge als Folge oder Symptom einstellen«.[4] Daß die »politische Romantik« nicht in der Lage war, eine ernstzunehmende Theorie politischen Handelns zu entwickeln, hat C. Schmitt überzeugend nachgewiesen. Ebenso muß sie seiner Argumentation zufolge scharf von den konservativen Staatstheoretikern unterschieden werden, auf welche sie sich, entgegen temporär anarchistischen Neigungen, selbst berufen hat.[5] Allerdings ist diese Kritik ihrerseits von einem Standpunkt aus geführt, der die Polemik gegen die Setzung eines sich selbst bestimmenden Subjekts durch die idealistische Moralphilosophie einschließt. Schmitt sieht nicht nur im romantischen Subjekt genialer Produktivität, für das nach ihm die Wirklichkeit nur Anlaß zu Akten der Willkür ist, sondern auch in dem obersten Punkt einer transzendentalphilosophisch begründeten Wissens- und Handlungstheorie ein Säkularisat Gottes. In seinen verweltlichten Formen muß sich der Träger solchen Wissens und Handelns nicht mehr legitimieren. Legitimität als politische Kategorie ist es daher, was er am romantischen Denken vermißt, denn »Legitimität ist eine absolut unromantische Kategorie«.[6]

Die Konzeption eines romantischen Subjekts ist, wenn es sie gibt, aus der Transzendentalphilosophie hervorgegangen – so lautet die hier vertretene These. Dessen Legitimität besteht, wie verschüttet auch immer, gerade darin, daß es von sich behauptet, im Namen der menschlichen Gattung zu handeln. Es erscheint zu einfach, mit dem romantischen Subjekt zugleich den obersten Punkt, an dem die transzendentale Handlungstheorie festge-

3 (1), S. 5.
4 (1), S. 5.
5 Das hat G. Lukács in einer Rezension des Schmittschen Buches hervorgehoben. Vgl. Lukács (5), S. 696.
6 Schmitt (1), S. 171.

macht ist, unter die These zu subsumieren, in ihm sei der theologische Inhalt politischer Begriffe verweltlicht, wenn sich auch daraus eine präzise Definition des Romantischen ergibt: Romantik ist »subjektivierter Occasionalismus, d. h. im Romantischen behandelt das romantische Subjekt die Welt als Anlaß und Gelegenheit seiner romantischen Produktivität ... Die Romantik ist subjektivierter Occasionalismus, weil ihr eine occasionelle Beziehung zur Welt wesentlich ist, statt Gottes aber nunmehr das romantische Subjekt die zentrale Stelle einnimmt und aus der Welt und allem, was in ihr geschieht, einen bloßen Anlaß macht. Dadurch, daß die letzte Instanz sich von Gott weg in das geniale ›Ich‹ verlegt ... tritt das Occasionalistische rein zutage.«[7] Hinter der Kritik am romantischen Subjekt steht bei Schmitt die Polemik gegen eine Gesellschaft, die in individualistische Punkte aufgelöst und in welcher die personale Entscheidungsinstanz über politische Machtverhältnisse zerbrochen ist. Man könnte die Diagnose in bezug auf eine solche Gesellschaft so umschreiben, daß ihr Untergang, der gleichbedeutend mit ihrer Desorganisation ist, das »Priestertum des Privaten« etabliert. In der Etablierung privaten Priestertums als des Vorläufers von Baudelaire und Nietzsche sieht C. Schmitt denn auch die »letzte Wurzel der Romantik und der romantischen Phänomene«.[8]
Erkennt man den, wenn auch kritischen, Bezug des ästhetischen Absolutismus zur transzendentalen Reflexionsphilosophie als eines seiner entscheidenden Merkmale an, dann ergeben sich die kritischen Gesichtspunkte ihm gegenüber in anderer Weise, als es in einer Theorie der Fall ist, die das romantische Subjekt als Säkularisat begreift. Mit diesem Bezug erst ist das Paradoxon gesetzt, das sich in ihm ausdrückt. Es ist die Insistenz auf einem Subjekt, das als legitim nur anerkennen kann, was es selbst produziert hat. Erst in ihr stößt dieses Subjekt auf die Irrationalität seiner eigenen Antriebsmotivationen. Über diesen Sachverhalt argumentiert die Formel, die Romantik sei subjektivierter Occasio-

7 (1), S. 24.
8 (1), S. 26.

nalismus, eigentümlich maniriert hinweg. Ironischerweise hat
die späte Romantik, da sie nicht die Kraft besaß, auf der Autonomie des Menschen zu beharren, die Vorstellung vorweggenommen, das absolute Ich der Transzendentalphilosophie sei das säkularisierte Verfallsprodukt einer außerweltlichen Instanz, für
das der Zwang zur Legitimation menschlichen Handelns aufgehoben ist. Diesen Gesichtspunkt, von dem der ästhetische Regreß
ins Unendliche seinen Ausgang nimmt, hat sie gegen die Prämisse
von der unendlichen Perfektibilität des Menschen gekehrt; damit hat sie ihre eigenen Voraussetzungen fallenlassen.
Die Lizenzierung[9] der Willkür des romantischen Subjekts, die
erst erfolgen kann, wenn der oberste Punkt, an dem alles
Wissen und Handeln befestigt ist, im menschlichen Bewußtsein selbst liegt, hat Schlegel in bezug auf die Produktion sprachlicher Formen klar zum Ausdruck gebracht. Im 116. Athenäumsfragment, das als Kanon der Schlegelschen Kunsttheorie gelten
kann, heißt es im Hinblick auf sie: »Sie allein ist unendlich, wie
sie allein frei ist, und das als ihr erstes Gesetz anerkennt, daß die
Willkür des Dichters kein Gesetz über sich leide.«[10] Mit dem
Faktum dieser Willkür fängt jede sprachliche Konstruktion der
Wirklichkeit an, sie ist, wie für Fichte die Tathandlung des absoluten Ich, unmittelbar gegeben. Um sie zu explizieren, hat Schlegel auf das Gerüst der kritischen Wissenschaftslehre zurückge-
griffen. Es ist daher kein Zufall, daß er sie als eine der entscheidenden Tendenzen des Zeitalters zitiert. Dient der kategoriale
Rahmen der Wissenschaftslehre Fichte jedoch dazu, die reflektorische Kraft des menschlichen Bewußtseins zu bestimmen, so ist
er bei Schlegel entscheidend auf die Seite seines als paradigmatisch betrachteten Produkts, des künstlerischen Werks und dessen
Logik verschoben. Es ist seine Voraussetzung, daß nur auf dem
Umweg über das Medium sprachlicher Repräsentation die Spontaneität des Bewußtseins zugänglich zu machen sei. Das ist einer

9 Vgl. Schlegel (II), S. 160. Dort wird die Sokratische Ironie als die »freieste
aller Lizenzen« bezeichnet.
10 (II), S. 182.

der Gründe dafür, daß es nicht als unmittelbar handelndes auftreten kann. Handeln ist in dieser Perspektive sogleich als sprachliches Produzieren bestimmt und eingeengt. Die Transparenz eines sprachlichen Produkts liefert daher die materiale Bestimmtheit seines Produzenten, die in der Transzendentalphilosophie nach Schlegels Meinung unbestimmt blieb. Mit der Beschreibung sprachlicher Bedeutungszusammenhänge und ihrer Beziehung auf das Absolutum der Kunst ist der von ihm intendierte Bezugsrahmen wirklicher und möglicher Erfahrung vollständig aufgezeichnet, er ist »vollkommen«. Hat sich die Reflexion zur sprachlichen Einheit eines Werkes verkörpert, dann muß sie, will sie verstanden, »charakterisiert« werden; ins Absolutum der Kunst wird sie nur überführt, wenn ihr gemeinter Sinn durch die belebende Kunst der Kritik »diviniert« wird.
Der Anfang einfacher Reflexion ist mit dem Medium gesetzt, dessen sich das menschliche Bewußtsein bedient, um sich auszudrücken. Ihr Zentrum ist das sprachliche Werk. Schlegel hat den Beginn sprachlich sich äußernder Reflexion dadurch festzuhalten versucht, daß er ihre erste Stufe an die Wahrnehmungsfähigkeit eines Subjekts band. Es ist der ästhetische Sinn, der einen Gegenstand produktiv wahrnimmt, d. h. ihn mittels seiner Sinnestätigkeit in ein bedeutendes Etwas verwandelt. Zwar geht in diesem interpretierten Etwas die Unmittelbarkeit des Sinnes verloren, der die Bewegung sprachlicher Formen in Gang setzt, dennoch ist sie die notwendige Bedingung dafür, daß sich eine Bedeutung verkörpern kann. In einem der Fragmente des Athenäums hat Schlegel die Tendenz eines Sinnenprodukts zur Verkörperung einer Bedeutung angedeutet: »Sinn, der sich selbst sieht, wird Geist.«[11] Damit ist die eine Seite der ihm immanenten Reflexionsbewegung bezeichnet. Ihre andere Seite verläuft in entgegengesetzter Richtung: »Sinn ist dividierter Geist.«[12] Diese Bewegung ist nicht mehr an die Wahrnehmungsfähigkeit eines natürlichen Sinnes gebunden. Die Zweidimensionalität dieser Be-

11 (II), S. 225 (vgl. dazu die Anmerkungen des Herausgebers).
12 (II), S. 149.

wegung hat Schlegel als die produktive Leistung der Reflexion festzuhalten versucht. Ihr Ausdruck ist die in einem sprachlichen Produkt verkörperte Bedeutung. Ihre Konsistenz besteht aus einem »potenzierten« und »dividierten« Gewebe, das auf einem Akt von »Selbstschöpfung« und »Selbstvernichtung«[13] beruht. Obgleich die spontane Tätigkeit von Selbstschöpfung und Selbstvernichtung an einen Ichpol gebunden ist, muß sie doch so betrachtet werden, als entspringe sie zusammen mit ihrem Resultat an dem Nullpunkt des menschlichen Bewußtseins und dessen Genese: »Jedes Werk (ist) wie eine Schöpfung von vorn an aus Nichts.«[14] Es war die Auffassung der Romantik, daß die Reflexion von diesem Akt der Spontaneität unbeschädigt in das sprachliche Produkt übergehe. Vermöge seiner Form, als Werk der Kunst, ist es nach ihr »ein lebendiges Zentrum der Reflexion«.[15] Lebendigen Charakter hat es nicht nur aufgrund des Aktes der Spontaneität, von dem es dependiert, sondern auch wegen der ihm immanenten Bewegung formaler Reflexion. Wie in Fichtes Selbstbewußtseinstheorie ist seine Produktion »als ein Akt realer Tätigkeit genommen«[16], sein Produkt ist nun aber nicht das Wissen jener Tätigkeit, sondern die reflektorische Darstellung ihrer Motivation.

In diesem Zusammenhang von produktiver Tätigkeit und Produkt der Darstellung ist das Verhältnis von Ursache und Wirkung aufgehoben. Beide, Tätigkeit und ihr Produkt, verhalten sich so zueinander, daß sie nicht mittels eines Kausalmodells als Deutungsschema begriffen werden können. Formale Reflexion ist der Grund dafür, daß auf ihre Verkörperungen und deren innere Form ein Kausalnexus nicht anwendbar ist. Die romantische Hermeneutik kennt wegen dieses Sachverhalts nicht die strenge Geltung eines Gesetzesbegriffs, der die Erkenntnis von Gegenständen ermöglichen soll. Hängt in der Selbstbewußtseinstheorie Fichtes »die spezifische Differenz zwischen Natur und Freiheit

---

13 (II), S. 149.
14 (II), S. 312.
15 Benjamin (II), S. 478.
16 Henrich (3), S. 19.

an der einen Eigenschaft, daß das Setzen des Ich sich ›als‹ setzend setzt und somit Wissen von sich ist«[17], so in der Theorie des sprachlichen Mediums durch Schlegel daran, daß es das Zentrum autonomer Reflexion ist. Freilich ist auch sie von einem Akt abhängig, der nicht als einer der Reflexion bezeichnet werden kann. Es ist ein Akt absichtsloser Willkür.

Schlegel hat sie als Kraft des Formen setzenden Sprachsubjekts bezeichnet. Ihre Repräsentationen können nur nach der Verfügung einzelner Teile zum Ganzen einer Bedeutung beurteilt werden. Auf diesem Versuch und auf der Ergänzung dieser Bedeutung zum Absolutum der Kunst basiert die Aufgabe der Kritik. Nur in ihrem Medium ist deshalb die romantische Theorie der Produktivität eines Spracherzeugers und der inneren Form des sprachlichen Produkts in eine Theorie des Wissens von beiden übersetzbar. Gelöst von ihm bleibt sie trotz der Insistenz auf formaler Reflexion im sprachlichen Werk eine Theorie unbewußter Produktivität. Das hat zur Konsequenz gehabt, daß vorreflexive Inhalte die Konzeption des Werks als Zentrum der Reflexion verdrängt haben. Nicht erst deswegen, weil Schlegel das Phänomen formaler Reflexion mehr und mehr außer Acht ließ, zerbrechen sie die Logik der Reflexion.

Den Nachdruck, den Schlegel auf die formale Reflexion im Werk legte, hat er schon dadurch eher kompliziert als geklärt, daß er es als Einheit von »Selbstschöpfung und Selbstvernichtung« zu bestimmen versuchte. Als reflexive, d. h. sich selbst begrenzende, kann sie nur verstanden werden, wenn es gelingt, den steten Wechsel dieser Tätigkeiten in ihm transparent zu machen. Als diesen Wechsel bezeichnet er die Ironie der Reflexion: »Naiv ist, was bis zur Ironie, oder bis zum steten Wechsel von Selbstschöpfung und Selbstvernichtung natürlich, individuell oder klassisch ist, oder scheint. Ist es bloß Instinkt, so ists kindlich, kindisch, oder albern; ists bloße Absicht, so entsteht Affcktation. Das schöne, poetische, idealische Naive muß zugleich Absicht und Instinkt sein. Das Wesen der Absicht in diesem Sinne ist die Frei-

17 (3), S. 22.

heit.«[18] Entscheidend ist, daß als Produkt ironischer Reflexion nur gelten kann, was auf einer doppelten Tätigkeit beruht. Was an ihm Absicht ist, macht das Merkmal seiner Freiheit aus, was zum natürlichen Instinkt gehört, kennzeichnet seine Notwendigkeit. Beide aber sind die gegenstrebigen Tendenzen einer sprachlichen Verkörperung von Bedeutung. Der Instinkt absichtsloser Produktivität muß durch die Ironie der Reflexion eingeholt, deren Unendlichkeit aber in eine individuelle Verkörperung übersetzt werden. Der Beginn dieser wechselweisen Durchdringung, die den Charakter eines Werkes ausmacht, bleibt jedoch als ihr Keim im Dunkeln. In bezug auf das geschichtliche Hervortreten von Formen sprachlicher Konstruktion der Wirklichkeit hat Schlegel ihn als deren mythologisches Zentrum bestimmt.

In Anlehnung an die Wissenschaftslehre hat Schlegel die Formen des Idealismus, deren exemplarische künstlerische Werke sind, ihr Wechselspiel von spontan sich setzender und in sich zurücklaufender Bewegung, zu beschreiben versucht: »Wie es das Wesen des Geistes ist, sich selbst zu bestimmen, und im ewigen Wechsel aus sich herauszugehen und in sich zurückzukehren; wie jeder Gedanke nichts anderes ist als das Resultat einer solchen Tätigkeit: so ist derselbe Prozeß auch im ganzen und großen jeder Form des Idealismus sichtbar, der ja selbst nur die Anerkennung jenes Selbstgesetzes ist, und das neue durch die Anerkennung verdoppelte Leben, welches die geheime Kraft desselben durch die unbeschränkte Fülle neuer Erfindung, durch die allgemeine Mitteilbarkeit und durch die lebendige Wirksamkeit auf herrlichste offenbart.«[19] Da die Produktivität eines kreativen Sprachsubjekts und ihr Produkt aber nicht bruchlos ineinander überführbar sind, blieb der Hiatus zwischen beiden bestehen. Er zwang Schlegel, eine unbewußte Produktivität des menschlichen Bewußtseins anzunehmen, die aus der Logik der Reflexion allein nicht zu gewinnen ist.

Die in die individuelle Einheit eines Werkes gebannte Reflexion

18 Schlegel (II), S. 172 f.
19 (II), S. 314 f.

als Resultat des genannten Wechselverhältnisses ist mit der prägnanten Formel umschrieben: »Gebildet ist ein Werk, wenn es überall scharf begrenzt, innerhalb der Grenzen aber grenzenlos . . . ist.«[20] Den paradoxen Gehalt dieses Wechselverhältnisses erläutert Schlegel so, als handele es sich im Prozeß der Bildung eines Werkes darum, menschliches Bewußtsein zu einem individuell gebildeten zu formen. Denn das Werk als sprachliches Produkt »muß durch alle drei oder vier Weltteile der Menschheit gewandert sein, nicht um die Ecken seiner Individualität abzuschleifen, sondern um seinen Blick zu erweitern und seinem Geist mehr Freiheit und innere Vielseitigkeit und dadurch mehr Selbständigkeit und Selbstgenügsamkeit zu geben«.[21] Der Prozeß der Bildung dieser Reflexion kann freilich nur durch das Geschäft der Kritik vollendet werden. Erst dann darf von der Verkörperung im Werk gesagt werden, daß sie der Spiegel einer Welt sei. Die Unendlichkeit der Reflexion, deren Zentrum die Einheit eines individuellen Werks ist, hat Schlegel für die romantische Dichtung als ganze in Anspruch genommen. Im 116. Athenäumsfragment vergleicht er sie mit einer »endlosen Reihe von Spiegeln«, die reflektieren, was auf sie auftrifft.[22] Reflexion ist dem-

20 (II), S. 215.
21 (II), S. 215.
22 Es ist nicht hinreichend, das Phänomen der Reflexion dadurch zu destruieren, daß man es auf den Sprachgebrauch über »quasioptische« Phänomene reduziert. Für den Versuch dieser Reduktion durch die neuere analytische Philosophie ist G. Ryles Buch: »The Concept of Mind« zum Kanon geworden. Ryle versteht das Phänomen der Reflexion als Ausdruck einer Schwierigkeit, die jenen Theorien immanent ist, die sich in den »Cartesianischen Mythos« vom menschlichen Bewußtsein verstrickt haben. Mit kryptobehavioristischen Argumenten rechnet er das Phänomen der Reflexion als Ausdruck der Selbstgewißheit menschlichen Bewußtseins, zu dessen Objektivationen auch sprachliche Formen gezählt werden müssen, diesem »rationalistischen« Mythos zu. Deshalb bezeichnet der Terminus Reflexion für ihn nicht mehr als den Gebrauch einer Sprache, die aus dem Bereich der Optik entlehnt ist und auf die Erkenntnis des menschlichen Geistes falsch angewendet wird: »›Conciousness‹ was imported to play in the mental world the part played by light in the mechanical world . . . This model was employed again by Locke when he described to observational scrutiny which a mind can from time to time turn upon its current states and processes. He called this supposed

nach ein Phänomen sich selbst sehender und interpretierender Bedeutungszusammenhänge.

Im Gegensatz zu Fichte hat Schlegel die Reflexion aus der Bindung an einen Reflexionsträger entlassen und sie als autonome Kraft sprachlicher Formen verstanden. Ihr Oszillieren untereinander ist von ihm objektiv gesetzt worden. Wenn es richtig ist, daß die romantische Ironie eben jenes Oszillieren sprachlicher Formen ist, dann ist es nicht zureichend, sie als subjektive Willkür zu kritisieren. Benjamin hat dem Anspruch, daß die Reflexion eine objektive Kraft ist, dadurch Rechnung getragen, daß er das Zentrum der Reflexion im sprachlichen Gebilde als medial charakterisierte. Ihre Logik beschrieb er als ichfrei. Freilich ist eine Reflexionstheorie, so interpretiert, um einen Teil ihres produktiven Ansatzes gebracht, denn sie kann sinnvoll nur aufrechterhalten werden, wenn sie zugleich auf einen Reflexionsträger bezogen ist. Aus dem Faktum, daß es das sprachliche Produkt ist, das reflektiert, erklären sich die Mystifizierungen, welche die Romantik an das sprachliche Medium und seine Ergänzung zu einer absoluten Erfahrung geheftet hat. Schlegel hat sie schon zu der Zeit, als ihn die paradoxe Struktur der Reflexion noch interessierte, im Zusammenhang mit seiner Fichtekritik zum Ausdruck gebracht. Obgleich er von der Voraussetzung ausging, Form und Inhalt eines Werks als Zentrum der Reflexion könnten nur mit Hilfe des kritischen Idealismus Fichtes miteinander in Beziehung gesetzt werden, hat er ihn doch vom Standpunkt des Mystikers zu unterlaufen versucht. Deshalb charakterisierte er auch das sprachliche Werk so, daß es vermöge einer mystischen Tendenz an der Substanz des allgemeinen Lebensstromes Anteil hat. Es ist nach ihm ein Fragment eines unaussprechlichen Sinnzusammenhangs, welchen die romantische Kritik herstellen muß. Nur dadurch, daß im Werk ein mystischer »Keim« liegt, »dadurch, daß es Ein und Alles ist, wird ein Werk zum Werk«.[23] Von dem Keim des

inner perception ›reflection‹ ... borrowing the word ›reflection‹ from the familiar optical phenomenon of the reflection of faces in mirrors ... The myth of consciousness is a piece of para-optics.« Ryle (1), S. 153.

23 Schlegel (II), S. 327.

Werks, dem Zentrum der in es gebannten Unendlichkeit der Reflexion, entfaltet sich seine progressive Tendenz. Sie führt über seine individuelle Verkörperung hinaus und erfaßt nach Schlegel die Gesamtheit möglicher sprachlicher Formen. Sie ist deren romantische, ins Unendliche hinausgehende Tendenz: »Die romantische Poesie ist eine progressive Universalpoesie... Sie kann sich so in das Dargestellte verlieren, daß man glauben möchte, poetische Individuen jeder Art zu charakterisieren, sei ihr Ein und Alles... Und doch kann auch sie am meisten zwischen dem Dargestellten und dem Darstellenden, frei von allem realen und idealen Interesse auf den Flügeln der poetischen Reflexion in der Mitte schweben, diese Reflexion immer wieder potenzieren und wie in einer endlosen Reihe von Spiegeln vervielfachen. Sie ist der höchsten und allseitigsten Bildung fähig; nicht bloß von innen heraus, sondern auch von außen hinein.«[24]

Der Anfang dieses ästhetischen Progresses ins Unendliche ist das Zentrum der Reflexion im einzelnen Werk. In ihm zunächst greifen darstellendes Vermögen und dargestellter Inhalt so ineinander, daß sie sich gegenseitig begrenzen und beschränken. Die produktive Einbildungskraft aber ist jenes Vermögen, das zwischen Darstellendes und Dargestelltes das Band der Reflexion legt, so daß beide kontinuierlich ineinander übergehen können. Sprachliche Darstellung ist nach Schlegel ursprünglich beides in dieser Vereinigung. In ihr begrenzen sich darstellende Form und dargestellter Inhalt, indem sie aber kontinuierlich ineinander übergehen, erweitern sie sich zugleich. Das Resultat dieses Zusammengreifens von darstellender Form und dargestelltem Inhalt ist die intensive Verkörperung der Totalität des Lebens. Wird sie durch den ästhetischen Sinn, auf dem die romantische Kritik beruht, erfaßt, dann ist es möglich, sie in die extensive Totalität des Lebens zu übersetzen. Als intensive hat sie Schlegel im 238. Athenäumsfragment charakterisiert; mit dem Gebrauch des Terminus »Transzendental« hat er darin auf ihre reflexive Struktur hinzuweisen versucht: »Es gibt eine

24 (II), S. 182.

Poesie, deren eins und alles das Verhältnis des Idealen und des Realen ist, und die also nach Analogie der philosophischen Kunstsprache Transzendentalpoesie heißen müßte... So wie man aber wenig Wert auf eine Transzendentalphilosophie legen würde, die nicht kritisch wäre, nicht auch das Produzierende mit dem Produkt darstellte, und im System der transzendentalen Gedanken zugleich eine Charakteristik des transzendentalen Denkens enthielte: so sollte wohl auch jene Poesie die in modernen Dichtern nicht seltenen transzendentalen Materialien und Vorübungen zu einer poetischen Theorie des Dichtungsvermögens mit der künstlerischen Reflexion und schönen Selbstbespiegelung... vereinigen, und in jeder ihrer Darstellungen sich selbst mit darstellen, und überall zugleich Poesie und Poesie der Poesie sein.«[25]

Obgleich der Keim des Zusammentreffens idealer und realer Tendenzen und ihrer auseinanderstrebenden Darstellungsreihen in der Bedeutung eines sprachlichen Produkts sich Schlegel immer entschiedener als einer zu erweisen schien, der nur als Leben göttlicher Art in sprachliche Deutungsschemata übersetzt werden kann, geht er doch auf einen Gegensatz zurück, der aus der Erkenntnis des Gegenstandsbereiches der Natur gewonnen wurde. Als Gegensatz zentripetaler und zentrifugaler Strebungen im sprachlichen Produkt wird er durch die Einbildungskraft in der Schwebe gehalten. Sprache als ganze ist der Romantik zufolge eine Kraft, die durch eine innere Bewegung in Gang gehalten wird, deren eine Tendenz ins Unendliche hinaus, deren andere in sich zurückläuft. Nur aufgrund dieses Gegensatzes ist ein sprachliches Produkt ein lebendiges Zentrum der Reflexion zu nennen; sein medialer Charakter beruht eben darauf, daß es diese innere Form ist, die es nicht erlaubt, seine Bewegung unter einen Kausalmechanismus zu subsumieren. Weil er nach Schlegel nicht als konventionalistisches Zeichensystem gedeutet werden darf, hat er ihn mit mystischen Termini zu beschreiben versucht. Das sprachliche Medium ist ein Produkt des genialen Sprachsubjekts

25 (II), S. 204.

wie der Substanz des allgemeinen Lebensstromes. Schon in den »Ideen«, in denen durchgängig eine mystische Terminologie vorherrscht, wird die Einheit zentrifugaler und zentripetaler Strebungen formaler Reflexion, deren inneres Leben, als Religion bezeichnet: »Die Religion ist die zentripetale und zentrifugale Kraft im menschlichen Geiste, und was beide verbindet.«[26] Ideen selbst bestimmte Schlegel als »unendliche, selbständige, immer in sich bewegliche göttliche Gedanken«.[27]

Um die Einheit zentrifugaler und zentripetaler Strebungen im absoluten Ich zu demonstrieren und sie von der Bewegung sich mechanisch zueinander verhaltender Körper zu unterscheiden, hat Fichte die Selbstbewußtseinsformel, in welcher nur vom sich schlechthin setzenden Ich die Rede war, so erweitert, daß es das Ich ist, daß sich setzen soll, »als durch sich selbst gesetzt. Es soll demnach, so gewiß es ein Ich ist, das Prinzip des Lebens und des Bewußtseins lediglich in sich selbst haben.«[28] Das Faktum, daß dieses Leben eine aus sich herausgehende und in sich zurückkehrende Bewegung ist, welche es von einer Konstellation von Körpern unterscheidet, wird von Fichte an der Stelle betont, an der er den Gegensatz zentripetaler und zentrifugaler Strebungen im Ich einführt.[29] An der Zweidimensionalität dieser Strebungen hängt die spezifische Differenz von Natur und Freiheit, welche die Wissenschaftslehre herausarbeiten wollte.

Die Nachdrücklichkeit, mit der Fichte betont hat, daß es das Ich sein muß, welches das Prinzip des Lebens in sich selbst trägt, kennzeichnet allein seinen Ansatz einer kritischen Transzendentalphilosophie. Der ästhetische Absolutismus hat sie aufgegeben. Deshalb scheitert auch die Analogiebildung von Fichtes Selbstbewußtseinstheorie mit Schlegels Versuch, die Reflexivität des sprachlichen Mediums zu bestimmen. Auch die verbal gewordenen Bestimmungen, die dem Ich in den Windischmannschen Vorlesungen in nachlässiger Diktion zugesprochen werden, kön-

26 (II), S. 259.
27 (II), S. 257.
28 Fichte (I), S. 274.
29 Vgl. Henrich (3), S. 22; dort wird auf diese Stelle hingewiesen.

nen über dieses Faktum nicht hinwegtäuschen. Nicht aufgrund gedanklicher Logik stößt Schlegel deshalb an die Grenzen der Reflexion. Dies ist allein Fichte gelungen, der ihre Grenzen durch das Festhalten am Ich als Reflexionsträger hindurch sichtbar gemacht hat. Um die Tätigkeit des Ich zu bezeichnen, hat Fichte deshalb den Terminus des ›Setzens‹ eingeführt. Er richtet sich in der Konsequenz gegen eine Theorie, die davon ausgeht, es könne als tätiges allein vermöge der Reflexion sich selbst durchsichtig werden.

Aufgrund der in Beziehung gesetzten zentrifugalen und zentripetalen Tendenzen im Medium sprachlicher Reflexion ist dieses als ein unendlicher, aber bestimmter Zusammenhang interpretierbar. Ihre Bewegung im Fortgang der Reflexion ist von Schlegel im 116. Athenäumsfragment bezeichnet worden, als er die ins Unendliche fortgehende, bestimmende Reflexion mit einer Reihe von Spiegeln verglich, von denen zurückgeworfen wird, was den Anstoß einer sich potenzierenden Bewegung ausmacht. Mag auch die individuelle Einheit eines künstlerischen Produkts der Mittelpunkt dieser ins Unendliche gehenden Reflexion sein, so muß doch seine Besonderheit dem grenzenlos wachsenden Zusammenhang des Kontinuums der Reflexionsformen weichen. Es kann, wie dieser Vorgang eindringlich bezeichnet wurde, entgegen der Voraussetzung, daß sich das absolute Ich als leer erweist, wenn es nicht in einer individuellen sinnlichen Einheit verkörpert ist, im Kultus des Unendlichen nichts als schlechthin anerkannt werden. Die Verkörperung einer Bedeutung im einzelnen Werk gehört so in den Kontext einer ins Unendliche bestimmbaren Bedeutung. Da ihr sprachliches Medium selbst als reflexiv bestimmt ist, muß der Typus dieser Reflexion als ichfrei bezeichnet werden. Sie ist die Autonomie eines sich selbst bestimmenden Zusammenhangs von Formen, nicht die eines sich in seinen Handlungen wissenden praktischen Subjekts.

Nach zwei Seiten hin bleibt das sprachliche Medium, selbst wenn es sich zur Einheit eines individuellen Werks gebildet hat, porös. Diese Porösität, das Oszillieren zentrifugaler und zentripetaler Tendenzen im Werk, hat Schlegel in bezug auf die romantische

Poesie charakterisiert, als er zum Gang ihrer Herausbildung bemerkte, er verlaufe »nicht bloß von innen heraus, sondern auch von außen hinein«.[30] Diese Bewegung wiederholt sich der Schlegelschen Intention nach ins Unendliche fort. Daher darf nach ihm die romantische Poesie an keinem Punkt ihrer Darstellung fixiert werden. Sie muß »schwebende« Reflexion sein. Da sie nur in sprachlichen Formen paradigmatisch repräsentiert ist, bildet ihre Erkenntnis den Gegenstand einerseits für die philologische Hermeneutik, andererseits für die divinatorische Kritik. Als Mittelglied zwischen der Einheit eines Werks und dem Absolutum der Kunst haben deren Verfahrungsweisen als Kommentar und Kritik die Aufgabe des praktischen Teils der Wissenschaftslehre übernommen. Dort ist die Tätigkeit des praktischen Ich das Mittel der Vereinigung seines, durch das ihm entgegengesetzte Nicht-Ich beschränkten, unendlichen Strebens mit sich selbst. Es bleibt wegen der Unendlichkeit dieses Widerstandes auch unendlich bestimmbar. Das Resultat der Dialektik der beschränkten und begrenzten Tätigkeit des theoretischen Ich und der ins Schrankenlose gehenden Kraft des praktischen ist die durchgängige Bestimmung des handelnden Ich. Das Resultat ineinander übergehender und sich wechselseitig bestimmender Sprachformen ist ihr Zusammenhang in einer Bedeutung, die unendlich bestimmbar bleibt. Das ist der Inhalt des unendlich bestimmten Reflexionskontinuums. Sein stofflicher Gehalt und seine sprachliche Form stehen in ihm in einem solchen Verhältnis zueinander, daß die Form ihr eigener Gehalt wird. Eine Bewegung, in der die Form ihr eigener Gehalt wird, hat Fichte als Handlung der Freiheit klassifiziert. Darin, daß sie in dieser Handlung in sich selbst zurückgeht, sah er das Wesen der Reflexion.[31] Schlegel hat das dialektische Wechselverhältnis einer Form zu ihrem Gehalt auf die Relation übertragen, in der Darstellendes und Dargestelltes zueinander stehen. Die Struktur dieses Reflexionsverhältnisses war es, die seine Konzeption der romantischen Ironie bestimmt hat. Wie nach einem frühen Diktum Fichtes die Wissenschaftslehre

30 Schlegel (II), S. 183.
31 Fichte (I), S. 67.

56

dadurch charakterisierbar ist, daß deren Form und Gehalt so
entgegengesetzt sind, daß sie sich wechselweise bestimmen und
begrenzen und »auf das innigste vereinigt«[32] sind, so ist die romantische Poesie als ganze die Vereinigung zweier verschiedener
Reihen. Es sind die Reihen dessen, was am sprachlichen Produkt
seine Form und seine inhaltlichen Bezüge ausmacht. Ironie besteht nun darin, die Reflexion von der Form auf den Gehalt
übergehen zu lassen, diesen gleichsam zu vernichten. Daß sich am
Ende dieses Progresses das Absolutum eines Sinnes ergeben muß,
war die Überzeugung der Romantik. Das Telos ironischer Vernichtung ist die Affirmation eines Sinnes, in dem die Schranken,
durch welche Gegensätze definiert sind, aufgehoben sind. Hält
man daran fest, daß deren allgemeinste Form der Riß zwischen
einer Welt der Formen und dem Leben ist, dann ist es das Ziel
der Ironie, formale Reflexion und Leben einander anzugleichen.
Solange er nicht überbrückt ist – und innerhalb der Reflexion
läßt er sich nach Schlegel nicht überbrücken –, zerstört[33] die Ironie bestehende Bedeutungszusammenhänge. Sie ist als solche eine
Form des Skeptizismus, dem keine etablierte Bedeutung genügen
kann: »Ironie ist die höchste, reinste σκεψις.«[34]

3. Die Ironie der Reflexion und die Beziehungen des Witzes zum Unbewußten

Der Skeptizismus der Ironie hat ein Handeln zur Folge, das in
bezug auf die Stellung der Kunst und des Künstlers zur Gesellschaft als anarchisches charakterisiert worden ist.[1] Anarchismus
als politischer Begriff scheint die Negation etablierter Bedeutungszusammenhänge und die Affirmation der Einheit von Kunst und
Leben durch die romantische Ironie angemessener zu bestimmen
als der Begriff des »Occasionalismus«, mit dem C. Schmitt

32 (I), S. 66.
33 Vgl. Szondi (1), S. 5 ff.
34 Schlegel (XVIII), S. 406.
1 Vgl. Wind (1), S. 1 ff.

die politische Romantik zu kennzeichnen versuchte. Den Versuch, gegensätzliche, ja sich ausschließende Handlungsmotive in ironischem Oszillieren miteinander in Beziehung zu setzen und ihren Grund dadurch zu zerstören, bezeichnete er mit diesem Begriff. Nach ihm ist das romantisch-occasionalistische Verhalten allem Wirklichen gegenüber Ersatz für die Leere, die zwischen dem romantischen Handeln und seinen Zwecken liegt. Zurückzuführen ist sie nicht etwa auf den Verlust eines Handlungszieles, sondern einer »Causa« des Handelns. Ist kein Grund für politisches Handeln gegeben, vor dem es sich legitimieren muß, erst dann ist es undenkbar, Ziele des Handelns als normative festzuhalten. Der Verlust normativer Handlungsziele ist also erst die Folge davon, daß sich die Romantik über den Grund menschlichen Handelns in der unendlich schwebenden Reflexion hinwegsetzt. So ist der Begriff des »Occasionalismus« als Charakteristikum romantischen Handelns selber negativ bestimmt. In ihm ist aufgelöst, was im Gegenbegriff der »causa« positiv angedeutet ist: »Er ist auflösender Begriff, denn alles, was dem Leben und dem Geschehen Konsequenz und Ordnung gibt – sei es die mechanische Berechenbarkeit des Ursächlichen, sei es ein zweckhafter oder normativer Zusammenhang –, ist mit der Vorstellung des bloß Occasionellen unvereinbar.«[2]
Im Kontext dieser Prämissen stellt sich die skeptische Ironie als entscheidungsloses Schweben zwischen den wirklichen Alternativen des Handelns und der abstrakten Möglichkeit dar, diese reflektierend zu überbieten. Und es ist wirklich im Interesse dieses Skeptizismus, die auf der Findung von Gesetzeshypothesen beruhende Tätigkeit des Verstandes aufzulösen; aus ihm kann daher nicht die Berechenbarkeit von Kausalzusammenhängen abgeleitet werden. Es ist ebenso sein Interesse, normative Handlungsziele, wie sie durch die praktische Vernunft gegeben werden, zu unterlaufen. Handeln kann deshalb nicht auf uneingeschränkt geltende Zwecke hin orientiert werden. Ironischer Skeptizismus ist deshalb, obgleich C. Schmitt seine beiden Seiten nicht angemes-

2 Schmitt (1), S. 22.

sen dargestellt hat, seiner Argumentation zufolge die konsequenzlose Selbstdarstellung romantischer Subjektivität.[3] Ihr ist der Blick für alles Wirkliche zur Tagebuchperspektive zusammengeschmolzen, in der alles in Frage gestellt wird, nur nicht der eigene Punkt des Sehens. Für diesen Verlust an Plastizität der Erfahrung hat C. Schmitt nicht etwa die Flucht des Romantikers vor der Wirklichkeit verantwortlich gemacht. Er weicht ihr zwar aus, »aber ironisch und mit der Gesinnung der Intrige. Ironie und Intrige sind nicht die Stimmung eines Menschen auf der Flucht, sondern die Aktivität eines Menschen, der, statt neue Wirklichkeiten zu schaffen, die eine Wirklichkeit gegen eine andere ausspielt, um die jeweilig gegenwärtige, begrenzende Wirklichkeit zu paralysieren. Ironisch entzieht er sich der beengenden Objektivität . . .; in der Ironie liegt der Vorbehalt aller unendlichen Möglichkeiten.«[4] Die Formel für diese Ironie-Interpretation ist die subjektiver Willkür. Trifft es jedoch zu, daß ihr Syndrom nicht unter sie allein subsumiert werden kann, dann müssen auch ihre Motive anders verstanden werden, als dies in der Schmittschen Argumentation der Fall ist.

Die Voraussetzung ironischer Skepsis allen Gehalten gegenüber ist das genannte Paradoxon, dessen Ungelöstheit die Transzendentalphilosophie charakterisiert: Wie kann die Autonomie eines sich selbst bestimmenden Handlungsträgers in individuell verkörperter Form erscheinen. In der Bindung und Fixierung der Kraft seiner Reflexion an die Gehalte, welche sie begrenzen, geht deren Einheit verloren. Mit diesem Verlust erweist sich der oberste Punkt der Transzendentalphilosophie, an den alles Denken und Handeln geheftet sein muß, als leer. Er wird von dem Chaos der ihn bedrängenden Natur absorbiert, wenn es nicht gelingt, ein Produkt seiner Tätigkeit aufzuweisen, das gegen diese Ab-

---

3 Nicht nur das romantische Subjekt ist nach C. Schmitt durch eine hemmungslose Selbstdarstellung gekennzeichnet. Auch die Psychoanalyse ist nach ihm durch das charakterisierbar, was er »ästhetische Produktivität« nennt. Auch ihr »Ästhetizismus« macht, so muß man folgern, zu politischer Entscheidung unfähig. Vgl. (1), S. 176.
4 (1), S. 105.

sorption resistent ist. Für die Romantik war es eben nur der Zusammenhang des künstlerischen Mediums, das diese Resistenz repräsentierte.

Daß der romantischen Ironie ein Telos immanent ist, das aufgrund anarchischer Willkür nicht erreicht werden kann, hat Benjamin metaphorisch darzulegen versucht. Es ist mit der Tendenz einzelner sprachlicher Produkte zu einer Form verbunden, die er als »absolute« interpretierte. Ironie ist an ihr selbst doppelt strukturiert. Aufgrund ihrer Doppelung aber kann man nach Benjamin die Darstellungsform individueller Werke von der absoluten der Kunst unterscheiden. Ironie ist einmal subjektiv darin, daß sie den Stoff der Darstellung zerstört, objektiv jedoch ist sie, weil sie die Form selbst zum Gegenstand der Zerstörung macht. Diese zweite Destruktion erfolgt daher innerhalb der Form selbst, sie ist dem Willen des Produzierenden entzogen: »Reflexiv ist auch die Ironisierung des Stoffes, doch beruht diese auf einer subjektiven, spielerischen Reflexion des Autors; sie ist negativ und subjektiv, positiv und objektiv dagegen die der Form ... Die bestimmte Form des einzelnen Werkes, die man als Darstellungsform bezeichnen möge, wird das Opfer ironischer Zersetzung. Über ihr aber reißt die Ironie einen Himmel ewiger Form, die Idee der Formen, auf, die man die absolute Form nennen mag, und sie erweist das Überleben des Werkes, das aus dieser Sphäre sein unzerstörbares Bestehen schöpft, nachdem die empirische Form, der Ausdruck seiner isolierten Reflexion, von ihr verzehrt wurde. Die Ironisierung der Darstellungsform ist gleichsam der Sturm, der den Vorhang von der transzendentalen Ordnung der Kunst aufhebt und diese und in ihr das unmittelbare Bestehen des Werkes als eines Mysteriums enthüllt ... Die formale Ironie ... kann nicht, wie es üblich ist, als Index einer subjektiven Schrankenlosigkeit verstanden, sondern muß als objektives Moment im Werke selbst gewürdigt werden. Sie stellt den paradoxen Versuch dar, am Gebilde noch durch Abbruch zu bauen: im Werke selbst seine Beziehung auf die Idee zu demonstrieren.«[5] Innerhalb der Logik der Reflexion

5 Benjamin (II), S. 491 f.

also ist das Telos des ironischen Skeptizismus nicht benennbar, obgleich es den unendlichen Progreß seiner Formen in Gang hält. Er kann, an das Ziel seiner eigenen Auflösung fixiert, diese jedoch nur vollziehen mit der Destruktion der Reflexion selbst. Schlegel hat die Aufgabe »divinatorischer« Kritik so bestimmt, daß in ihr das Ideal eines Zustandes antizipiert werden muß, in dem die Schranken der Reflexion hinfällig geworden sind und ihr Medium frei ins Leben übergehen kann.

Von zwei Seiten her ist demnach die Reflexivität sprachlicher Formen und mit ihnen die skeptische Einstellung des Ironikers gefährdet. Der Beginn sprachlicher Konstruktion der Wirklichkeit ist an einen Akt der Produktivität gebunden, der nicht bruchlos ins sprachliche Produkt eingehen kann. Sein Boden ist präreflexiv. Und auch das Ende des ästhetischen Progresses ins Unendliche, der Zustand, auf den die ironische Destruktion etablierter Bedeutungszusammenhänge hinarbeitet, kann nicht innerhalb des Rahmens der Reflexion zum Ausdruck gebracht werden, obgleich sie von diesem ihre Darstellungskraft erhält. Er ist postreflexiv. Dieses doppelseitige Paradoxon muß man vor Augen haben, wenn die Ironie mit einem strengen Begriff von Skeptizismus verbunden werden soll. Herrschte Gewißheit über Anfang und Ende des Reflexionsprozesses, ließen sich beide innerhalb seiner Logik ausdrücken, dann könnte Ironie nicht als reine Skepsis bezeichnet werden. Wegen der Wirksamkeit dieses Paradoxons im ironischen Skeptizismus kann Schlegels späte Konzeption der Ironie der Liebe nicht mehr ernsthaft als paradoxe Methode des Denkens gewertet werden, denn sie versenkt sich in die Details des Lebens, ohne daß die Gefahr bestünde, daß sie sich in ihnen verlöre. Ironie als reine Skepsis ist nur dadurch gesetzt, daß dem menschlichen Bewußtsein keine andere Instanz als Antrieb seiner Tätigkeit gilt als die eigene Agilität. Vermutlich ist es der Grund ironischer Skepsis, daß sie sich dessen bewußt ist, in welchem Maße die eigene Agilität dem Fließen der Zeit ausgesetzt ist. Mit Recht ist in ihr die kontingente Struktur der Welt als zeitlich vergehender den absoluten Leistungen der transzendentalen Subjektivität entgegengehalten. Diese tiefe Einsicht ist in jeder Form des Dogmatismus, die sich an die positive Geltung religiöser Inhalte klammert, wie es die späte Romantik selbst tat, wieder zerstört. Sie ist auch dann verloren, wenn man dem menschlichen Bewußtsein eine nicht allgemein kommunikabel zu machende »causa« vorordnet, um ihm durch Zwang seine Kontingenz zu nehmen. Nach Lukács ist es die paradigmatische Form des Romans, in der sich eine Subjektivität darzustellen versucht, welche die Kontingenz eigener Tätigkeit und der Geschichte erfahren hat, um sich im Erzählen seiner Biographie von ihr zu befreien. »Das tiefste und erniedrigendste Sich-nicht-bewähren-Können der Subjektivität besteht weniger in dem vergeblichen Kampfe gegen ideenlose Gebilde und deren menschliche Vertreter, als darin, daß sie dem träg-stetigen Ablauf nicht standhalten kann, daß sie von mühsam errungenen Gipfeln langsam aber unaufhaltsam herabgleiten muß, daß dieses unfaßbar, unsichtbar-bewegliche Wesen ihr allen Besitz allmählich entwindet und ihr – unbemerkt – fremde Inhalte aufzwingt.«[6]

Dauer also ist dem ironischen Skeptizismus nicht anders erreichbar als durch die fortgesetzte Potenzierung der eigenen Tätigkeit, wodurch ihm Dauer gerade entzogen ist. Vor dem ironischen Blick zerfällt der sichere kausale Zusammenhang der Welt. Den Bezug der Mannigfaltigkeit von Gegenständen der Natur untereinander, welcher nicht unter die gesetzfindende Funktion des Verstandes gebracht ist, hat Schlegel im Begriff des Chaos zu erfassen versucht. Auch diesen Wirkungszusammenhang überblickt die Ironie. Er nannte sie ein »klares Bewußtsein der ewigen Agilität, des unendlich vollen Chaos«.[7] Sie ist dies jedoch nicht nur in bezug auf die Formen der Natur, sondern auch im Verhältnis zu jenen der Reflexion. Als Kraft der Skepsis setzt sie die Produkte beider Bereiche miteinander in Beziehung. Darin ist sie unmittelbar, Objekt und Subjekt der Erkenntnis sind in ihrer Darstellung vereint. Deshalb kann sie nicht als subjektive Willkür bezeichnet werden. Fichte hat, um die Unmittelbarkeit dieser Vereinigung zu charakterisieren, von Anschauung gesprochen

6 Lukács (1), S. 123 f.
7 Schlegel (II), S. 263.

und sie als intellektuelle bezeichnet. Freilich hat er auch sie, im Gegensatz zu Schlegel, an die normative Setzung des absoluten Ich zu binden versucht. In ihm tritt eine Tätigkeit auf, die er als Agilität kennzeichnete: »Tätigkeit ist Agilität, innere Bewegung; der Geist reißt sich selbst über absolut Entgegengesetztes hinweg; – . . . – Aber diese Agilität läßt sich nicht anders anschauen, und wird nicht anders angeschaut, denn als ein *Losreißen der tätigen Kraft von einer Ruhe.*«[8] Im Gegensatz von tätiger Kraft und Ruhe sah Fichte ein Kriterium zur Bestimmung des menschlichen Bewußtseins. In der Ruhe der Anschauung wird es von der chaotischen Mannigfaltigkeit der Gegenstände affiziert, die Tätigkeit aber ist die Kraft, die jene erkennt und vernichtet. Diese Aktivität wiederum, als Ruhe wahrgenommen, nennt Fichte den »Begriff«. Seine Konzeption entspricht der Schlegelschen Ironie. Sie ist insofern eine »Form des Paradoxen«[9], als sie zwar nicht den chaotischen Zusammenhang von Natur- und Reflexionsformen – deren sich doppelnde Strukturen – unter eine stringente Einheit bringt, aber doch ihn als unendlich bestimmbaren überschaut. Eine Form des Paradoxen ist sie auch deshalb, weil sie eine »innere Bewegung des Geistes« ist, deren ins Unendliche fortgehende Vereinigung von Gegensätzen nicht anders aufgehoben werden kann als durch die Vernichtung der ironischen Skepsis selbst. Schlegel hat das Ziel ihrer Progresses ins Unendliche im Rückblick auf die Tendenzen des »Athenäum« zu charakterisieren versucht: »Im Anfang . . . ist Kritik und Universalität der vorwaltende Zweck, in den späteren Teilen ist der Geist des *Mystizismus* das Wesentliche. Man scheue dieses Wort nicht; es bezeichnet die Verknüpfung der Mysterien der Kunst und Wissenschaft, die ihren Namen ohne solche Mysterien nicht verdienen würden; vor allem aber die kräftige Vertheidigung der symbolischen Formen und ihre Nothwendigkeit gegen den profanen Sinn.«[10] Er hat mit dieser Charakterisierung die Entwicklung seiner eigenen theoretischen Versuche getroffen. Mit dem Geist

8 Fichte (I), S. 531.
9 Schlegel (II), S. 153.
10 (4), S. 52.

des Mystizismus, der Verteidigung der symbolischen Form, die sich in der Setzung von Religion und Mythologie manifestieren, ist die immanente Logik des Skeptizismus zur Sprengung des Rahmens schwebender Reflexion bezeichnet. Nach ihm kann das Reflexionsmedium der Kunst innerhalb ironischer Reflexion sein eigenes Telos nicht erreichen. Benjamin hat festgestellt, es sei die symbolische Form, die als Organ den Zerfall profaner, d. h. skeptischer Reflexionsformen überdaure. Erst in ihr kann der Sinn, die Bedeutung eines künstlerischen Produkts, so meinte er, sich selbst durchsichtig werden; erst dann kann eine geistige Bedeutung formuliert werden. Den negativen Bezug auf die geistige, symbolische Form, in der nach Schlegel das Göttliche unmittelbar dargestellt werden kann, stellt die allegorische Konstruktion alles Wirklichen her. In ihr ist der Bezug auf ein Reich der Darstellung, wenn auch via negationis gegeben, das nur von der durchgängig symbolischen Form eingelöst werden kann. Es kann also nur diejenige Form ironischer Skepsis als wirklich gewertet werden, die den, wenn auch negativen, Bezug auf eine noch zu erstellende Welt aufrechterhält. Eine geistige Form ist nur die, deren, so läßt sich ein Schlegelsches Fragment variieren, formale Logik »nur die Wahrheit einer *Allegorie* hat«.[11] Der Kern, den die Skepsis der Ironie durch die Zerstörung des profanen Sinnes aus dessen Formen zu gewinnen sucht, ist das Absolutum der Kunst. Die unmittelbare Identität seiner sprachlichen Formen mit dem Leben kann als die Einlösung von Illusionen und Wunschphantasien verstanden werden, auf die die allegorische Darstellungsform immer bezogen ist. Im »Systemprogramm« war ihre zukünftige Form als »Mythologie der Vernunft« bezeichnet worden. Es war die Überzeugung der Romantik, daß das Ende aller Darstellung die Positivität einer solchen Mythologie sein würde. Diese Überzeugung war es, die davon ausging, daß ein individuell dargestellter Sinn in einzelnen künstlerischen Produkten schließlich in einem positiven Absolutum untergehen würde. In ihm aber ist das Medium der Kunst in den Zusammen-

11 (II), S. 256.

hang des Lebens eingerückt.[12] Den Inhalt dieser Affirmation von Positivität versuchte Kant als eine »unvermeidliche *Illusion*, die selbst auf subjektiven Grundsätzen beruht, und sie als objektive unterschiebt«[13] zu charakterisieren und auf eine natürliche »und unvermeidliche Dialektik der reinen Vernunft«[14] zurückzuführen. Der menschlichen Vernunft hängt eine solche Illusion auch nach ihm »unhintertreiblich« an und muß dennoch im Rahmen der kritischen Transzendentalphilosophie aus dem Bereich des Erfahrbaren ausgeschlossen werden. Die Affirmation ihrer Positivität aber kennzeichnet die paradoxe Skepsis des ästhetischen Absolutismus.

Die Potenzierung der romantischen Ironie, deren Telos diese Positivität ist, hat Benjamin als ein verantwortungsloses Spiel mit der Wirklichkeit kritisiert. Seine Kritik geht auf die Kierkegaards an der romantischen Ironie zurück, die dieser als neuere der Ironie des Sokrates gegenüberstellte. In der achten These seiner Dissertation bestimmte er die Sokratische Ironie gegen ihre Erhebung ins Absolute als »unendliche und absolute Negativität«.[15] Im Unterschied zu Hegel, von dem diese Definition übernommen ist, ist sie für Kierkegaard »die leichteste und unscheinbarste Bezeichnung der Subjektivität«.[16] Mit ihr beginnt, wie es in der letzten These heißt, »ein Leben, das menschenwürdig genannt werden kann«.[17]

In seiner metaphysisch-anthropologischen Interpretation des Ironikers, der den Typus der neueren Ironie vertritt, stützt sich Kierkegaard auf Unterscheidungen, die auch den Inhalt der Kritik C. Schmitts am Ironiker bestimmen. Er ist der Repräsentant einer Lebensform, deren Wirklichkeit in bloßer Möglichkeit

---

12 Auf den ausschließlich positiven Charakter der romantischen Kritik hat Benjamin schon in seiner Arbeit über den Kritikbegriff der Romantik hingewiesen. Unter dem Stichwort der »Mortifikation« zu kritisierender Werke hat er selbst deren negative Kehrseite entfaltet.

13 Kant (II), S. 311.

14 (II), S. 311.

15 Kierkegaard (1), S. 3.

16 (1), S. 3.

17 (1), S. 4.

besteht. Das Band der schwebenden Ironie, das ihre Einheit garantieren soll, ist in Wahrheit vom Zufall von Dispositionen abhängig, deren entscheidende für den Ironiker die Langeweile ist: »*Langeweile* ist das *einzige* Stetige und *Zusammenhängende*, das der Ironiker besitzt ... Langeweile aber ist eben die in ein persönliches Bewußtsein aufgenommene negative Einheit, in welcher die Gegensätze untergehen.«[18] In ihr als Wissens- und Handlungsdisposition läßt der Ironiker »Schicksal und Zufall«[19] über sein und das Leben anderer entscheiden. In der Kennzeichnung ironischer Skepsis als einer Attitüde entscheidungsloser Schwebens über den Gegensätzen des wirklichen Lebens ist Kierkegaard von ihrer Darstellung durch den späten Hegel abhängig geblieben. Auf das Problem, wie es möglich sein soll, mittels des Mediums der Reflexion eine Bedeutung zu formulieren, die reflexiv nicht erfaßt werden kann, sind beide nicht in angemessener Weise eingegangen.

In der Tendenz, gegen die Meinung des Ironikers, unter der Hand entwickle sich der Skeptizismus der Ironie zu einem positiven Absoluten, das Erlebnis der Ausweglosigkeit und Vergeblichkeit menschlichen Strebens zu betonen, ist Kierkegaards Ironiekritik jedoch von Hegels zu unterscheiden. An diese Interpretation hat Benjamin angeknüpft. Innerhalb ihres Rahmens hat sich die Gewißheit, die skeptische Ironie löse sich in eine Positivität auf, in der das individuelle Leben überdaure, in die Erkenntnis gewandelt, daß diesem und der menschlichen Reflexionskraft eine unübersteigbare Grenze gesetzt ist, die sich an seinem Tod erweist. Das Fehlen dieser Einsicht, die doch mit einem strengen Begriff von Skepsis verbunden sein müßte, hat Kierkegaard an Schlegel kritisiert. Nicht wie Hegel ist er am Beispiel der »Lucinde« gegen mangelnde Moralität aufgetreten, sondern gegen die Behauptung, in einem wie in der »Lucinde« dargestellten Verhältnis der Reziprozität sei die Möglichkeit verwirklicht, poetisch zu leben. Das einsichtslose Spiel der ironischen Reflexion ist an diese abstrakte Möglichkeit fixiert, obgleich es von sich be-

18 (1), S. 291.
19 (1), S. 288.

hauptet, es schwebe über dem tatsächlichen Leben: »In der Ironie ist die Seele fortwährend auf Wanderschaft... Alles in der gegebenen Wirklichkeit Bestehende hat für den Ironiker *lediglich poetische Giltigkeit*; denn er lebt ja poetisch.«[20] In den wirklichkeitsfernen Darstellungen des poetischen Lebens sind gerade diejenigen Bereiche des gesellschaftlichen Lebens, die nicht durch reflektorische Überbietungen außer Kraft gesetzt werden können, die vertraglich gesicherten, ausgeklammert. An ihnen besonders erweist es sich, daß das wirkliche Leben nicht so organisiert ist, wie es der Ironiker sieht. Denn mit ihm sind Handlungsnormen gesetzt, an die auch der symbolisch vermittelte Gehalt von Personen fixiert ist. Ihn aber versteht die neuere Ironie nach Kierkegaard als Schleier eines »idealischen Klimas«[21], den sie über gesellschaftliche Verhältnisse legt. Darin unterscheidet sie sich von der Sokratischen, denn diese besteht gerade in der Anerkennung von Normen, die eine Lebensform regulieren. Der Schlegelschen Ironie fehlt – das hat Kierkegaard in bezug auf die »Lucinde« zu betonen versucht – aufgrund ihres idealischen Klimas, in dem die Darstellung gesellschaftlich sanktionierter Verträge wie z. B. der Ehe nicht möglich ist, die Strenge der Negation, welche an die Wirklichkeit heranreichen würde. Die Positivität des Poetischen, in die sie sich auflöst, geht des Poetischen geradezu verlustig, »denn erst im Durchgang durch die Resignation wird die wahre innere Unendlichkeit, und erst diese innere Unendlichkeit ist in Wahrheit unendlich und in Wahrheit poetisch«.[22] Das Ziel der skeptischen Ironie ist innerhalb ihrer Logik gar nicht zu erreichen, denn es läßt sich, wenn überhaupt, nur in einem theologischen Rahmen formulieren. »Darum ist eigentlich erst das *Religiöse* imstande, *die wahre Versöhnung* zu vollbringen.«[23] Auch in der Skepsis der Ironie ist nach Kierkegaard die Wirklichkeit vernichtet, »das Unendlichwerden jedoch liegt dabei mehr in einer Auswanderung aus der Wirklichkeit als in einem

20 (1), S. 288 f.
21 (1), S. 293.
22 (1), S. 295.
23 (1), S. 303.

in ihr Bleiben«[24] Der Melancholiker ist es, der anders als der Ironiker im endlichen Leben verharrt und vermöge eines theologischen Bezugspunktes auf ein unendliches bezogen ist.

In Hegels Kritik an der neueren Ironie ist ein anderer Gesichtspunkt der entscheidende. In ihr ist die Ironie, wie sie von Schlegel vertreten wurde, ein Derivat der Fichteschen Transzendentalphilosophie. Insofern diese unter den Versuch fällt, die Reflexionsphilosophie zu destruieren, ist es auch jene, die von diesem Gesichtspunkt aus betrachtet wird. Nach Hegel liegt im Unternehmen der neueren Ironie ein Programm vor, das, in seiner an die Ferne eines positiv zu errichtenden Zustands fixierten Negativität, den gesellschaftlichen Verhältnissen des bürgerlichen Rechtsstaates gegenüber äußerlich bleibt. Der Gesichtspunkt seiner Kritik ist also kein anthropologischer, sondern ein politischer. Er läßt sich mit dem der Kritik C. Schmitts an der »politischen Romantik« vergleichen. Ja es scheint sogar, als sei dessen Kritik in Anlehnung an die des späten Hegel formuliert worden. Die Betonung ihrer Gemeinsamkeit ist allerdings erst dann möglich, wenn man davon ausgeht, die späte Rechtstheorie Hegels sei keine liberale. Vor dem – innerhalb der Rechtsphilosophie Hegels – prekären Übergang von der Moralität in die Sittlichkeit des bürgerlichen Rechtsstaates fällt das in bezug auf die romantische Ironie kritische Stichwort, das sich unmittelbar mit C. Schmitts Definition des Romantischen vergleichen läßt. Hegel spricht von einer Gestalt des Bewußtseins, die er »Probabilismus« nennt. Probabilistisch ist ein Handeln, das sich allein in der Berufung auf sein Gewissen legitimieren kann. Handeln, das sich in dieser Weise legitimiert, geht davon aus, daß sich beliebige Zwecke für seine Motive angeben ließen. Umgekehrt ist es so, daß ein einmal angegebener zufälliger Handlungszweck die Mittel zu seiner Durchsetzung »heiligt«. Läßt sich aber für Hegel Handeln mit der Formel umschreiben, daß sein Zweck die Mittel seiner Durchführung heiligt, dann ist Moralität und Sittlichkeit zerstört. Ist diese Formel auf die Verbindung von Handlungsmotiven mit ihren Zwecken anwendbar, dann hängen beide von arbiträren Entscheidungen des handelnden Subjekts ab. Hegel streitet nicht ab, daß in einer derartigen Beziehung von Motiv und Zweck des Handelns eine »Spur von Objektivität«[25] zu erkennen ist. Aber es ist nur die eines abstrakten Sollens: Handeln soll auf irgendeinen, d. h. beliebigen Zweck bezogen sein. Probabilismus als Handlungslegitimation besteht darin, daß es keine anderen Kriterien der Wahl für Rationalität gibt als den Gesichtspunkt, daß überhaupt gehandelt werden soll. Probabilismus ist gleichbedeutend mit der Willkürherrschaft der Gesinnung. Dieser Vorwurf ist nach Hegel der gesamten Moralphilosophie zu machen, die im Rahmen der transzendentalen Reflexionsphilosophie gedacht werden muß. In der Ironie erst wird jedoch die zufällige Verbindung der Mittel auf die Zwecke des Handelns manifest. Beliebigkeit und Willkür treten, da sie durch den praktischen Teil der Transzendentalphilosophie in der Latenz gehalten wurden, unverhüllt als Handlungslegitimationen hervor.

Daß Ironie als Form der Skepsis, deren Automatik weitgehend ich-frei sich vollzieht, anders beurteilt werden muß, als wäre sie bewußt produziert, hat Hegel nicht gesehen. Vielmehr bezeichnet er die romantische Ironie als bewußte »Heuchelei«, in welcher der wahre Begriff der Sittlichkeit verraten wird, und sieht nicht, daß man sich in ihrer medialen Form verraten muß. Er behandelt die Ironie, wie C. Schmitt nach ihm, ausschließlich als ein Phänomen abstrakt gewordener Subjektivität, in der »Belieben und Willkür über gut und böse zum Entscheidenden gemacht wird«.[26] »Nicht die Sache ist das Vortreffliche, sondern *Ich* bin der Vortreffliche, und bin der Meister über das Gesetz und die Sache, der damit, als mit seinem Belieben, *nur spielt,* und in diesem ironischen Bewußtsein, in welchem Ich das Höchste untergehen lasse, *nur mich genieße.*«[27] Das Höchste aber hat Hegel in einer An-

25 Hegel (RPh) § 140.
26 (RPh), § 140.
27 (RPh), § 140.

merkung zu Solgers Ironiebegriff als sittliche Existenz im Staat bestimmt. In ihm sind die Widersprüche zwischen der unendlichen Reflexionskraft des Individuums und den Instanzen ihrer gesellschaftlichen Befriedigung in einer Weise objektiv geworden, daß Kollisionen zwischen beiden Sphären legitimerweise gegen das Individuum entschieden werden können. Indem die Formen der Skepsis zu solchen einer willkürlich handelnden Subjektivität degradiert sind, kann sich der Übergang von subjektiver Moral in die objektive Sittlichkeit des bürgerlichen Rechtsstaates vollziehen. Seinem institutionellen Rahmen Skepsis entgegenzustellen, würde die durch ihn gesetzten Zwecke untergraben. Hegel hat freilich mit Recht darauf hingewiesen, daß diese Skepsis, wo sie sich romantisch artikulierte, nur im Rückgriff auf traditionale Verhaltensmuster bestand.[28]

Ungebrochen hat er allerdings den politischen Gesichtspunkt seiner Kritik an der romantischen Ironie, dessen Anwendungsbereich in die Sphäre der Zweck-Mittel-Rationalität des objektiven Geistes fällt, auf Bedeutungszusammenhänge übertragen, die als sprachliche Konstruktionen zwar dieser zugehören, nicht aber vollständig aus ihr abgeleitet werden können. Als solche haben sie nicht nur die Skepsis gegenüber einem krisenlosen Leben im Staat als der Erscheinung des Absoluten zum Inhalt, sondern sie sperren sich auch gegen etablierte Darstellungs- und Bedeutungszusammenhänge. Der späte Hegel meinte, die ihnen zugrundeliegende Skepsis paralysiere den Zustand gesicherter Positivität. Das Interesse an dessen Erhaltung aber leitet seine ästhetischen Urteile über die romantische Ironie. Das in ihrer Skepsis auftretende Prinzip der Reflexion hat nach ihm den Progreß ins Unendliche zum Resultat: paradoxerweise aber drückt er sich auf dem Gebiet ästhetischer Darstellung in Formen aus, die Hegel unter den Begriff der »Schiefheit«[29] zu subsumieren versucht. Schief sind seine Formen deshalb, weil sie quer zur Affirmation eines bestehenden Lebenszusammenhanges liegen. Die Natur des Menschen ist nach Hegels Meinung in ihnen nicht zur

28 Vgl. dazu: Mannheim (1).
29 Hegel (BS), S. 142.

Einsicht in einen objektiv notwendigen Zusammenhang des Lebens gebildet und diszipliniert, sondern vermöge der Unendlichkeit skeptischer Reflexion zur »Fratzenhaftigkeit«[30] deformiert. Innerhalb des Rahmens seiner späten Theorie aber kann Formen, welche die Natur als deformierte zur Darstellung bringen, kein ästhetischer Wert zugeschrieben werden. Sie sind lediglich negative Abbilder dessen, was ist. Nicht nur bringen sie nicht den gesamten Zusammenhang des Lebens zur Darstellung, was dem Medium der Kunst als ganzem nach Hegel nicht gelingen kann, sondern sie verkehren auch noch den partialen Zugriff auf die Wirklichkeit, so daß ihnen kein Erkenntniswert gegeben werden darf. Er weigerte sich, als ein Werk der Kunst anzuerkennen, was keinen Bezug auf einen Kanon von Schönheit zu haben schien und was sich vor allem gegen die Theodizee der späten Geschichtsphilosophie sperrte. Eine Darstellungsweise, die in den Rahmen beider nicht gestellt werden kann, würde den kritischen Zugriff, wollte man sie nicht als Dekadenzphänomen bezeichnen, dazu zwingen, sie als nicht mehr schöne Kunst zu verstehen.[31] Innerhalb der Systematik des späten Hegel aber kann ein solcher Zugriff nicht entwickelt werden. Es war Schlegel, der vor Hegel schon den Versuch unternahm, eine Theorie des Häßlichen in der Kunst zu entwerfen. Da die romantische Ironie als reine Skepsis auf ein Ideal noch zu erstellender positiver Darstellungsformen bezogen ist, sie daher eingestandenermaßen nur eine vorläufige, partiale Darstellungskraft besitzt, kann sie auch nicht Hegels entscheidendes geschichtsphilosophisches Argument gegen das Medium der Kunst treffen, das dessen Partialität zum Zentrum hat. Kierkegaard hat die Ironie zutreffender charakterisiert, wenn er sie nicht wie Hegel als »Schiefheit« diskreditierte, sondern als »sichere(n) Blick für das Schiefe«[32] bezeichnete.
Neben der Ironie ist es vor allem der Witz, um dessen Theorie sich Schlegel bemüht hat; er habe die Darstellung von »Schiefheit« zum Prinzip. In einem Vergleich zwischen den sprachlichen

30 (BS), S. 142.
31 Vgl. Jauß (2).
32 Kierkegaard (1), S. 261.

Subsystemen der Ironie und des Witzes hat Freud vermutet, sie seien deshalb unterschiedlich zu bewerten, weil für den Witz die Beziehung zum Unbewußten konstitutiv sei, für die Ironie und die Formen des Komischen dies aber nicht als wesentliches Merkmal angenommen werden könne. Freud hat den Unterschied in der Klassifikation von Ironie und Witz nicht durchgeführt. Ob seine Gleichsetzung von Ironie und Komik einer streng geführten ästhetischen Diskussion standhalten würde, muß nicht entschieden werden. Sie lag außerhalb der Interessen Freuds. Auf den, wie es scheint, entscheidenden Unterschied zwischen den Formen der Ironie und des Witzes hat er jedoch aufmerksam gemacht. Die Ironie ist eine Form der Reflexion. Das aber kann vom Witz nicht behauptet werden. Vielmehr dient seine Expressivität dazu, etwas auszudrücken, was im Rahmen der Reflexion nicht in sprachliche Formen umgesetzt werden kann, die unbewußte Produktivität des reflektierenden Spracherzeugers. Zwar kann auch in bezug auf die Ironie nicht in einem strengen Sinn von Reflexion gesprochen werden, wenn man davon ausgeht, Reflexion müsse immer an ihren Träger zurückgebunden sein. Ironie aber besteht in weitgehend ichfreiem Oszillieren sprachlicher Formen untereinander. Man kann also sagen, daß schon in ihr das Ich der Reflexion zerstört ist. Dennoch kann es dem Medium der Reflexion nicht gelingen, die Kraft in seine Logik selbst einzuholen, welche es in Gang setzt. Daß die Tendenz zur Auflösung ichgebundener Reflexion die romantische Ironie kennzeichnet, hat Schelling angemerkt. Er war bei ihrer Interpretation von dem Interesse geleitet, die transzendentale Reflexionsphilosophie als ganze zu unterlaufen. Innerhalb seiner Interpretation ist die romantische Ironie nicht eine Erscheinung subjektiv willkürlicher Reflexion, sondern die unter den Bedingungen ihrer Zeit einzig mögliche Darstellung von Objektivität. Sie ist für Schelling die Form, »in der das, was vom Subjekt ausgeht oder ausgehen muß, sich am bestimmtesten wieder von ihm ablöst und objektiv wird«.[33] Diese Behauptung ist erst von Lu-

33 Schelling (V), S. 675.

kács in ihrer Bedeutung wieder aufgenommen worden und hat zur Folie seiner Romantheorie gedient. Objektiv aber im Sinne Schellings wird die vom Subjekt gesetzte Form deswegen, weil sie vermöge ihrer Logik die Einsicht in den depotenzierten Grund sprachlicher Darstellung öffnet.

Im Gegensatz zur Ironie, so wie sie von Schlegel verstanden wurde, ist es der Witz, der eine solche Depotenzierung sprachlicher Produktivität zum Inhalt hat. Gilt für die Ironie als der Bestimmung der Skepsis, daß sie ein unabschließbarer »Zustand d(er) schwebenden Reflexion«[34] ist, so für die Kraft des Witzes, daß sie der Reflexion vorausliegt. Das ironische Potenzieren, durch welches ein sprachliches Kontinuum gekennzeichnet ist, hält nach Schlegel »Schritt mit den Stufen d(er) Reflexion im Subjekt«.[35] Die Konstitution dieser Potenzenreihe, in der sich ein sprachliches Kontinuum entfalten kann, dependiert von einem Akt der Spontaneität, »der d(er) Reflexion entgegengesetzt ist«.[36] Um sie erkennen zu können, muß daher die Reihe des Potenzierens sprachlicher Formen depotenziert werden können, denn sonst bliebe jener Akt im Dunkeln, durch den die skeptische Reflexion in Gang gesetzt wird. Zwar wird der Terminus des »Potenzierens« in Verbindung mit der Reflexion so vieldeutig gebraucht, daß es unmöglich scheint, ihn innerhalb eines theoretischen Konzepts zu lokalisieren. Zusammen mit Schellings Lehre von den Potenzenreihen des Realen und Idealen mag Hegel diesen Gebrauch im Auge gehabt haben, als er in der »Phänomenologie des Geistes« gegen ihn polemisierte, weil er eine Übersetzung sinnlicher Phänomene in ein »Deutschlatein«[37] darstelle. Eine entscheidende Bedeutung läßt sich innerhalb von Schlegels Gebrauch jedoch fixieren: »Im Potenzieren combiniert man die Quantität mit sich selbst.«[38] Potenziert man also eine Sprachreihe, dann erfordert dies zwar die Kunstfertigkeit der

34 Schlegel (XVIII), S. 400.
35 (XVIII), S. 405.
36 (XVIII), S. 404.
37 Hegel (PdG), S. 209.
38 Schlegel (XVIII), S. 405.

Kombinatorik, ihr Anfang und Ende ist jedoch in einer quantitativen Abfolge nicht darzustellen.

Der Witz ist nun eine Form, die im Gegensatz zur ironischen die Annahme einer Tätigkeit erzwingt, welche die Wurzel der skeptischen Reflexion darstellt. In ihm, dem »chemischen«, im Gegensatz zum Verstand, dem »mechanischen«, und als Bedingung zum Genie, dem »organischen« Geist[39], besteht der natürliche Boden, von welchem sich die Reflexion abheben läßt. Das Vermögen, welches die instantane Expressivität des Witzes gewährleistet, hat Schlegel ausdrücklich von jenem zu unterscheiden versucht, das die Reflexion in ironischer Schwebe hält. Diese wird von der produktiven Einbildungskraft im Gleichgewicht gehalten. Sie ermöglicht den bruchlosen Übergang sprachlicher Formen innerhalb des Kontinuums der Reflexion. Gerade vom kontinuierlichen Übergang einer Form in die andere muß der Witz unterschieden werden: »Selbst die spielenden Werke der Einbildungskraft haben immer noch einen Zusammenhang unter sich, der Witz aber tritt ohne alle Beziehung auf das Vorige, einzeln, ganz unerwartet und plötzlich auf, als ein Überläufer gleichsam, oder vielmehr ein Blitz aus der unbewußten Welt, die für uns immer neben der bewußten besteht, und stellt auf diese Weise den fragmentarischen Zustand unseres Bewußtseins sehr treffend dar. Es ist eine Verbindung und Mischung des Bewußten und Unbewußten. Ohne alle Absicht und bewußtlos wird plötzlich etwas gefunden, was mit dem Vorhergehenden gar keinen Zusammenhang hat, vielmehr im Gegenteil immer gleichsam in einem grellen Widerspruch steht; dasjenige aber, was uns darin bewußt ist, ist mit der größten Klarheit und Helle verbunden.«[40] Der spielende Zusammenhang der Werke der Einbildungskraft ist das ironische Medium der Reflexion, der Witz aber ist, wie Schlegel formuliert, »fragmentarische Genialität«.[41] Diese Definition des Witzes hat Jean Paul zustimmend zitiert, um sein entscheidendes Charakteristikum zu bestimmen: »Der Witz allein

39 (XVIII), S. 232.
40 (XII), S. 393.
41 (II), S. 148.

erfindet, und zwar unvermittelt«[42], d. h. ohne alle Absicht und »bewußtlos«. Er ist nicht Medium der Reflexion, sondern, wie Schlegel sagt, der Genialität. Mit dieser Kennzeichnung aber ist nichts anderes gemeint, als daß er, anders als die Reflexion, organisch mit einer Kraft verbunden ist, die als natürliche im Menschen wirkt. Ist die Ironie als Kraft der Reflexion durch die Willkür von Entscheidungen zu charakterisieren, dann diese natürliche Kraft des Witzes als unwillkürliche Leistung geistiger Produktivität. Jean Paul hat dieses Faktum ihrer Unwillkürlichkeit als »Instinkt der Natur«[43] bezeichnet. Vermöge dieser Unwillkürlichkeit ist der Witz in der Lage, Ähnlichkeiten des Bewußtseins mit der ihm unähnlichen Natur manifest zu machen; so ist er ein Organ der Findung nicht von Kausalzusammenhängen, sondern von Korrespondenzen, die unter der Oberfläche sich einander unähnlicher, ungleicher, ja sich widersprechender Gegenstände wirken. Umgekehrt wird durch ihn die Grammatik oberflächlich zusammenhängender Bedeutungseinheiten bis zur Unähnlichkeit verfremdet. In beiden Fällen erweist sich seine Kraft als Zerstörung und Fragmentarisierung eines homogenen Kontinuums. Auf das menschliche Bewußtsein bezogen zeigt sich in dieser Tätigkeit auch dann, wenn es sich zur konzisen Einheit eines Ich gebildet hat, daß es nur Bruchstück einer »Ichheit« ist, deren Wurzel in den formalen Gebilden der Reflexion verdeckt, vielleicht sogar vergessen ist.

Im Kontext der Wissens- und Handlungsformen des menschlichen Bewußtseins zerreißt die Kraft der Witzbildung also die Gewohnheit einer eingespielten Lebensform und führt auf deren unbewußte oder ins Unbewußte zurückgekehrte Motivik zurück. In bezug auf eine Individualgeschichte wie auf die allgemeine Geschichte ist sie als vergangene erst dann festzuhalten, wenn sie von der »transzendentalen Erinnerung«[44] aufgegriffen ist. Sie ist jenes Vermögen des menschlichen Bewußtseins, das erst nach der Destruktion und Deformation der Oberfläche einer gewohn-

42 Paul (1), S. 171.
43 (1), S. 172.
44 Schlegel (XII), S. 402.

ten Lebensform und kontinuierlich ineinander übergehender Sprachformen tätig werden kann; denn ihre logische Voraussetzung ist, daß deren Motive vergessen sind: »Die Frucht der Erinnerung in jeder Hinsicht ist Geschichte, und Geschichte jeder Art ist was dem Stückwerk unseres Bewußtseins Zusammenhang und Begründung gibt.«[45]

Die Bedeutung, welche die transzendentale Erinnerung bei der Zerreißung des Schleiers unbewußt gebliebener oder gewordener Motive sprachlicher Reflexionsformen spielt, hat nur Schelling in eine konzise Systematik zu übersetzen versucht. Deutlicher als dies bei Schlegel der Fall ist, hat er zur Klärung unbewußter Motive des menschlichen Bewußtseins einen Naturbegriff vorausgesetzt, in dem Natur analog der menschlichen als natura naturans betrachtet wird. Auf diesem Boden versuchte er die Antriebspotentiale des Bewußtseins, auch dort, wo es sich zum Selbst gebildet hat, zu rekonstruieren, um seinen Potenzen die Leerheit in sich kreisender Reflexionsformen zu nehmen.

Nach der Charakterisierung der Form des Witzes und ihrer Beziehungen zum Unbewußten durch Schlegel ist deren Antriebspotential nicht, wie sich erwiesen hat, die Kausalität bewußter Willkür, sondern eine natürliche Naivität unwillkürlicher Äußerung, absichtsloser Spontaneität. Auch sie setzt daher den Begriff von einer Natur voraus, die sich aufgrund eigener Logik durch das menschliche Bewußtsein hindurch in Formen der Darstellung kristallisiert. Dadurch, daß der Witz instantan auftritt, erscheint seine Form als ein Produkt der Willkür, in Wahrheit jedoch sind es die absichtslosen Motivationsreste der bewußten Willkür, der ihnen zugrundeliegende Zufall natürlicher Notwendigkeit, welcher in ihm zur Darstellung drängt. Den Zufall als Motivationsrest der Natur im menschlichen Bewußtsein zu ent- und zu verschlüsseln zugleich, ist die Technik des »kombinatorischen Geistes«[46], die Verfahrungsweise des Witzes. Erst dadurch ist die Möglichkeit geöffnet, ihn als blind wirkende Notwendigkeit zu erkennen. In viel höherem Maße verlangt deshalb

45 (XII), S. 402.
46 (XII), S. 403.

die Form des Witzes, da ihre Techniken auf einem natürlichen Instinkt beruhen, nach Interpretation, als dies in einem Kontinuum von Reflexionsformen der Fall ist, das sich selbst zum Gegenstand hat. Da die Antriebspotentiale des Witzes, wie es Freud formuliert hat, die Zensur der Instanzen zu umgehen trachten, welche das Kontinuum der Reflexion bereits kennzeichnen, verkleiden sie sich auch in Sprachfiguren, die auf vorsprachliche und nicht mehr sprachliche Zusammenhänge verweisen. Das hat Freud als die Beziehung des Witzes zum Unbewußten zu kennzeichnen versucht. Es könnte nun scheinen, als sei die Schlegelsche Konzeption des Witzes nicht auf seine psychoanalytische Explikation beziehbar. Denn diese erhält nur Evidenz im Rahmen einer bestimmten, zu analysierenden Biographie. Der Kommentar der einen durch die andere ist aber deswegen nicht arbiträr, weil die Insistenz auf solchen Formen wie Witz und Ironie gerade auf das Interesse zurückgeht, das als Geltungsinstanz angenommene absolute Ich materialiter zu bestimmen. Das war als die lebensphilosophische Wende des ästhetischen Absolutismus gegen die transzendentale Reflexionsphilosophie bezeichnet worden. Das absolute Ich in den Kontext des Lebens zu stellen, führt aber zur Konsequenz, es im Rahmen einer Biographie als Individuum zu verstehen.

Insofern die Textur unbewußter Motivik von Wissens- und Handlungsformen den Inhalt des Witzes ausmacht, lassen sich aus der Decodierung ihrer durch Deformationen und Verschlüsselungen gekennzeichneten Form auch Merkmale gewinnen, die nicht in einem individual-geschichtlichen Zusammenhang aufgehen. Denn Freud hat die Techniken des Witzes mit denen des Traums verglichen.[47] Traum und Witz sind aber nicht nur Formen individueller Erfahrung, in ihnen haben sich auch kollektive sedimentiert, deren Inhalte in der Interpretation ihrer Textur transparent gemacht werden müssen. Die Textur von Traum und Witz ist so der Gegenstand analytischer Philologie.

Die Techniken, derer sich der Witz bedient, hat Schlegel als seinen »kombinatorischen Geist« bezeichnet. Mittels der Kombina-

47 Freud (1), S. 28, 281 ff.

torik taucht der Geist, so könnte man Freuds Konzeption des Witzes auf die romantische anwenden, zum Zwecke der Witzbildung ins Unbewußte ein und »sucht dort nur die alte Heimstätte des einstigen Spieles mit Worten auf. Das Denken wird für einen Moment auf die kindliche Stufe zurückversetzt, um so der kindlichen Lustquelle wieder habhaft zu werden.«[48] Das entscheidende Paradoxon des Witzes oder, wie Freud formuliert, die »janusartige Doppelgesichtigkeit«[49] dieser Form macht das Faktum aus, daß ihre Antriebspotentiale vor- und nichtsprachliche sind, aber dennoch auf das Medium der Sprache angewiesen bleiben. Als Motive, die noch nicht in Sprache übersetzt wurden oder nicht mehr verbalisiert werden können, liegen sie noch unterhalb bewußt gesetzter Sprachformen. Sie sind deren transzendentale Logik, die sich in sprachlicher Erscheinungsweise meistens in Formen der Doppeldeutigkeit ausdrückt. Mehr noch als für die Ironie gilt deshalb für den Witz, daß er eine Form »transzendentaler Buffonerie«[50] oder, allgemeiner gesagt, eine »Form des Paradoxen«[51] ist.

Erst ein Bedeutungszusammenhang, dessen Sinn sich den Spiegel seines Gegenteils vorgehalten hat, kann absolute Geltung beanspruchen. Bedeutungen, die ihre Konsistenz gegen ihre witzige Verzerrung und ironische Auflösung erweisen, hat Schlegel symbolische genannt. Sie können erst hervortreten, nachdem ihnen durch systematische Destruktion ihr profaner Sinn genommen worden ist. Ein »Sinn, der sich selbst sieht«, und deshalb als Geist bezeichnet werden darf, ist frei von den Verschlüsselungen und Umschreibungen, in die sich das menschliche Bewußtsein in den Formen des Paradoxen gekleidet hat. Ihm ist alle Schiefheit und Deformation genommen. Auf ihn sind aber die paradoxen Darstellungsformen bezogen. Wenn Schlegel den Witz ein »prophetisches Vermögen«[52] nennt, dann meint er diesen ihn kenn-

48 (1), S. 194.
49 (1), S. 173.
50 Schlegel (II), S. 152.
51 (II), S. 153.
52 (II), S. 163.

zeichnenden Bezug. Der Inhalt dieses utopischen Bezugspunktes ist der Zustand, dessen Darstellung von ihm mit dem Terminus der »neuen Mythologie« bezeichnet worden ist. In ihn müssen die Deformationen einer gewohnten Grammatik eingebracht werden, denn zu sagen, »es wird eine neue Mythologie entstehn, heißt nichts als es wird *eine neue Sprache* entstehn«.[53]

Als allgemeine Merkmale nicht nur witziger, sondern auch ironischer Darstellungsformen lassen sich demnach die Mittel indirekter Darstellung festhalten. Ihre inhaltliche Prägnanz haben sie vermöge utopischer Implikationen. Diesen Gesichtspunkt hat der späte Hegel in seiner Kritik an der romantischen Ironie zu Unrecht unterschlagen. Mag nun für den Witz im Gegensatz zur schwebenden Reflexion der Ironie und ihrer Potenzierung entscheidend sein, daß sich in ihm die Depotenzierung der Reflexion verwirklicht, dann ist es doch charakteristisch, daß die Kraft der Reflexion in seine Darstellungsformen noch hineinwirkt. Ohne die Vereinigung von Reflexion und unbewußtem Antriebspotential sind sie nicht hinreichend zu erklären, denn in dem verschlüsselten Sinn indirekter Darstellung des Witzes greifen beide widerspruchsvoll ineinander. Diese gegenstrebige Tendenz des Witzes war es, die Freud mittels seiner Klassifikationsschemata zu erfassen versuchte. Wie in der Analyse des Traumes ging er davon aus, daß die Sprache des Witzes eine ist, die der Sprache des Alltags gegenüber verschoben ist, denn in ihr kollidieren eben jene dunklen Antriebsmotivationen des Handelns und Sprechens mit einer Grammatik, welche dem Bewußtsein selbst transparent ist. Als Kollision kann dies aber nur aufgefaßt werden, wenn beiden, Reflexion und unbewußtem Antriebspotential, eine Kraft zugesprochen wird, die autonom ist, wenn also der eine Teil nicht zum Derivat des anderen erklärt wird. Beide sind gleichsam der Ausdruck einer universellen Kraft, die Schlegel als »Energie« bezeichnet hat.[54] Reflexion und Antriebspotential können sich deshalb nicht kausal, als Wirkung einer Ursache und umgekehrt, zueinander verhalten; vielmehr wären sie zwei magneti-

53 (XVIII), S. 394.
54 (XVIII), S. 126.

schen Feldern zu vergleichen, die in der zur Prägnanz verdichteten Sprache des Witzes aufeinanderprallen. Dieser Vorgang führt zu Überdrehungen und Überbietungen im sprachlichen Medium, weil beide Seiten, sich hemmend und stoßend, ineinander greifen. Verfolgt man diesen Vorgang bis auf die Ebene von Wortbildungen, dann erscheint er als die Erzeugung von Mischworten, deren Sinn sich von der alltäglichen Grammatik her zu widersprechen scheint. Freud versuchte auf die Erscheinung eines »Sinnes im Unsinn«[55] solcher Mischwortbildungen hinzuweisen. In bezug auf die Verschiebungs- und Verdichtungsarbeit von Traum und Witz hat er betont, daß in ihr ein Element eines sprachlichen Kontextes mit einer Bedeutung befrachtet wird, so daß es als »überdeterminiertes« aus dem gewohnten Duktus der Sprache herausfällt. Der Witz ist ein solches Verdichtungsprodukt, ein Kreuzungs- und Knotenpunkt gegenstrebiger Tendenzen.

Vielleicht ist es der entscheidende Faktor der Witzbildung, daß sich in ihr der Versuch kristallisiert, die Kontinuität einer Geschichte, die hemmungslos nicht erzählt werden kann, durch die fragmentarischen Verkürzungen des Witzes in distanzierter, d. h. durch die Instanz der Reflexion hindurchgegangener Form, wiederzugewinnen. Daß Freud die Potenz, welche der Motor dieses Versuches ist, auch innerhalb seines metapsychologischen Begriffsrahmens nicht zu bestimmen in der Lage war, macht vielleicht den entscheidenden Mangel seiner Theorie aus.[56] Sie ist freilich auch innerhalb eines spekulativen Bezugsrahmens, wo sie als absolutes Ich oder als geniales Sprachsubjekt erscheint, nicht hinreichend bestimmt worden. Indem der Witz bei Freud als symptomatische Expression für eine Geschichte gewertet wird, die hemmungslos nicht erzählt werden kann, ist sein Verweisungscharakter ausschließlich in die verdrängte Vergangenheit eines Individuums gerichtet. In den romantischen Ansätzen zu einer Theorie des Witzes aber ist er ein Fragment, das, obgleich

55 Vgl. Freud (1), S. 197.
56 Vgl. dazu die Anmerkungen zu Freud in A 5.

mit einer vergangenen Geschichte verbunden, auf den Zusammenhang einer Bedeutung verweist, die gegenüber der Vergangenheit, ob verdrängt oder nicht, einen utopischen Überschuß mit sich führt. Er fällt nicht mit der Erzählung einer vergangenen Geschichte zusammen, denn der Witz ist auch ein »prophetisches Vermögen«.

Aufgrund des utopischen Gesichtspunktes, der den Witz charakterisiert, hat Schlegel ihn mit einem Theorem verbunden, das den ästhetischen Absolutismus und den ihm immanenten Progreß ins Unendliche entscheidend kennzeichnet. Es ist die Perspektive auf eine neue Mythologie hin, die durch Formen geöffnet wird, die eine verschüttete Vergangenheit, die unbewußten Motivationsreste des Handelns und Denkens in der Gegenwart mit dem Ziel freilegen, Schemata der Darstellung eines utopischen Zustands zu finden, der jenseits beider liegt. Indirekt sind die Darstellungsformen des Witzes daher in doppelter Beziehung. Sie verweisen auf Vergangenheit und öffnen die Zukunft.

Das Vermögen des Witzes, eine verschüttete Vergangenheit freizulegen, hat Schlegel in bezug auf die allgemeine Geschichte mit der antiken Mythologie verbunden. Auch sie stellt sich als bestimmte historische Konstruktion von Sinn nur als grotesk verzerrter Index eines universalen dar, der erst herausgebildet werden muß. Gleichwohl ist sie in geschichtlicher Hinsicht das Fundament, auf das die Depotenzierung der Reflexion durch den »Instinkt der Natur«, den Witz stößt: »Die Mythologie ist d(er) älteste Witz«[57] und »Keine Wiss.(enschaft) ist positiv(er) als d(er) Witz, die Mythol.(ogie).«[58] Im »Gespräch über die Poesie« hat Schlegel das positive Fundament von Witz und Mythologie als den Punkt markiert, von dem die romantische Poesie ausgehen muß, wenn es ihr gelingen soll, zu einer universalen geistigen Bedeutung vorzustoßen; Schlegel hat sie als »namenlose Kunst« bezeichnet, »welche das verworrne flüchtige Leben ergreift und zur ewigen Einheit bildet«.[59] Sie ist nicht anders als durch groteske

57 Schlegel (XVIII), S. 124.
58 (XVIII), S. 125.
59 (II), S. 226.

Verzerrungen hindurch zu finden, welche als deformierte und »schiefe« Indices dieser namenlosen Kunst zu gelten haben. In ihr jedoch ließe sich die menschliche Natur unverstellt darstellen; freilich liegt sie noch jenseits von modernem Witz und antiker Mythologie: »Weder dieser Witz noch eine Mythologie können bestehn ohne ein erstes Ursprüngliches und Unnachahmliches, was schlechthin unauflöslich ist, was nach allen Umbildungen noch die Natur und Kraft durchschimmern läßt. Denn das ist der Anfang aller Poesie, den Gang und die Gesetze der vernünftig denkenden Vernunft aufzuheben und uns wieder in die schöne Verwirrung der Fantasie, in das ursprüngliche Chaos der menschlichen Natur zu versetzen, für das ich kein schöneres Symbol bis jetzt kenne, als das bunte Gewimmel der alten Götter.«[60]

4. Hermeneutischer Historismus und konstruierende Kritik

Es ist die Aufgabe der Kritik, die vorsprachlichen Motive von Darstellungsformen und deren skeptische Reflexion auf die universal gültige Bedeutungseinheit hin zu ergänzen, die Schlegel als »namenlose Kunst« bezeichnet hat. Sie ihrerseits ist durch die Gleichung von Kunst und Leben zu kennzeichnen. Das Band, das in geschichtlicher Hinsicht die Formen der Modernität, Reflexion und die Darstellung ihres unbewußten Antriebspotentials, mit der antiken Mythologie verbindet, ist gleichsam die Matrix, auf der die Arbeit des Übersetzens vergangener Sinnkonstruktionen aufruht. Sie vollzieht sich einerseits als hermeneutische Philologie, deren Verfahrensweisen sich in einzelne Werke vertiefen und deren Teile zum Ganzen ihrer Bedeutung in Beziehung setzen, den Charakter eines einzelnen Werkes also bestimmen; andererseits aber als »Vollendung« einzelner Werke in dem Sinn, daß diese in die Konstruktion ihres Ideals aufgelöst werden. Schlegel hat auf diese Weise das charakterisierende Verfahren der Philologie zum weiterschreibenden der Kritik in Beziehung

---

60 (II), S. 319; vgl. (XVIII), S. 124 ff.

gesetzt. Kritik einzelner Werke ist »das Ideal einer Philologie«.[1]
Auch der Begriff der Kritik ist also zweidimensional bestimmt.
Er ist Rekonstruktion der depotenzierten Motive sprachlicher
Darstellung und Konstruktion ihres gemeinten Sinnes. Nur das
Verfahren der Rekonstruktion ist durch einen historischen Gesichtspunkt bestimmbar; er macht freilich den rationalen Kern
des Verfahrens der hermeneutischen Philologie aus. Schlegel hat
ihn andeutungsweise in den Fragmenten zur »Philosophie der
Philologie« expliziert. Nach ihnen ist die Logik philologischer
Argumentation entscheidend durch ihre Insistenz auf der Histo-
rizität der durch sie interpretierten Bedeutungszusammenhänge
zu bestimmen. Sie verlangt einen Bezugsrahmen, der aus der kritischen Transzendentalphilosophie nicht gewonnen werden kann:
»Es fällt in die Augen, wie lächerlich es seyn würde, wenn ein
eigentlicher Kantianer sich über die Philologie hermachen wollte.
– Weit mehr muß insistirt werden auf den *Historismus*, der zur
Philologie notwendig.«[2] Der Geist der Philologie ist die Historie. In der Engführung philologischer Interpretation hat Schlegel
damit auf die historische Dimension der Erfahrung hingewiesen,
lange bevor sie zum entscheidenden Faktor einer methodologi-
schen Grundlegung der Geisteswissenschaften und ihrer hermeneutischen Verfahrensweisen wurde. An charakterisierender
Subtilität des Gegenstandes geisteswissenschaftlicher Interpretation ist er ihren Methodologen überlegen geblieben. Dem philologischen Historismus ist nach Schlegel freilich, wenn er teilha-
ben soll an dem Utopikon einer »namenlosen Kunst«, das durch
die romantische Kritik anvisiert wird, die Aufgabe gestellt, sich
selbst zu »annihilieren«: »Die vollendete absolute Philologie
würde aufhören Philologie zu seyn. Sie *annihilirt sich selbst.*«[3]
Philologie muß also von der Rekonstruktion eines sprachlich for-
mulierten Sinnzusammenhangs in die Konstruktion seines Ideals
übergehen. Dieser Übergang ist in dem Diktum gemeint, Kritik
sei das Ideal einer Philologie. Dem Verhältnis philologischer

1 Schlegel (2), S. 16.
2 (2), S. 17.
3 (2), S. 32.

Hermeneutik zur Kritik entspricht das einzelner Werke zum Universale der Kunst. Auch diese müssen, wenn es das Absolutum eines Sinnes geben soll, ihm als Repräsentanten seiner Partikularität weichen. Vollkommen ist ein Bedeutungszusammenhang, wenn er »zugleich *göttlich* – μυϑ (mythisch) – *vollendet* (φυ (physisch) + τεχν (technisch) und *groß* (Hist(orisch)) ist. –«[4] Die physisch-technische Organisation künstlerischer Mittel, als Verfügung einzelner Teile zum Ganzen der Bedeutung eines Textes, und den historischen Kontext rekonstruiert die Philologie, den mythischen Bezugsrahmen technischer Verfahrungsweisen und den ihnen zugehörenden utopischen Index konstruiert die Kritik. Kritik ist so die »Mystifikation« einzelner Werke, ihr Einrücken in einen Kontext, der historischer Kontigenz enthoben ist und dessen Sinn sich gegen jeden historischen Wandel als resistent erweist. Eine individuelle Bedeutung kann sich nach der romantischen Kunstreligion also nur als wirklich erweisen, wenn ihre Beziehung zu einem universal gültigen Sinn herausgearbeitet ist. Diese Arbeit kritischer Mystifikation, die sich als Zerstörung des profanen Sinnes symbolischer Konstruktionen vollzieht, kennzeichnet die Arbeit der Kritik. Ein Sinnzusammenhang wird durch sie durchgängig bestimmt, d. h. zum vollkommenen gemacht, wenn der profane Skeptizismus, der die kontinuierlich ineinander übergehenden Reflexionsformen charakterisiert, aufgelöst ist. Deshalb kann es nicht das unendlich bestimmte Reflexionskontinuum der schwebenden Ironie sein, das als vollkommen im genannten Sinn angesehen werden kann. An der Vollkommenheit, die durch den Eingriff der Kritik ins Werk hergestellt werden muß, hat die skeptische Ironie jedoch in dem Maße Anteil, als sie sprachliche Sinnbezüge in ein Kontinuum sich mischender Formen auflöst, ihnen ihre fixierte Bedeutung nimmt. Auf ihr eigenes Ideal aber ist sie nur indirekt, durch die Zerstörung reflexiver Formen, bezogen. Ist es der Inhalt der Techniken des Witzes, das unbewußt gebliebene Antriebspotential skeptischer Reflexion zu erreichen, deren präreflexive Mo-

4 (XVIII), S. 127.

tive also zur Darstellung zu bringen, so ist die Tendenz der Zerstörung des indirekt verfahrenden Darstellungsmediums, einen postreflexiven Zustand zu etablieren. Den Bezug auf ihn hat Lukács gemeint, als er die Ironie als »negative Mystik« bestimmte. Sie ist nach ihm die einzige Form der Darstellung von Objektivität, die unter »einem geschichtsphilosophischen Stand der Weltuhr«[5] möglich ist, der dadurch gekennzeichnet werden muß, daß das ursprüngliche Band zwischen Darstellungsformen und ihrem gemeinten Sinn zerrissen ist. Er setzt zwar einen dem Leben gegenüber autonom gewordenen Reflexionsträger voraus, auf den alles Denken und Handeln bezogen werden kann; innerhalb der skeptischen Ironie selbst ist dieser Bezug aber nicht herzustellen. Mit größerer Schärfe als es der ästhetische Absolutismus vermochte, hat Lukács in bezug auf die romantische Ironie dieses Paradoxon benannt: »was an ihr das eigenste Wesen der Freiheit ist, bleibt unaussprechbar: die konstitutive Bezogenheit auf die Erlösung; alles was ausgesprochen und gestaltet werden kann, spricht die Sprache dieses doppelten Dienens.«[6] Die einzelnen Werke nach ihrer philologischen Rekonstruktion diesem unaussprechlichen Sinnzustand anzunähern, ist die Aufgabe der Kritik.

Ist die skeptische Ironie negative Mystik gegenüber dem Sinn, dann ist Kritik die »Mystifikation« seiner Positivität. Wenn das Ideal ihrer Konstruktion ins Leben treten würde, dann müßte freilich auch sie sich auflösen. Im 116. Athenäumsfragment ist das reflexive Medium ironischer Darstellungsformen zu dieser Art von Kritik in Beziehung gesetzt. Allein eine »divinatorische Kritik« darf es sein, die den ästhetischen Progreß der romantischen Poesie aufgreift und ihn in der Konstruktion ihres Ideals überbietet: »*Charakterisiren* ist wohl d(ie) Sache der Hist(orischen) Kritik. – ... Die *mythische* Kritik ist d(ie) setzende, divinatorische d(ie) d(en) Werth bestimmt, oder d(ie) Ideen nach denen, und d(ie) Autoren welche kritisirt werden sollen. –«[7]

5 Lukács (1), S. 91.
6 (1), S. 91.
7 Schlegel (XVIII), S. 126.

Es ist klar, daß Ideen in diesem Sinne jenseits der Rekonstruktion von Sinnzusammenhängen liegen, die durch den Historismus der philologischen Hermeneutik geleistet wird. Annihilierung der Philologie als technischer Verfahrungsweise der Interpretation bedeutet daher zugleich die Transzendierung des historischen Bewußtseins, weil die Ideen, welche durch die divinatorische Kritik gesetzt werden, historischer Kontingenz entgegenstehen. Wie die Positivität jener Bedeutung, auf welche die ironischen Darstellungsformen indirekt bezogen sind, liegen sie nicht innerhalb der Grenzen, die von einem historischen Bewußtsein überschaut werden können, denn sie enthalten gegenüber historisch hervorgetretenen Sinnkonstruktionen einen utopischen Überschuß; von seiner Konstruktion darf auch der philologische Historismus nicht unberührt bleiben. Gerade die Konstruktion dieser Idealität verlangt, daß die rekonstruierende Philologie sich auflöst. Sie muß in philosophische Kritik übergehen. Schlegel bemerkt dazu lakonisch: »Philosophiren ist ein Diviniren, aber mit Methode. –«[8] Der oberste Zweck dieses Divinierens ist die Herstellung der Idee der Kunst, deren Gehalt es ist, »das äußre Leben göttlich zu machen, lebendige Darstellung der Rel(igion) = Mythologie – eingreifend in d.(ie) Geschichte. –«[9]

Mag die Konzeption einer divinatorischen Kritik, so wie sie in der Romantik ausgearbeitet wurde, historisch fundierten Argumenten nicht standhalten, so war sie es doch, mittels derer Schlegel eine Konsequenz zu umgehen trachtete, welche den Historismus der geisteswissenschaftlichen Hermeneutik des ausgehenden 19. und beginnenden 20. Jahrhunderts kennzeichnet. In seinem Versuch, die Leistungen einer ehemals normativ verstandenen transzendentalen Subjektivität in den Rahmen eines historischen Bewußtseins zu stellen, um sie auf die Grenzen ihrer historischen Genese zu reduzieren, führt er zum Psychologismus, der auch durch Anleihen phänomenologischer Methoden nicht rückgängig gemacht werden kann. Sein historisch gerichteter Objektivismus, der sich in vergangene Sinnkonstruktionen einfühlt, hat sich die

8 (XVIII), S. 405.
9 (XVIII), S. 404.

86

Möglichkeit genommen, den virtuellen Sinn einer symbolisch konstruierten Wirklichkeit konfigurativ zu erfassen. Diese Intention aber liegt, wie verschoben auch immer, der Rede von der Kritik als Divination zugrunde. Freilich ist schon mit dem Romantizismus ihrer Ausführung jene Konsequenz gesetzt. Denn in ihr ist die normative Kraft des transzendentalen Selbstbewußtseins nicht mehr in den Gegensatz zur Natur gestellt, die es in praktischer Tätigkeit überwinden muß. Der Widerstreit von Natur und Freiheit ist in den von Natur und Kunst übersetzt.

Diese Übersetzung, die zum Ausschluß der praktischen Philosophie aus dem System der Erfahrung geführt hat, ist noch in der interpretatorischen Genügsamkeit wirksam, welche die philologischen Verfahrensweisen der geisteswissenschaftlichen Hermeneutik kennzeichnet. Ihr geisteswissenschaftlicher Objektivismus geht davon aus, der Widerstreit von Natur und Freiheit habe seine einzig angemessene Repräsentation »immer schon« in sprachlichen Produkten gefunden. Schlegel ist als einer seiner Vorläufer zu betrachten. In den Anmerkungen, die er selbst der frühen Fassung des »Gesprächs über die Poesie« hinzufügte, ist denn auch der Terminus »Geisteswissenschaft« an die Stelle der konstruierenden Kritik getreten.[10]

Schlegel war sich des Historismus der philologisch-hermeneutischen Interpretationsweise von Bedeutungszusammenhängen sogar in dem Sinne bewußt, daß er ihn mit dem Verlust des Kernes der Transzendentalphilosophie in Verbindung brachte. Da die Distanzierung von dieser aber ein notwendiges Merkmal des geisteswissenschaftlichen Historismus ausmacht, konnte er ihn nicht rückgängig machen. »Fichte constituirt d(ie) *Gegenwart* und *Zukunft*. In meinen Gr.(iechen) und Röm(ern) ist d.(ie) *Vergangenheit* constituirt.«[11]

Mit der Suche nach allgemein gültigen Gesetzen ästhetischer Darstellung hat er die Reihe seiner historischen Interpretationen

10 Vgl. (II), S. 313. Der Idealismus der Transzendentalphilosophie wird dort als »Anfang und erste(r) Anstoß der Lebensphilosophie oder Geisteswissenschaft« bezeichnet.
11 (XVIII), S. 460.

begonnen. Sie ist das Motiv der Frage nach der Objektivität einer sprachlichen Konstruktion der Wirklichkeit wie nach der historischer Erkenntnis, in welcher jene rekonstruiert werden muß. Die Summe historisch rekonstruierender Verfahrensweisen nannte Schlegel »Studium«, d. h. »uninteressierte, freie, durch kein bestimmtes Bedürfnis, durch keinen bestimmten Zweck beschränkte Betrachtung und Untersuchung, wodurch allein der *Geist* eines Autors ergriffen und ein *Urteil* über ihn hervorgebracht werden kann.«[12] So versuchte er die antike Poesie zu rekonstruieren und sie gegen die interessanten Verzerrungen der modernen abzusetzen.[13] Kritik bestimmte er in diesem Kontext als ein Organon einer »vollkommenen ästhetischen Gesetzgebung«[14], gleichsam als Einlösung des kategorischen durch einen ästhetischen Imperativ. Mit dem Urbild antiker Dichtung im Hintergrund und dem Zerfall ihrer Objektivität in der Moderne vor Augen, hat er ihn als Norm der Kritik zu formulieren versucht. Ihr Inhalt läßt sich im Anschluß an den kategorischen Imperativ folgendermaßen umschreiben: Stelle so dar, daß die Regeln deiner Darstellung jederzeit dem Zwecke dienlich sind, ein »Maximum von objektiver ästhetischer Vollkommenheit«[15] zu erreichen. Dieses Maximum aber ist durch das Paradox der »Zweckmäßigkeit ohne Zweck« bestimmt. Es ist die Aufhebung der Wechselwirkung von Natur und Freiheit, in welche das menschliche Leben verstrickt ist.[16] Nur durch die Bildung des Mediums der Kunst aber ist diese Aufhebung möglich, in ihm ist sie wirklich.

Mit den begrifflichen Mitteln der Kantischen »Kritik der Urteilskraft« versteht Schlegel das künstlerische Medium als Produkt der Indifferenz sich widerstreitender Interessen. Es ist »der allgemeingültige Gegenstand eines uninteressierten Wohlgefallens, welches von dem Zwange des Bedürfnisses und des Gesetzes

---

12 (II), S. 111.
13 Vgl. Jauß (1).
14 Schlegel (3), S. 163.
15 (3), S. 148.
16 (3), S. 132.

gleich unabhängig, frei und dennoch notwendig, ganz zwecklos und dennoch unbedingt zweckmäßig ist«.[17] Weil dies aber die inhaltliche Konkretisierung des Imperativs ästhetischer Darstellung ist, muß auch die Kritik, so wie sie Schlegel als Instrument der Objektivität der Erkenntnis verstand, Studium, also interesselose Rekonstruktion sein. Schon in seiner Abhandlung »Über das Studium der griechischen Poesie« hat Schlegel die Wechselbestimmung, mittels derer Fichte in der Wissenschaftslehre den Gegensatz von Natur und Freiheit nicht aufhebt, sondern vereinigt, auf die geschichtliche Herausbildung ästhetischer Formen bezogen. Deren Wechselverhältnis besteht in der Dialektik von bestimmender Reflexion, dem durch sie bestimmten Stoff und der unendlichen Bestimmbarkeit des Maximums ästhetischer Vollkommenheit. An ihnen selbst als reflexiv hat er die modernen Darstellungsformen jedoch erst gedeutet, als er sie auf der Folie der skeptischen Ironie zu verstehen versuchte. Dieser Vorgang führte dazu, daß er die Formen der Modernität nicht mehr als solche des Verfalls und des Häßlichen negativ bewertete.

Erst nachdem das divinatorische Verfahren der Kritik vom historisch-philologischen unterscheidbar geworden war und der Skeptizismus der Ironie als Charakteristikum für Formen galt, für welche die Einheit von Natur und Freiheit nicht gegeben, sondern aufgegeben ist, stellte sich die Forderung des Ideals ästhetischer Darstellung als »Maximum objektiver ästhetischer Vollkommenheit« unter gewandelten Gesichtspunkten dar. Nun mußte es die Einlösung unendlicher Perfektibilität[18] der menschlichen Gattung und der von ihr erstellten symbolischen Sinnwelten in der Form einer neuen Mythologie sein. Sie ist das Ziel, durch welches der ästhetische Progreß ins Unendliche in Gang gehalten wird. Durch die Forderung dieser universalen Darstellungsform ist der ästhetische Absolutismus entscheidend gekennzeichnet.

Bezieht man die Forderung nach einer neuen Mythologie auf die eingangs formulierte Frage zurück, wie sich denn das Absolute

17 (3), S. 148.
18 Vgl. dazu Schlegels Abhandlung über Condorcet: (VII), S. 3 ff.

in endlicher Gestalt verkörpern und materialiter bestimmen ließe, dann verhält sich die Antwort auf diese Frage paradoxerweise so, daß sie nur gedacht werden kann als Kehrseite der Depotenzierung leerer Absolutheit in präreflexive Darstellungs- und Bewußtseinsformen, als die Errichtung eines postreflexiven Zustands. Reflexion und der Kanon ihr zugehörender Darstellungsformen sind seine Voraussetzung; in den Formen der neuen Mythologie dürfen sie aber, weil in ihnen Natur und Freiheit entzweit sind, keine Geltung mehr beanspruchen. Deshalb kann die inhaltliche Entsprechung der Formen einer neuen Mythologie auch als neue Unmittelbarkeit bezeichnet werden, als Wiederkehr naiver Verbindung mit der außermenschlichen und ungebrochener Übereinstimmung mit der menschlichen Natur. Gegenüber dem Maximum des Kunstideals, das mit den Mitteln der Kantischen Geschmackskritik gedacht werden kann, ist dieses Programm ästhetischer Vervollkommnung und Vollendung des Lebens, obgleich es historisch bedeutsam gewordene Symbolisierungsformen überschreitet, nur aus der Dimension der Geschichte zu gewinnen. So hat Schlegel die Bestimmung sentimentalischer Dichtung durch Schiller aufgenommen und entschiedener als dieser betont, daß sie im Gegensatz zur naiven sich nur auf historischem Grunde bilden kann.[19] Deshalb ist es auch der Roman gewesen, den Schlegel als die Form betrachtete, deren Logik es in paradigmatischer Weise ermöglicht, durch die biographischen Geschichten einzelner Individuen hindurch, die Universalgeschichte zu erzählen. Es ist nicht die Besonderheit einer Dichtungsgattung, die Schlegel im Auge hatte, als er feststellte, »eine Philosophie des Romans wäre der Schlußstein«[20] der gesamten Kunstphilosophie. Denn sie wäre es deshalb, weil das Medium des Erzählens im Roman die Prosa ist. Diese aber ist, wie Benjamin betonte, die Idee der Poesie.[21] Allein im Medium der Prosa können Kritik und Darstellung koinzidieren. Das ist der Grund dafür, daß Schlegel den »Meister« Goethes als eine jener

19 (II), S. 334 f.
20 (II), S. 208.
21 Vgl. Benjamin (II), S. 505.

Tendenzen bezeichnet hat, welche das Zeitalter repräsentieren. In seinem prosaischen Medium ist die Einheit von darstellendem Medium und dargestelltem Inhalt so erreicht, daß mit ihm ein Werk vorliegt, welches sich selbst zu beurteilen in der Lage ist.[22] Wie vorläufig freilich diese prosaische Selbstreflexion eines sprachlichen Mediums beurteilt werden muß, hat Schlegel in der ironischen Formulierung zum Ausdruck gebracht, er habe mit seiner »Meisterkritik« einen »Übermeister«[23] intendiert. In dieser ironischen Prägung ist das Programm kritischer Mystifikation einzelner Werke aufs kürzeste ausgedrückt. Die divinatorische Kritik greift die intentionalen Bezüge eines einzelnen Werkes auf und versucht sie weiterzuschreiben, kritisch zu überbieten. Daß sie nur in der steten Annäherung an einen absoluten Bedeutungszusammenhang besteht, macht ihren ausschließlich positiven Charakter aus.[24] Auf der Basis ihrer begrifflichen Explikation kann Kritik nur im Rahmen spielerischer Skepsis, nicht aber als strenge Negation, vorhandene Bedeutung zerstören.

Innerhalb dieses positiv gefaßten Kritikbegriffs gibt es jedoch entscheidende Differenzierungen. Die Widersprüchlichkeit, die in der Konzeption einer Kritik liegt, in der sich das Maximum ästhetischer Vollkommenheit gegen die Deformations- und Verfallsformen der Modernität wenden läßt, hat Schlegel bewogen, sich von ihr zu distanzieren; denn die Diagnose vom Zerfall des Objektivitätsgehalts der modernen Poesie war auf eine interessenlose Kritik angewiesen: »Mein Versuch über das Studium der griechischen Poesie ist ein manirierter Hymnus in Prosa auf das Objektive in der Poesie. Das Schlechte daran scheint mir der gänzliche Mangel der unentbehrlichen Ironie«[25]; mit den Mitteln ironischer Reflexion also versuchte Schlegel sich von dem Objektivismus einer interesselosen Kritik zu trennen. Deshalb hat er alle die Merkmale ästhetischer Darstellung, die er unter den

22 Vgl. (II), S. 133 f.
23 So hat Schlegel in einem Brief an Schleiermacher seine Meisterkritik gewertet.
24 Benjamin (II), S. 484 f.
25 Schlegel (II), S. 148; S. 155; S. 157.

Begriff des »Interessanten« subsumierte und als Dekadenzphänomene interpretierte, unter dem Eindruck von Schillers Abhandlung über »Naive und sentimentalische Dichtung« nicht mehr als Verfallsformen gedeutet, sondern als Charakteristika der progressiven Universalpoesie festzuhalten versucht. Mittels des Skeptizismus der romantischen Ironie versuchte er, den Theoretiker des Weimarer Kanons, dessen Theorie der modernen Dichtung stichhaltiger als seine eigene war, zu überbieten. Seine »Alterthumslehre« las er daher als »philologischen Roman«[26], um ihr durch diese Kennzeichnung ihre »Objektivitätswut« zu nehmen; denn mit dem Terminus des Romans als Charakterisierung ihrer Tendenzen ist ein Verhältnis der Darstellung zum dargestellten Material gesetzt, das sich nur durch die Interessen des Darstellenden, im Falle der Kritik des Interpreten, hindurch objektivieren kann. Der Vorgang der Entobjektivierung der Kritik und, ihm korrespondierend, die Wertung »interessanter«, d. h. grotesk verzerrter und häßlicher Darstellungsformen als positiver Charakteristika ästhetischer Darstellung, hat freilich nicht zur Konsequenz geführt, daß die Kritik die Konstruktion eines Ideals von Objektivität aufgeben darf. Das Ziel des »Maximums ästhetischer Vollkommenheit« bleibt unter gewandelten Perspektiven gültig. Sein Inhalt ist die Herstellung eines Zustands, in dem die Kunst als absolute sich der Formen skeptischer und mittelbarer Darstellung entledigen und, durch keinen Kanon von Konventionen gehemmt, ins Leben übergehen kann. Kritik als Divination ist an die Prophezeiung dieser neuen Unmittelbarkeit gebunden. Sie rekonstruiert nicht nur anhand philologischer Verfahrensweisen den Sinn vergangener sprachlicher Formen, sondern belebt ihn, indem sie ihn auf das Utopikon neuer Unmittelbarkeit hin orientiert. Innerhalb seiner Studien hat Schlegel den Zusammenhang sprachlicher Konstruktion der Wirklichkeit als kontinuierlich fortschreitenden Entwicklungsprozeß der menschlichen Gattung, als Heraustreten aus der Natur zum Zustand der Kultur interpretiert. Als unendlich perfek-

---

26 Schlegel (2), S. 39.

tibel, wie ihm die Menschengattung erschien, begriff er auch die Formen, deren sie sich in der Deutung der Wirklichkeit bedient.

In der Form des Romans allein, in seinem prosaischen Medium, kann sich die Moderne ergreifen; deshalb beginnt mit ihm die neuere Dichtung.[27] In ihm kann sich ein abstrakt gefaßtes Ich als Individuum spiegeln und die Geschichte seiner Bildung zum »Lebenskunstsinn« erzählen. Mit der Überbietung auch dieser Form aber würde die ästhetische Distanz, der Riß zwischen einem individuell erlebten und dem objektiv sich vollziehenden Leben aufhören. Das Leben selbst wäre, wie es in Schlegels Forderung einer neuen Mythologie heißt, »ein einziges, unteilbares, vollendetes Gedicht«[28] geworden.

In diesem projektierten Übergang der Kunst ins Leben ist in positiver und nicht dem Zwang der Rechtfertigung ausgesetzter Manier vorweggenommen, was im 19. Jahrhundert an Modellen ästhetischer Rechtfertigung des Lebens bedeutsam geworden ist. Wie im »Systemprogramm«, in dem die Idee einer neuen Mythologie formuliert worden ist, muß sie so gedacht werden, als sei sie eine Schöpfung aus dem Nichts.[29] Die Prämisse dieses Programms, in der sprachliche Darstellungen und Handlungskontexte, in welche sie eingebettet sind, bis zur Ununterscheidbarkeit zusammengezwungen sind, ist freilich erst dann wirklich eingelöst, wenn es beliebige Gegenstände des Lebens sein können, die zu Medien der Kunst erklärt werden. In diesem Vorgang ist die an ein Ich gebundene formale Reflexion als produktive ausgeschaltet, sie ist zur zweiten Natur zurückgebildet. Diese Regression des reflektierenden Ich und seiner Formen zur zweiten Natur ist eine der entscheidenden Konsequenzen, die mit dem Programm einer neuen Mythologie gesetzt sind. Mythologie ist im Rahmen des ästhetischen Absolutismus denn auch ein »Kunstwerk der Natur«.[30] Neue Mythologie ist demnach die Darstel-

27 (II), S. 335.
28 (II), S. 313.
29 (II), S. 312.
30 (II), S. 318.

lung des menschlichen Bewußtseins und seines Weges fort von der ersten und der Rückkehr hin zur zweiten Natur.

Allein Schelling hat im »System des transzendentalen Idealismus« die Idee einer neuen Mythologie, wie sie im »Systemprogramm« formuliert worden war, innerhalb eines konzisen Begriffsrahmens nochmals aufgenommen und auf dem Hintergrund des Gegensatzes von Natur- und Freiheitsphilosophie zu entfalten versucht. Um den Prozeß der Erfahrung des menschlichen Selbstbewußtseins darzustellen, tat er dies unter zwei leitenden Gesichtspunkten: Der eine ist die Darstellung der Sublimierung menschlicher Natur zur Freiheit in der Geschichte, der andere der Versuch der Resurrektion der in diesem Vorgang unterdrückten menschlichen Natur zur Anschauung in der Kunst.

5. Die epische Anamnese des Selbstbewußtseins als ästhetische Utopie

Im Rückblick auf die sukzessive Entfaltung der Erfahrung, deren Synthesis in der Form des Selbstbewußtseins die beiden Bereiche von Natur- und Freiheitsphilosophie deckt, spricht auch Schelling, wie es Schlegel getan hat, von der Natur als dem depotenzierten Grund menschlichen Wissens und Handelns. Im abschließenden Teil des Transzendentalsystems, wo der Schellingschen Intention nach der Gegensatz von Natur- und Freiheitsphilosophie in der Philosophie der Kunst aufgehoben wird, heißt es: »Was wir Natur nennen, ist ein Gedicht, das in geheimer wunderbarer Schrift verschlossen liegt. Doch könnte das Rätsel sich enthüllen, würden wir die Odyssee des Geistes darin erkennen, der wunderbar getäuscht, sich selber suchend, sich selber flieht; denn durch die Sinnenwelt blickt nur wie durch Worte der Sinn, nur wie durch halbdurchsichtigen Nebel das Land der Phantasie, nach dem wir trachten.«[1] In der epischen Erzählung des Prozesses, in dem sich das Selbstbewußtsein des Menschen

1 Schelling (III), S. 628.

bildet, muß sich demnach der Geist seiner Natur versichern, um sich in ihr wiedererkennen zu können. Mit der Aufklärung seiner Vergangenheit läge vor ihm zugleich die Perspektive auf ein Leben offen, das nicht mehr in dem Bereich liegt, auf welchen die Gesetze der Natur und der Freiheit anwendbar sind.

In den Schlußbemerkungen des Transzendentalsystems noch versuchte Schelling ein gedankliches Motiv zum Ausdruck zu bringen, das bereits seine frühen, von Fichte abhängigen Schriften geformt hat. Es zwang ihn schließlich, sich von der kritischen Transzendentalphilosophie zu distanzieren. Schon in den »Abhandlungen« zu Fichtes Wissenschaftslehre sind Formulierungen zu finden, die darauf verweisen, daß es allein die Natur, als menschliche und außermenschliche, ist, die als Garant dafür gelten kann, daß sich das transzendentale Ich nicht im Kreisen seiner reflektierenden Tätigkeit verliert. In der Form der Frage, wie sich denn das normativ gesetzte Ich als oberster Punkt der kritischen Transzendentalphilosophie individualisieren und der Akt dieser Individualisierung in einem Produkt seiner Tätigkeit verkörpern ließe, war dies als charakteristisches Erkenntnisinteresse des ästhetischen Absolutismus festgehalten worden. Sie ist im Transzendentalsystem von Schelling erweitert worden. Von der durch die naturphilosophischen Entwürfe hindurchgegangenen Prämisse aus, daß die gesamte Erfahrung zweidimensional strukturiert sei, hat er diese Frage nun von zwei Seiten her zu stellen versucht. Der Inhalt dieser Prämisse ist es, daß sich die psycho-physische Realität als »Natur« und »Intelligentes« parallel entwickelt. Wie deren Parallelität aber zu verbinden sei, diese Frage kennzeichnet das Problem, vor das sich jede systematische Durchdringung des Erfahrungszusammenhangs gestellt sieht. Erfahrung ist erst dann dem Ich nicht nur von außen auferlegt, wenn es die Annäherung und schließliche Identität ihrer beiden Extrempole in seine Kompetenz aufgenommen, also in sein Bewußtsein gehoben hat. Nach Schelling kann dies weder im Rahmen der theoretischen noch der praktischen Philosophie geschehen, denn der Bezugsrahmen, in den sie die Realität einpassen, reicht nicht aus, um die Antriebspotentiale menschlicher Aktivität zu erklären und sie auf ein Ziel hin zu orientieren, das er unbestimmt als das Ende der Odyssee des Geistes, der Suche nach seiner Identität, gekennzeichnet hat. Das Verhältnis des Gegensatzes, das jenen Bezugsrahmen kennzeichnet, hat er so charakterisiert, daß durch die Gesetzgebung der praktischen Vernunft die »Herrschaft des Gedankens (des Ideellen) über die Sinnenwelt«[2], durch die Gesetze der Natur aber die unbeseelter Objektivität über die menschliche Aktivität gelegt wird. Dieser Antagonismus zwischen ideeller und reeller Tätigkeit des Menschen muß sich jedoch aufheben lassen, wenn die Voraussetzung Gültigkeit haben soll, das Zentrum der Erfahrung sei das sich selbst bestimmende Ich. Dieser Widerspruch ist in der Frage bezeichnet, die das Erkenntnisinteresse des Transzendentalsystems zusammenfaßt: *»Wie können die Vorstellungen zugleich sich richtend nach den Gegenständen, und die Gegenstände sich richtend nach den Vorstellungen gedacht werden.«*[3]

Das sich wechselweise durchdringende Verhältnis von Vorstellungen und Gegenständen könnte jedoch nicht als widersprüchlich aufgefaßt werden, wenn dem nicht die Annahme vorausginge, das intelligente, sich selbst bestimmende Ich sei als Faktum gegeben. Im »Systemprogramm« war dieses Faktum als die Unmittelbarkeit seiner Selbstdarstellung, als »Schöpfung aus Nichts« bezeichnet worden. Erst wenn man davon ausgeht, ohne diesen Kern aller menschlichen Tätigkeit lasse sich auf zwanglose Weise die Einheit der Erfahrung nicht entfalten, ergeben sich die Widersprüche zwischen den Wissens- und Handlungsformen, die auf willkürlichen und unwillkürlichen Antriebsmotivationen des Bewußtseins beruhen. Nur in Beziehung auf diese Annahme kann die Schellingsche Konzeption der Natur, die er gegen die Transzendentalphilosophie wendete, Sinn für sich beanspruchen. Als Modell einer Grundlegung naturwissenschaftlicher Forschungstechniken ist sie sinnlos, da ihr keine wissenschaftliche Effizienz zugesprochen werden kann. Innerhalb des hier disku-

2 (III), S. 347.
3 (III), S. 348.

tierten Kontextes gilt sie als Grund der Aktivität von Wissen und Handeln, der quer zur unproblematischen Annahme eines autonomen Trägers beider liegt. So gewiß es für Schelling ist, daß sich Tätigkeit aus Freiheit von diesem Grund losreißen muß, wenn sie als frei gelten soll, so gilt doch andrerseits, daß Wissen und Handeln von ihm dependieren. Einer Theorie, welche dieses Faktum nicht in ihren Bezugsrahmen aufnehmen kann, wird es deshalb nach Schelling nicht gelingen, die dunklen Antriebspotentiale menschlicher Aktivität aufzuklären. Sie ist deshalb auch nicht in der Lage, ein Produkt dieser Tätigkeit aufzuweisen, in dem sich die konkurrierenden Strebungen von Natur- und Freiheitsgesetz zum Gleichgewicht beruhigt haben. In diesem Gleichgewicht muß der Antrieb zu produzieren so ins Produzierte übergegangen sein, daß mit seiner Vollendung aller Zwang zur Tätigkeit aufhört.

Die Annahme, daß es ein Selbstbewußtsein in der Form des Ich gibt, in dem sich die verschiedenen Strebungen menschlichen Wissens und Handelns wechselweise durchdringen, ist also auch für Schelling bindend, obgleich er sich gegen die kritische Transzendentalphilosophie gewendet hat. Seine Funktion, als Zentrum des Erfahrungssystems zu wirken, hat er allerdings in deutlicher Kritik an Fichte formuliert: »Das Selbstbewußtsein ist der lichte Punkt im ganzen System des Wissens, der aber nur vorwärts, nicht rückwärts leuchtet.«[4] Zur deutlichen Explikation dieser Funktion gehört nach diesem Diktum die Aufklärung seiner Vergangenheit, die es selbst vergessen hat. Hat es sich einmal zur Form des Ich gebildet, dann ist es durch eine ausschließlich positive Tätigkeit gekennzeichnet. Schelling nennt sie ein Streben, sich ins Unendliche auszubreiten; in diesem Streben aber verdrängt und vernichtet es allen Widerstand, der sich ihm entgegenstellt, und verliert sich in der Positivität seiner Produkte. Gleichursprünglich ist also der Prozeß der Bildung des Selbstbewußtseins an Affirmation und Verdrängung seiner Produktivität gebunden. Philosophie bedeutet nichts anderes als die Expli-

4 (III), S. 357.

97

kation dieses Wechselverhältnisses, sie ist eine »fortgehende Geschichte des Selbstbewußtseins, für welche das in der Erfahrung Niedergelegte nur gleichsam als Denkmal und Dokument dient«.[5] Die Formen seiner Objektivation sind demnach solche von Affirmation und Verdrängung zugleich. Diese Bestimmung der Philosophie hat Schelling innerhalb des Transzendentalsystems immer wieder aufgenommen und auf die einzelnen Stufen des gesamten Systems der Erfahrung bezogen. Bevor er die Formation des Selbstbewußtseins zu bestimmter historischer, also individueller Gestalt darzustellen versuchte, hat er die Philosophie als »Geschichte des Selbstbewußtseins, die verschiedene Epochen hat, und durch welche jene Eine absolute Synthesis sukzessiv zusammengesetzt wird«[6] gekennzeichnet. Daß im Prinzip dieser Synthesis und in seiner sukzessiven Entfaltung die Bedingung vorliegt, jede wirkliche und mögliche Erfahrung vollständig zu ergreifen, kommt nochmals in den abschließenden Überlegungen zum Ausdruck, die das Transzendentalsystem zusammenfassen. Nachdem sich die Aktivität des absoluten Ich für Schelling erst im Kunstprodukt materialiter verkörpert hat, so daß in ihm erst der Gegensatz von Natur und Freiheit zum Gleichgewicht geworden ist, nennt er die Geschichte der Knotenpunkte auf dem Wege zu diesem Gleichgewicht wiederum »Momente in der Geschichte des Selbstbewußtseins, welche in der Erfahrung durch eine kontinuierliche Stufenfolge bezeichnet sind, die vom einfachen Stoff an bis zur Organisation (durch welche die bewußtlos produzierende Natur in sich selbst zurückkehrt), und von da durch Vernunft und Willkür bis zur höchsten Vereinigung von Freiheit und Notwendigkeit in der Kunst (durch welche die mit Bewußtsein produktive Natur sich in sich schließt und vollendet) aufgezeigt und fortgeführt werden kann«.[7]

Die sukzessive Zusammensetzung der Synthesis des Selbstbewußtseins ist für Schelling deswegen möglich, weil jenseits seiner

5 (III), S. 331.
6 (III), S. 399.
7 (III), S. 634.

ursprünglich sich widersprechenden Strebungen das philosophische Bewußtsein als deren Beobachter die »Kopien« des »Originals«[8] absoluter Synthesis in freier Nachahmung konstruiert. Das Original ist durch die Logik natürlicher Entwicklung gekennzeichnet. Die Kopie aber unterbricht und wiederholt sie aus Freiheit, um, was sich mit Notwendigkeit vollzog, in den Rahmen des Bewußtseins zu stellen. Damit dieser Bruch einer natürlichen Entwicklung gedacht werden kann, ist das Selbstbewußtsein von Schelling trotz seiner Synthesisfunktion als ein *»Streit absolut entgegengesetzter Tätigkeiten«*[9] bestimmt worden. In der Geschichte ist dieses Prinzip erst in der Französischen Revolution wirksam geworden. In ihr hat sich das Selbstbewußtsein zur Individualität gebildet und ist als historischer Handlungsträger hervorgetreten, denn zur Individualität gehört es, »daß sie erst in diesem bestimmten Zeitalter angefangen hat, zu sein«.[10] Erst dadurch ist die Möglichkeit entstanden, daß sich im Verkehr einzelner Individuen untereinander ein Verhältnis freier Interaktion etablieren kann. Erst in einem zur Koinzidenz von »Natur« und »Intelligentem« gebildeten Bewußtsein ist die Möglichkeit enthalten, sich in seiner eigenen Aktivität wahrzunehmen. Es zeigt sich freilich erst an dem Punkt der Selbstwahrnehmung des Bewußtseins, daß Natur und Intelligentes in ihm nicht nach der Formel einfacher Identität zu erfassen sind. Dadurch, daß das Bewußtsein in der Form der Individualität durch das Merkmal des Wollens gekennzeichnet werden kann, trennen sich beide Strebungen in ihm. Jedoch kann ein Ich, das sich allein auf sein Wollen beruft, die Identität seiner Motive des Handelns mit der Natur, welcher sie zugehören, nun wieder fordern. Diese Forderung kann erst stattfinden, »sobald dem Ich der Begriff des Wollens entsteht, oder sobald es sich selbst reflektiert, sich im Spiegel einer andern Intelligenz erblickt, aber sie muß nicht er-

8 Vgl. (III), S. 397. Philosophie kann in bezug auf das Verhältnis von Original und Kopie als *Übersetzung* des einen Mediums in das andere charakterisiert werden.
9 (III), S. 398.
10 (III), S. 346.

folgen«.[11] Schelling hat das Phänomen bewußter Wahrnehmung seiner selbst und des anderen »Weltanschauung« genannt. Mit sich selbst erblickt das Ich zugleich eine Welt, die ihm mit der Reflexion auf seine eigene Tätigkeit entstanden ist. Der geschichtlichen Zäsur, nach der sich individuelles Handeln unter den intersubjektiven Bedingungen der Weltanschauung vollziehen kann, entspricht in der Biographie eines Individuums der Punkt, an dem die primäre Sozialisation endet. Schelling hat dies mit Bezug auf die Kantische Anthropologie festzuhalten versucht: »Kant findet es in seiner Anthropologie merkwürdig, daß dem Kind, sobald es anfange von sich selbst durch *Ich* zu sprechen, eine neue Welt aufzugehen scheine. Es ist dies in der Tat sehr natürlich; es ist die intellektuelle Welt, die sich ihm öffnet, denn was zu sich selbst *Ich* sagen kann, erhebt sich eben dadurch über die objektive Welt, und tritt aus fremder Anschauung in seine eigne.«[12] Aufgrund der Aneignung dieser intelligenten Fähigkeit ist es dem Individuum möglich, sich selbst wahrzunehmen, zugleich ist mit ihr die Wahrnehmung des anderen verbunden, die Möglichkeit intersubjektiven Wissens und Handelns gesetzt. Beide Seiten dieses Vorgangs sind mit dem Terminus der »Weltanschauung« bezeichnet. »Für das Individuum sind die andern Intelligenzen gleichsam die ewigen Träger des Universums, und so viel Intelligenzen, so viel unzerstörbare Spiegel der objektiven Welt. Die Welt ist unabhängig von mir, obgleich nur durch das Ich gesetzt, denn sie ruht für mich in der Anschauung anderer Intelligenzen.«[13]

Wegen dieses Sachverhaltes, des Zusammentreffens subjektiver und objektiver Wissens- und Handlungsformen in der Individualität, ist sie der Angelpunkt im Verhältnis von theoretischer und praktischer Vernunft. Mit ihr kann in der Formation des Selbstbewußtseins aus Freiheit beginnen, was sich vor dem Faktum der Selbstanschauung als natürliche Notwendigkeit vollzogen hat. Die Individualität ist der Punkt der Scheidung von

11 (III), S. 542.
12 (III), S. 374.
13 (III), S. 556.

Natur und Freiheit im Leben des einzelnen Individuums wie in der Geschichte der menschlichen Gattung. Da sie Dasein in einer bestimmten Zeit ist, hat sich in ihr für einen Moment das Gleichgewicht sich widerstrebender Tätigkeiten des absoluten Ich hergestellt, sie sind zur Existenz verbunden.

Um die Wirksamkeit der Antriebspotentiale zu erklären, die selbst in der Form des Ich, das als Individualität zum Angelpunkt von Wissen und Handeln und damit zum Zentrum der gesamten Erfahrung geworden ist, gibt es die Möglichkeit, ein Individuum, wann immer es als Ich auftritt, in bezug auf sein Verhältnis zur Welt als tabula rasa zu betrachten. Dieses Modell der Erklärung würde sich mit empiristischen Argumenten gegen die normative Setzung einer Potenz wenden, die als Ich bezeichnet wird und von deren Existenz auch Schelling im Transzendentalsystem überzeugt ist. Nach dem empiristischen Modell wäre das Ich nicht als Potenz denkbar, die seinen empirisch erfaßbaren Verhaltensformen gegenüber einen intelligenten Überschuß mit sich führt, der sich in der Kraft äußert, sich in Intentionen und Absichten zu äußern. Empiristisch gedeutet, wäre das Ich nach Schellings Worten eine Tafel, in welche die Welt erst nach und nach eingeritzt wird. Er distanziert sich freilich von dieser tabula-rasa-Theorie nur mit einer Frage: »Aber wenn die Seele keine unbeschriebene Tafel ist, ist sie denn deswegen eine beschriebene?«[14] Diese Frage zielt in letzter Konsequenz darauf, ob die Annahme einer Synthesis menschlicher Wissens- und Handlungsformen mittels apriorischer oder aposteriorischer Deutungsschemata entschieden werden muß. Für Schelling jedoch hat diese Frage als strenge Alternative keine Geltung. Das Ich ist nach ihm gleichursprünglich ein Bündel von Assoziationen und ein Zentrum eingeborener Ideen, beide Seiten können, wenn seine tätige Kraft erklärt werden soll, nicht voneinander getrennt werden. Die äußeren Dinge und seine eigene Natur wirken auf diese Kraft wie Reize, die auch eine mechanische Tätigkeit in Gang setzen. Schelling nennt sie »Erregungs-

14 (III), S. 530.

ursachen«. Daß sie aber auf einen Widerstand treffen, der ihre Wirkungen nicht unbeeinflußt läßt, ist eben jenes Faktum, das erklärt werden muß. Um das zu leisten, muß ein unbekanntes X angenommen werden, das Ruhe und Tätigkeit zugleich ist. In der einen ist es den Erregungsursachen ausgesetzt, in der anderen verarbeitet es sie in produktiver Weise; es hat damit selbst verursachende Kraft. Von ihr aus aber auf eine intelligente Potenz zu schließen, die vollkommen durch die Wirksamkeit eingeborener Ideen charakterisiert werden könnte, ist für Schelling zwar eine bewunderungswürdige Alternative zur tabula-rasa-Theorie, dieser aber in keiner Weise vorzuziehen. Vielmehr ist nach ihm allein »unsere eigene Natur, und ihr ganzer Mechanismus . . . das uns Angeborene«.[15]

Die Scheidung zwischen dem Ich als einem Bündel von Assoziationen, in denen es von temporär auftretenden Sinnesdaten affiziert wird, deren Speicherung im Gedächtnis zur Akkumulation dessen führt, was man Erfahrung zu nennen gewohnt ist, und dem Ich als einer intelligenten Kraft, die durch den Mangel an empirischem Gehalt gekennzeichnet ist, bezeichnet eine Alternative, die vom philosophischen Bewußtsein gemacht wird; sie entspricht der Unterscheidung von apriorischer und aposteriorischer Erkenntnis. Um das dem Ich einzig Angeborene, seine Natur, zu erklären, nimmt das philosophische Bewußtsein dieses in der höchsten Potenz, als Selbstbewußtsein auf und versucht, seine Genese sukzessiv zusammenzusetzen. Soll der Grund der Bewegung, deren Resultat das Ich ist, dem theoretischen Zugriff nicht verlorengehen – ein Grund, der dem Ich selbst entzogen ist –, dann muß das philosophische Bewußtsein erst dessen Interpretationen, die in subjektiven Fehldeutungen und in der objektiven Form von Ideologien auftreten können, abzutragen versuchen. Es muß das Ich depotenzieren, um die verschütteten Antriebspotentiale freizulegen, von denen die Potenzen des Bewußtseins dependieren. Auf das Reich, von dem »alle Intelligenzen nur die Potenzen« sind, dessen Wirksamkeit in allen

15 (III), S. 529.

menschlichen Wissens- und Handlungsformen erhalten bleibt, stieß Schelling durch seine naturphilosophischen Untersuchungen. Weil noch die sublimen Produkte menschlicher Tätigkeit von einer unbekannten Kraft in Gang gehalten werden, nahm Schelling eine Wurzel menschlichen Wissens und Handelns an, von der beider Formen geprägt werden. Sie ist eine unbewußte Tätigkeit, die nach ihm nie vollkommen in die Reichweite des Bewußtseins übersetzt werden kann: »Dieses ewig Unbewußte, was, gleichsam die ewige Sonne im Reich der Geister, durch sein eignes ungetrübtes Licht sich verbirgt, und obgleich es nie Objekt wird, doch allen freien Handlungen seine Identität aufdrückt, ist zugleich dasselbe für alle Intelligenzen, die unsichtbare Wurzel, wovon alle Intelligenzen nur die Potenzen sind, und das ewig Vermittelnde des sich selbst bestimmenden Subjektiven in uns, und des Objektiven oder Anschauenden, zugleich der Gesetzmäßigkeit in der Freiheit und der Freiheit in der Gesetzmäßigkeit des Objektiven.«[16]

Zu welchen Konsequenzen Schelling durch die Konzeption eines solchen Unbewußten gezwungen wurde, ist eine Frage, die man mit Sinn der gegenüber isolieren kann, warum die Annahme des Unbewußten für ihn notwendig war. Es ist keinesfalls hinreichend, sie nur als Zerstörung des kritischen Kerns der Transzendentalphilosophie zu interpretieren. Für Schelling war es der Zwang der Objektivität selbst, der sich in dieser Konzeption ausdrückte und zur Erweiterung des transzendentalphilosophischen Begriffsrahmens nötigte. Deshalb wird sie hier als ein Versuch verstanden, dort noch Deutungsschemata von Wissens- und Handlungsformen zu liefern, wo eine Bewußtseinstheorie, wie es die kritische Transzendentalphilosophie ist, sie zu geben nicht mehr in der Lage ist. Die wechselseitige Frage, deren Lösung sich Schelling im Transzendentalsystem zur Aufgabe gemacht hat, setzt die Depotenzierung des Bewußtseins auf seine natürliche Basis voraus. Nun ist es innerhalb seines Begriffsrahmens zu erklären, wie der eine Pol möglicher Erfahrung, die Natur, dazu treibt, in Deutungsformen

16 (III), S. 600.

des Bewußtseins überführt zu werden, und wie Bewußtseinsformen dazu treiben, natürliche Objektivität zu erreichen. Natur ist innerhalb dieses Begriffsrahmens die Vorgeschichte des Selbstbewußtseins. Sie ist es, auf welche seine Depotenzierung stößt.[17] Im Unbewußten sind nun beide Pole der Erfahrung ungetrennt miteinander verbunden. Dieser Zusammenhang wird durch die intelligente Kraft des Ich unterbrochen, so daß es selbst vergißt, auf welcher Basis seine Kraft aufruht. Deshalb muß das Ich depotenziert werden. Am klarsten hat Schelling diesen Gedanken in der Schrift »Über den wahren Begriff der Naturphilosophie und die richtige Art ihre Probleme aufzulösen« zusammengefaßt.

Ihrer Argumentation zufolge kommt die kritische Wissenschaftslehre nicht aus sich selbst heraus, denn sie beginnt mit der Einheit des Ich als reflektierendem und reflektiertem, also mit der *Selbstreflexion* des Ich: »in derselben wird die durch das Bewußtsein gesetzte Gleichheit zwischen dem Objekt, *über* welches philosophirt wird, und welches im Philosophiren das Producirende, *Handelnde* ist, und dem Subjekt, *welches* philosophirt, und welches in demselben Akt das Reflektirende, Zuschauende ist, niemals aufgehoben, und darf nie aufgehoben werden, wenn jenes Objekt = Ich seyn soll . . .; und da die Wissenschaftslehre ihr Objekt gleich in der Potenz aufnimmt, wo es bereits zur Identität mit dem Reflektirenden gehoben, also = Ich ist, so kann sie auch niemals über diese Identität, also im Grunde auch nie aus dem Kreis des Bewußtseins hinaus, mithin auch alles nur so, wie es unmittelbar in das Bewußtsein tritt, also *alles* nur in der höchsten Potenz construiren.«[18] Im gesamten System der Erfahrung aber ist die Ebene des Bewußtseins nur die Oberfläche[19] einer Bewegung, deren zentraler Punkt zwar das Ich ist;

17 Vgl. Jähnig (1), S. 133 ff.
18 Schelling (IV), S. 85.
19 In der Annahme, das Bewußtsein und seine Spitze, das Ich seien nur die Oberfläche psychischer Realität und ruhten gleichsam wie eine Membran, mittels derer die Außenwelt wahrgenommen wird, auf seinen unbewußten Strebungen, gleicht der von Schelling im Transzendentalsystem vorgeschlagene

aber es muß nach zwei Seiten hin depotenziert werden, wenn seine in der Tiefe wirkenden Antriebspotentiale aufgeklärt werden sollen. Es sind die Natur des Ich und seine Geschichte.

Natur und Geschichte machen innerhalb des Transzendentalsystems diejenigen Bereiche der Erfahrung aus, die durch theoretische und praktische Vernunft erfaßt werden. Was innerhalb des Bezugsrahmens von Theorie und Praxis, nach Schellings Diktum, »in der Natur und Geschichte gesondert ist«[20], das soll sich im absoluten Kunstprodukt zur Einheit verbinden. Deshalb schließt die Philosophie der Kunst die systematische Aufzeichnung der Erfahrung ab.

Mit der Annahme einer unbewußten Wurzel, von der alles menschliche Wissen und Handeln dependiert, ist die Konsequenz verbunden, seelische und geschichtliche Ereignisse müßten nicht unbedingt dem Ich, der Spitze des Bewußtseins zugänglich sein. Die Kenntnis ihrer Zusammenhänge kann sich entweder dem Bewußtsein entziehen oder der Kompetenz des Ich verlorengegangen sein. In bezug auf die Formation des Selbstbewußtseins hat Schelling dieses Faktum in dem Satz gemeint, es sei zwar der »lichte Punkt« des Erfahrungssystems, seine Kraft richte sich aber nur vorwärts, nicht den Weg seiner Entstehung zurück. Reflektierend kann sich das Ich seiner unbewußten Strebungen nach Schelling nicht inne werden, weil sich in der Reflexion die Kraft des intelligenten Ich nur auf sich selbst richtet; Reflexion geht zwar in sich zurück, aber sie hat keinen Objektivitätsgehalt. Im

---

Begriffsrahmen der Freudschen Metapsychologie. Auch in der nun freilich empirisch gewendeten Voraussetzung ist dies der Fall, Bewußtsein wesentlich als wahrnehmendes zu bestimmen. Aufgrund dieser Tatsache war es für Freud immer ein ungelöstes Problem, wie aus einem solchen Bewußtsein denn klassifikatorische Denkleistungen abgeleitet werden könnten. Schelling hat die wahrnehmende Funktion des Bewußtseins mit dem jedoch weit unklareren Terminus der Anschauung zu beschreiben versucht – unklarer jedenfalls in bezug auf seinen empirischen Gehalt. Die Annahme, das Ich sei nur die Spitze unbewußter Strebungen, hatte auch in der Psychoanalyse die nicht nur theoretische Konsequenz, es gelte sie in Gestalt seiner Natur und seiner Geschichte zu »wiederholen« und damit »bewußt« zu machen.

20 Schelling (III), S. 628.

Rahmen des Transzendentalsystems hat allein diejenige Tätigkeit die Kraft, unbewußte Strebungen des intelligenten Ich zu erfassen, die in der Lage ist, sich in materialer Form zu objektivieren. Diese Tätigkeit ist die ästhetische Produktivität: »Denn anstatt daß die Produktion in der Kunst nach außen sich richtet, um das Unbewußte durch Produkte zu reflektieren, richtet sich die philosophische Produktion unmittelbar nach innen, um es in intellektueller Anschauung zu reflektieren. – Der eigentliche Sinn, mit dem diese Art der Philosophie aufgefaßt werden muß, ist also der *ästhetische,* und eben darum die Philosophie der Kunst das wahre Organon der Philosophie.«[21]

Auch das depotenzierte Ich transzendentaler Prägung ist in sich gegenstrebig organisiert. Es ist noch innerhalb von Schellings Transzendentalsystem – und darin unterscheidet sich dieses von den späteren Systementwürfen – der Fokus wirklicher und möglicher Erfahrung. In der Charakterisierung der sich widerstreitenden Tendenzen des Ich hat Schelling die Explikation der Fichteschen Wissenschaftslehre übernommen. Im Unterschied zu ihr versuchte er allerdings das Selbstbewußtsein in einer Darstellung seiner Genese zu entfalten, also eine Frage zu beantworten, die Fichte als abwegig klassifiziert hat.

Es ist klar, daß mit der Voraussetzung, das Bewußtsein sei Teil des Unbewußten, die Reflexion nicht die Rolle jener Kraft spielt, in der Erkenntnis- und Handlungsträger die Selbstvermittlung ihrer Strebungen erreichen. Insofern allerdings hat Schelling der Wissenschaftslehre nichts Neues hinzugefügt, denn auch sie geht davon aus, der oberste Punkt, an dem alles menschliche Wissen und Handeln festgemacht werden muß, das Ich, sei mit dem Terminus der Selbstreflexion nicht hinreichend bestimmt. Schelling unterschied sich freilich von Anfang an durch den Nachdruck, den er auf den Begriff der Natur legte, von der kritischen Transzendentalphilosophie. Fichte hat sich gegen ihn deswegen so entschieden gewehrt, weil er sah, daß durch ihn der Kern seines Systems, das absolute Ich, und damit seine Philosophie in

21 (III), S. 351.

praktischer Absicht zerstört werden muß. Schellings und Fichtes Positionen sind dadurch unterschieden, daß der eine davon ausging, das sich als autonom interpretierende Ich sei der Spielball seiner es unbewußt steuernden Triebe, der andere aber daran festhielt, daß es trotz der Komplikationen, die sich dem Ich entgegenstellen, seine Autonomie sein muß, aus der alles Handeln und Wissen hergeleitet werden muß. Dies aber kann nicht geschehen, wenn ihm Natur und Geschichte vorgeordnet werden und es dann sukzessiv aus ihnen abgeleitet wird. Ob nun das »Systemprogramm« Schelling zugeschrieben werden kann oder nicht, es ist in ihm jedenfalls die Tendenz seiner Gedanken in bezug auf die Destruktion eines sich selbst bestimmenden Trägers von Wissens- und Handlungsformen exemplarisch vorweggenommen. Es war als Programm einer Ethik konzipiert; deshalb fällt seine Wirksamkeit mit der Existenz eines autonomen Handlungsträgers zusammen. Schon in ihm aber folgt auf die Nennung dieses Trägers vernünftiger Aktion die Forderung nach einer »Physik« des Geistes als der Basis, auf welcher die Potentialität des menschlichen Geistes aufruht. Schelling hat die »Physik« in diesem Sinne in der genannten naturphilosophischen Schrift der Wissenschaft vernünftigen Handelns, der Ethik, gegenübergestellt. Auch in ihr erfolgt an dem Punkt der Übergang von der Naturphilosophie in die Philosophie der Freiheit, wo das Bewußtsein in der Form des Ich auftritt.

Erst hier kann nach ihm ein Idealismus beginnen, der sich in seinen Handlungsvorschriften auf eine reale Basis bezieht. Sie aber ist einem instantan auftretenden absoluten Ich nicht gegeben. Auch in der Schellingschen Konzeption ist das Ich jedoch als eine Kraft gekennzeichnet, welche antagonistische Tendenzen in sich enthält. Er hat sie zu Beginn seiner Rekonstruktion des Selbstbewußtseins so charakterisiert, daß ihre Folge ein Produkt des Gleichgewichts sein muß, das »durch die fortdauernde Konkurrenz beider Tätigkeiten bedingt ist«.[22] Aufgrund der einen Tätigkeit, die man als regressive bezeichnen kann, strebt das Ich danach, in den Zustand der Ruhe zurückzukehren, welcher durch

22 (III), S. 400.

die andere Tätigkeit unterbrochen ist, die ihm ebenso zugehört. Durch sie gezwungen, strebt das Ich danach, sich ins Unendliche auszubreiten, es verwirklicht sich in der Vernichtung von Widerständen, die sich dieser Tätigkeit entgegenstellen. Um die Übersetzung dieser beiden sich widerstreitenden Tendenzen in rationale Deutungsschemata möglich zu machen, muß das Ich depotenziert werden. Seine sich widersprechende Organisation ist nicht etwa eine, die in zeitlicher Folge auftritt. Das Ich ist gleich ursprünglich dazu bestimmt, sich durch Reflexion fortzubilden und sich dieser zu verweigern. Es strebt danach, sich in natürlicher Weise mit seinen Widerständen zu identifizieren und ihnen anzupassen, wie diese bewußt zu vernichten. Der Prozeß der Formation des Selbstbewußtseins ist deshalb Verarbeitung von Widerständen und deren Verdrängung aus dem Bewußtsein zugleich.

Schelling hat wie Fichte den Wechsel beider Strebungen im Ich mit dem Gegensatz zentripetaler und zentrifugaler Bewegung bezeichnet. Aus dem Wechsel beider, sich widerstreitender Aktivitäten im Ich versuchte er eine Dialektik zu entwickeln, in deren Gang die Grenzen der Erfahrung erweitert und an den Punkt ihres Ausgangs zurückverfolgt werden sollen. Erst in den Schriften nach 1800 hat er diese Dialektik vom Ich als ihrem Zentrum bewußt gelöst. In ihnen ist das Epos, die Odyssee des Geistes, nicht mehr gleichbedeutend mit der sukzessiven Explikation des Selbstbewußtseins. Der Topos vom Epos des Geistes ist zum geschichtstheologischen Prinzip geworden. Die Zweidimensionalität der Strebungen, die den Bildungsprozeß des Selbstbewußtseins charakterisiert, erscheint nun als eine Bewegung, die den gesamten Geschichtsprozeß in Gang hält. Die eine Seite dieses Gegensatzes nennt Schelling nun die Ilias, die andere die Odyssee des Geistes. In der einen strebt die Geschichte von ihrem Zentrum fort, in der anderen kehrt sie zu ihm zurück. Dieses Zentrum ist freilich nicht anders als anhand leerer Identitätsbegriffe benennbar; sie sollen einen Zustand bezeichnen, von dem die menschliche Gattung abgefallen, und den sie wieder zu erreichen gezwungen ist.

Innerhalb des Transzendentalsystems dagegen können die Epochen der Entfaltung des Selbstbewußtseins als der Versuch verstanden werden, exemplarisch Bildung und Verlust eines identischen Ich zu erfassen. Durch ihre Anordnung schon bringt Schelling zum Ausdruck, daß beide nicht in der Selbstreflexion des Ich aufgehen. Das Ich ist zunächst an einen natürlichen Kontext gebunden, in dem es empfindendes ist. In Empfindung und Anschauung formiert sich dem Ich die erste Natur. Dieser Vorgang ist an die unbewußten seelischen Kräfte des Bewußtseins gebunden. Erst in der Reflexion ist der Beginn jener Tendenz bezeichnet, mittels derer sich das empfindende und anschauende Ich auf sich selbst wenden und damit aus Freiheit handeln kann. Ihr Abschluß markiert den Punkt, an welchem in der Formation des Selbstbewußtseins das Reich unbewußter Produktivität des Ich verlassen wird. Auf der Ebene der Begriffsbildung führt sie zur theoretischen Rede über die Freiheit. Auf der Ebene geschichtlich hervorgetretener Gestalten war bereits das bestimmte Dasein der Individualität als ihr Paradigma gekennzeichnet worden. Mit ihr beginnt eine neue Welt, die sich aus dem unmittelbaren Kontext der Natur entfernt hat. Ihre Produktionen interpretiert Schelling als zweite Natur, weil durch sie ein Zwang »eiserner Notwendigkeit« aus Freiheit gesetzt wird.

Gegen die Voraussetzung, Bewußtsein und seine Spitze, das Ich, seien als reflektierende Kräfte hinreichend bestimmt, richtet sich also dessen Darstellung als Empfindungs- und Anschauungsträger. Schon im Ich, das sich als empfindendes vorfindet, ist die Einheit seiner Strebungen nicht im Gleichgewicht. Schelling hat sie deshalb als das gestörte Gleichgewicht der Aktivitäten des Bewußtseins beschrieben. Das Ich als empfindendes ist in Empfindungsträger und empfundene Realität gespalten. Auf dieser Spaltung beruht die Erweiterung und der Verlust seines Wirklichkeitssinnes. Auf ihr beruht die Möglichkeit der Synthesis der Erfahrung im Selbstbewußtsein, und umgekehrt ist die Empfindung deswegen wirklich, weil sich das Selbstbewußtsein nicht in einem Akt ergreifen kann: »Auf dieser Unmöglichkeit, im ursprünglichen Akt des Selbstbewußtseins zugleich sich Objekt zu werden, und sich anzuschauen als sich Objekt werdend, beruht die Realität aller Empfindung.«[23] Durch sie ist der Prozeß der Erfahrungsbildung in Gang gesetzt, der als fortlaufender Wechsel von Affirmation und Verdrängung beschrieben wurde.

Was als Verdrängung bezeichnet werden kann, vollzieht sich von zwei Seiten her; einmal ist es die unbewußte Produktivität des Ich, welche sich gegen die Übernahme ins Bewußtsein, das sich auf sich selbst bezieht, sperrt. Sie vollzieht sich aber auch als Verlust einmal in die Kompetenz seiner Spitze aufgenommener Realität. In beiden Fällen ist die Form des Ich nicht deckungsgleich mit den Antriebspotentialen, die in ihr wirken. Wollte man die Bewegung der Verdrängung räumlich beschreiben, dann könnte dies in doppelter Weise geschehen. Sie wirkt als Abstoßung natürlicher Regungen und Triebe aus dem Bewußtsein, das als Ich auftritt, und sie wirkt als Anziehung derjenigen Sphäre psychischer Realität, die in Formen des Bewußtseins nicht übersetzt werden kann und durch Antriebe bereichert wird, welche aus dem Bewußtsein ins Unbewußte zurückgefallen sind. Sie wirken gleichsam von unten auf das Bewußtsein und seine exemplarische Form, das Ich, ein.[24]

---

23 (III), S. 406.

24 Den Zusammenhang des »Unbewußten« mit dem »Verdrängten« und die allmähliche Ersetzung des einen durch das andere in der Freudschen Metapsychologie hat O. Marquard herauszuarbeiten versucht. Er hat den begriffsgeschichtlichen Hintergrund dieses Begriffspaars in den Systementwürfen des Idealismus zu lokalisieren versucht, in denen sich die Auflösung der Transzendentalphilosophie vollzieht, die sich jedoch als geschichtsphilosophische Entwürfe nicht hinreichend interpretieren lassen. Für Marquard hat Schellings Transzendentalsystem innerhalb dieser Entwicklung eine entscheidende Stelle inne. Anhand der klaren Bemerkung, erst durch die Verschärfung des Unbewußten zum Verdrängten lasse sich die Gedankenfigur der »Wiederkehr des Verdrängten« pointiert formulieren, versucht Marquard Schellings Transzendentalsystem mit Freudschen Augen zu lesen. Vgl. Marquard (3), S. 375 ff. In seiner Abhandlung über »Die Verdrängung« hat Freud die Arbeit des Verdrängens als einen kontinuierlichen Druck gekennzeichnet, den Bewußtsein und Unbewußtes aufeinander ausüben. Für Freud ist es notwendig, daß die psychische Instanz des Ich, soll sie in diesem Wechsel nicht untergehen, ihn beständig im *Gleichgewicht* halten muß. Als Paradigma gleichgewichtiger

Durch ihren verdrängenden Charakter ist der Erkenntnis ein Zwang immanent, der nach Schelling ein Merkmal ihrer Wahrheit ist. Zwanglos ist vielleicht nur die uneingeschränkte Verbindung mit der Natur, in welcher allerdings die Möglichkeit von Erfahrung ausgeschlossen ist, denn jede Erfahrung ist durch einen Schmerz bestimmt, der dann auftritt, wenn sie der Seele und der ihr angeborenen Natur »eingeritzt« wird. Auch die Dialektik von Empfindendem und Empfundenem ist mit der Erfahrung dieses Schmerzes verbunden. In ähnlicher Weise stellt sich dem Ich seine Anschauung als ein Zwang dar, der es zu produktiver Tätigkeit induziert. In ihr beginnt die Reihe einer Erfahrung, in der das Ich seine materiellen Bestimmtheiten zur Geistigkeit sublimiert. Anschauung ist durch den Widerspruch gekennzeichnet, daß die Kompetenz des Ich erweitert ist, insofern sich seine progressive Tendenz gegen äußere und innere Widerstände durchgesetzt hat, diese Erweiterung jedoch mit sich die Wahrscheinlichkeit vergrößert, daß diese Kompetenz zerfällt oder beschädigt wird. Die Anschauung als produktive besteht nach Schelling eben darin, daß sie aus »einem ewigen Widerspruch entspringe, welcher der Intelligenz, die kein anderes Streben hat, als das, in ihre Identität zurückzukehren, einen beständigen Zwang zur Tätigkeit auferlegt, und sie in der Art ihres Produzierens ebenso fesselt und bindet, als die Natur in ihren Hervorbringungen gefesselt erscheint«.[25]

Obgleich Schelling Natur als eine positive Kraft des Bewußtseins wertete, ist diese durch doppeldeutige Züge gekennzeichnet, so daß ihre Verdrängung aus dem Bewußtsein nicht nur als Verlust beschrieben werden kann. Sie hat in ihren unsublimierten Formen versöhnenden und bedrängenden Charakter zugleich. Von dieser in sich doppeldeutigen Natur dependieren die menschlichen Wissens- und Handlungsformen. Aus dem Versuch, ihre Antriebspotentiale und deren Verankerung in der Natur zu erklären, folgt nicht, daß man die Rolle des Irrationalisten spielt –

Präsenz bewußter und unbewußter Tätigkeit des Ich hat Schelling allein das ästhetische Produkt charakterisiert. Vgl. Freud (3), S. 253.
25 Schelling (III), S. 430.

dies muß gegen die Interpretationen Schellings betont werden, die ihn unbesehen mit dieser Rolle belasten. Daß das Gedankengefüge des Transzendentalsystems zum Ziel hat, irrationale Antriebsmotivationen menschlichen Wissens und Handelns zu entschlüsseln, wurde durch die Einführung des Unbewußten betont. Schelling hat es in einen Kontext gerückt, der allein für ihn bezeichnend ist: »Für wen es z. B. in aller Tätigkeit des Geistes nichts Bewußtloses gibt, und keine Region, außer der des Bewußtseins, wird so wenig begreifen, wie die Intelligenz in ihren Produkten sich vergesse, als wie der Künstler in seinem Werk verloren sein könne. Es gibt für ihn kein anderes, als das gemeine moralische Hervorbringen, und überall kein Produzieren, in welchem Notwendigkeit mit Freiheit vereinigt ist.«[26] Diese angestrebte Vereinigung von Notwendigkeit und Freiheit hat zu ihrer Bedingung die Kenntnis dessen, was zu vereinigen ist. An ihr läßt sich die Schwierigkeit des Zusammenfalls triebgesteuerten Handelns mit einem, das auf reiner Selbstbestimmung beruht, ermessen. Die paradoxe Situation, vor die sich ein Handeln gestellt sieht, das sich auf die Intention reiner Selbstbestimmung beruft, ist die, daß ihm eine Reihe von Handlungen vorausgeht, welche selbst wiederum von der Natur in Form äußerer und innerer Einwirkung in Gang gesetzt ist.

Leben und die Stellung des intelligenten Ich in ihm hat Schelling im Verhältnis zur Doppeldeutigkeit der Natur als einen Kampf gegen den Naturlauf bestimmt, so wie das intelligente Ich einen beständigen Kampf um sein Bewußtsein führen muß.[27] Innerhalb des Transzendentalsystems hat er auf diesem Hintergrund dann seine praktische Philosophie zu errichten versucht. Ihr Rahmen richtet sich auf einen Gegenstandsbereich, der zum Zweck hat, das auseinanderstrebende Leben und das sich zersplitternde Ich durch Rechtsinstitutionen wenigstens vorläufig zu stabilisieren. Die divergierenden Tendenzen beider müssen durch den Zwang einer Notwendigkeit zusammengehalten werden.

26 (III), S. 430.
27 Vgl. (III), S. 496.

Allein an dem »Mechanismus der Natur« aber kann sich die prekäre Struktur beider nach Schellings Überzeugung kontrollieren lassen. In bezug auf die Geschichte und das Handeln der menschlichen Gattung in ihr hat er den Antagonismus von natürlicher Notwendigkeit und freier Willkür, durch den dieses Handeln charakterisierbar ist, als die »Entwicklung eines Schauspiels«[28] beschrieben. Es hat in der Doppeldeutigkeit der Natur seinen Grund. Sie wirkt in Form einer Gesetzmäßigkeit fort, die sich den Handelnden als Macht des Schicksals darstellt. Schelling hat sie freilich am Ende so interpretiert, als entwickle sie sich absichtslos zu einem Punkt der Identität von Notwendigkeit und Freiheit, welcher seinerseits durch menschliches Agieren gezielt hergestellt werden soll. Die Kenntnis dieser Geschichtsentwicklung setzt jedoch auch nach ihm die Transparenz der antagonistischen Strebungen in der Spitze des Bewußtseins, dem Ich, voraus, wenngleich beide parallel zueinander verlaufen. Auch im Verhältnis zur Geschichte ist der »lichte Punkt« ihres Ganges das menschliche Selbstbewußtsein. Eine klare Erkenntnis seiner Synthesis der Erfahrung wäre gleichbedeutend mit der Durchdringung dessen, was ihm als Geschichte fremd und äußerlich erscheinen mag.

Die Bedingungen dafür, daß sich die menschliche Gattung innerhalb einer Reihe von Handlungen vorfindet, welche die Geschichte ausmachen, sind in der Synthesis der Erfahrung im Selbstbewußtsein, auch wenn es in der Form eines Ich auftritt, schon enthalten. Wenn das Ich die Realität empfindet und das Gleichgewicht dieses Vorgangs ein gestörtes ist, stößt seine Aufmerksamkeit auf die Grenze seiner eigenen Kompetenz. Es findet sich begrenzt, ohne den Grund seiner Begrenzung angeben zu können. Sie wird ihm als Schmerz fühlbar, der ihm von Instanzen zugefügt wird, die es nicht erkennen kann. Die Registrierung eigener Begrenztheit ist für das Ich ein seelisches Ereignis, dessen Schmerz eine Kette von Handlungsformen induziert, durch welche es von einem bloßen Objekt, auch dem des Schmerzes, unterschieden werden kann. Ein bloßes Objekt kennt kei-

---

28 Vgl. (III), S. 598 f.

ne Empfindung; wäre das Ich aber nur Objekt, dann könnte nicht von ihm eine Handlungsreihe ausgehen, welche die Begrenzung der Erfahrung in der Empfindung zu durchbrechen versucht. Was dem Ich also in seiner Begrenzung an Schmerz eingeritzt wird, hinterläßt nicht nur seine Spur an ihm selbst, sondern zwingt es zu eigener Produktivität.

Die Erfahrung der Grenze eigener Kompetenz erzwingt die Einsicht, daß ihr Grund entweder in einer Realität liegt, zu der die Reichweite des empfindenden Ich nicht vorstößt, oder in Handlungen, die als vergangene innerhalb dieser Reichweite nicht festgehalten werden konnten. In beiden Fällen ist die Härte, durch welche sich die Grenze der Erfahrung fühlbar macht, unabhängig von der Kraft, die dem Ich verfügbar ist: »Dafür nun, daß uns die Begrenztheit erscheine als etwas von uns Unabhängiges, nicht durch uns Hervorgebrachtes, dafür ist durch den Mechanismus des Empfindens, dadurch gesorgt, daß der Akt, wodurch alle Begrenztheit gesetzt wird, als Bedingung alles Bewußtseins, selbst nicht zum Bewußtsein kommt.«[29] Nicht nur die Natur ist dieser Einsicht gemäß als die Vorgeschichte des Ich zu verstehen. Auch dasjenige, was es aus dem Bereich seiner Fühlbarkeit verloren hat, was für es vergangen und vergessen ist, ist dieser Vorgeschichte zuzurechnen. Beider Wirksamkeit aber vollzieht sich unterhalb des sich empfindenden Ich und seiner Erfahrung der Wirklichkeit. Jedoch sind sie die Bedingungen der erkennenden Kraft des intelligenten Ich.

Mit der Einsicht in die Grenze der Erfahrung, die das Ich als empfindendes macht, ist zugleich der Unterschied gesetzt, vermöge dessen sich die Wirklichkeit in eine innere und äußere teilt. In dem in empfindendes und empfundenes zersplitterten Ich ist diese Teilung schon wirklich. Sie wird durch die produktive Anschauung manifest gemacht, denn deren entscheidendes Merkmal besteht darin, daß sich das Ich als produktiv tätig erweist, daß es also nicht in Verhaltensreaktionen auf äußere Erregungsursachen aufgeht. In der produktiven Anschauung reißt sich das

29 (III), S. 409.

Ich von der blinden Tätigkeit los, in der es sich als empfindendes vorfindet. Es ist ein Gewaltakt und ein Akt der Befreiung zugleich, in dem das geschieht. Schelling hat, um diese Tätigkeit zu bezeichnen, von einer Anschauung in der zweiten Potenz gesprochen, d. h. daß sich in ihr das Ich in seiner Begrenztheit selbst ergreifen kann, unter der es als empfindendes nur zu leiden gezwungen ist. Nach ihm ist dieses Anschauen »also ein Anschauen in der *zweiten* Potenz, oder was dasselbe ist, ein *produktives Anschauen*«.[30] In ihm hat das Ich den ersten Schritt zur Intelligenz getan.

Dieser Schritt setzt voraus und enthält eine Reihe von Handlungen, in denen der Handlungsträger als Instanz auftritt, welche die äußere Wirklichkeit und die inneren Antriebsmotivationen aus ihrem Handeln verdrängt. Die Anschauung ist als Tätigkeit durch die Doppeldeutigkeit von Produktivität und Verdrängung gekennzeichnet. Verdrängt werden jene Kräfte aus dem Ich, die es zum leidenden gemacht haben, wie es in der Empfindung der Fall ist. Das verdrängte Material jedoch muß seinerseits als produktiv, also dynamisch strukturiert, betrachtet werden. Vermöge dieser dynamischen Struktur bleibt es für das Ich tätig, ohne daß diese Tätigkeit vom Ich erkannt werden kann. Aus diesem Grund hat Schelling Natur mittels der Deutungsschemata teleologischer Kausalität zu erfassen versucht. Die Analyse der Verdrängungstätigkeit des Ich aber steht selbst im Kontext des Erkenntnisinteresses, welches das Transzendentalsystem leitet: Wie kann einerseits natürliche Objektivität zur Tätigkeit des intelligenten Ich hinzukommen, und wie kann andererseits der Objektivitätsgehalt der Natur dazu treiben, sich in die intelligente Tätigkeit des Ich zu übersetzen; gibt es also ein Produkt, das auf der Aktivität des Ich beruht, das als Beweis dafür betrachtet werden kann, daß diese beiden Seiten als gegensätzliche Struktur des Ich sich nicht nur gegenseitig den Schmerz der Erfahrung zufügen, sondern sich zum Gleichgewicht plastischer Ruhe zusammenschließen? Auch in der Selbstproduktivität der Anschauung

30 (III), S. 426.

liegt der Grund der Verdrängungsbewegung gegenüber den Widerständen, die den Schmerz der Empfindung verursachen, nicht selbst im Bewußtsein. Damit ist er auch dem Ich entzogen. Schelling hat die Materialität, die aus dessen Kompetenz verdrängt ist, mit dem neutralen Begriff des Dings an sich bezeichnet: »Ebensowenig als die äußere Anschauung als Akt, kommt auch das Ding an sich im Bewußtsein vor, es ist, durch das sinnliche Objekt aus dem Bewußtsein verdrängt, bloß ideeller Erklärungsgrund des Bewußtseins, und liegt, wie das Handeln der Intelligenz jenseits des Bewußtseins.«[31]

Die Annahme eines Dinges an sich durch Kant, das den menschlichen Erkenntniskräften nur als Erscheinung präsent werden kann, interpretierte er als den Versuch, zu demonstrieren, »daß der Grund des im Bewußtsein vorkommenden Objekts nicht selbst wieder im Bewußtsein liegen könne«.[32] Freilich liegt es für ihn nicht außerhalb jeder Möglichkeit von Erfahrung, sondern nicht innerhalb der Grenzen, in denen sich das Bewußtsein in bestimmten Konstellationen bewegt. Vielmehr ist es seine Überzeugung, daß diese Grenzen hinfällig geworden sind, wenn sich das Bewußtsein in der Objektivität des Kunstprodukts anschauen kann.

Neben die Verdrängung einfacher Materialität aus dem Bewußtsein tritt jene, welche Handlungen des Ich unterbricht und aus seiner Kompetenz fallen läßt. Ihre Wirklichkeit wird vom Ich vergessen; sie tritt ihm erst wieder vor sein Bewußtsein, wenn es sich erinnern kann. Dies aber setzt voraus, daß die Spitze des Bewußtseins, das Ich, in der Lage ist, seine Handlungen so zu interpretieren, daß sie sich innerhalb einer Zeitreihe ereignen: »Es ist eine Frage, der der Idealist nicht entgehen kann, wie er denn dazu komme, eine Vergangenheit anzunehmen ... Das Gegenwärtige erklärt sich jeder aus seinem Produzieren, aber wie kommt er zu der Annahme, daß etwas war, ehe er produzierte?«[33] Auch diese Reihe, die sich am Bewußtsein des Ich vollzieht,

31 (III), S. 461.
32 (III), S. 461.
33 (III), S. 487.

hat eine Basis, die in ihm nicht immer präsent bleiben kann. In diesem Sinne entwickelt sie sich objektiv: »ihr Grund liegt nicht in meinem freien und bewußten Denken, sondern in meinem bewußtlosen Produzieren«.[34]

Schelling hat die sich selbsttätig entwickelnde Struktur unbewußter Produktivität, um den Charakter ihrer Objektivität zu betonen, in den Gestalten der organischen Natur aufzuweisen versucht. Wichtig jedoch ist in dem hier vorgetragenen Zusammenhang, daß er zugleich davon ausging, auch die naturwüchsige Logik psychischer Realität sei durch sie bestimmt. Dies bedeutete für ihn, daß sie anhand eines Modells nicht begriffen werden kann, in dem sie mit der Selbstreflexion eines Wissens- und Handlungsträgers identisch gesetzt wird. Schon das einfache Gefühl eigener Körperlichkeit kann in diesem Modell nicht angemessen erfaßt werden. An die Stelle des Reflexionsmodells hat Schelling dagegen das der Identität natürlicher und intelligenter Kräfte des Trägers von Wissen und Handeln im Unbewußten gesetzt: »insofern die Intelligenz bewußtlos produziert, ist ihr Organismus mit ihr unmittelbar identisch, so daß, was sie äußerlich anschaut, ohne weiteres durch den Organismus reflektiert wird«.[35]

Innerhalb des Rahmens, der die Synthesisfunktion des Selbstbewußtseins, seiner strukturellen Merkmale und seiner Genese, charakterisieren soll, müssen sich diese Phänomene lokalisieren lassen, ohne daß sie vermittels eines Reflexionsmodells interpretiert werden. Durch die Annahme einer Identität, die im Medium des Unbewußten den Figuren des Bewußtseins vorausliegt, kann sich deren Materialität aber in Deutungsschemata des Bewußtseins übersetzen lassen. Am Phänomen des Schlafs und des Traums hat Schelling darauf verwiesen, daß es die Reflexion als Form des Bewußtseins ist, welche unterbrochen ist, daß jedoch das Kontinuum psychischer Realität in den Formen unbewußten Produzierens weiterbesteht: »Im Schlafzustand z. B. wird nicht das ursprüngliche Produzieren aufgehoben, es ist die freie Re-

34 (III), S. 472.
35 (III), S. 499.

flexion, die zugleich mit dem Bewußtsein der Individualität unterbrochen wird.«[36] Das wache Bewußtsein dieser Individualität ist bereits eine Bewußtseinsleistung, die die Möglichkeit intersubjektiven Handelns eröffnet. Denn erst, wenn sich das Bewußtsein zur Individualität geformt hat, ist die Bedingung gegeben, daß es sich nicht nur narzißtisch auf sich selbst richtet, sondern sich in intersubjektivem Agieren anschauen kann. In dieser Anschauung der Welt ist zugleich das Band der Identität von Natur und intelligenter Welt nicht nur für die einzelne Individualität zerschnitten, das Gleichgewicht beider ist für die menschliche Gattung nur als Forderung präsent.

Diese Individualität ist es, welche den Punkt markiert, der das Reich der Natur nicht von dem der Freiheit, sondern, wie Schelling sagt, von dem der zweiten Natur scheidet. Ihr stellt sich die organische Natur nun in Form gesellschaftlicher Organisationen dar, ihre Vergangenheit spiegelt die Geschichte der menschlichen Gattung, die Verdrängung natürlicher Antriebspotentiale aus dem Bewußtsein erscheint jetzt in Form der Macht des Schicksals, gegen die Recht und Gesetz errichtet werden. Für das intelligente Ich beginnt diese neue Welt daher auch mit dem Schicksal des Idealisierens: »Die Intelligenz wird jetzt nicht aufhören zu produzieren, aber sie produziert mit Bewußtsein, es beginnt hier also eine ganz neue Welt, welche von diesem Punkt aus ins Unendliche gehen wird. Die erste Welt, ... d. h. die durch das bewußtlose Produzieren entstandene, fällt jetzt mit ihrem Ursprung hinter das Bewußtsein gleichsam. Die Intelligenz wird also auch nie unmittelbar einsehen können, daß sie jene Welt gerade ebenso aus sich produziert, wie diese zweite, deren Hervorbringung mit dem Bewußtsein beginnt. Ebenso wie aus dem ursprünglichen Akt des Selbstbewußtseins eine ganze Natur sich entwickelte, wird aus dem zweiten, oder dem der freien Selbstbestimmung eine zweite Natur hervorgehen.«[37] Die Lösung der Produktivität des Ich aus der Einheit mit seiner Natur wird von diesem bereits im Akt der Reflexion vollzogen.

36 (III), S. 506.
37 (III), S. 537.

118

In ihm werden die begrifflichen Mittel der Erkenntnis von dem zu erkennenden Material getrennt; es ergibt sich das Wechselverhältnis von Erkenntnisträger und zu erkennender Wirklichkeit, das sich in Begriffen der Relation ausdrücken läßt. Schelling hat dies als den Vorgang der Trennung des Subjekts der Erkenntnis von seinem Objekt beschrieben. Durch diese Trennung ist für das Ich die Fähigkeit gesetzt, zu urteilen und sich im Akt des Urteilens von den zu beurteilenden Inhalten zu distanzieren. In ihm ist der Unterschied zwischen äußeren Dingen und der Anschauung des intelligenten Ich gemacht: »Daß sie also von der Seele sich gleichsam ablösen, und in den Raum außer uns treten, ist nur durch die Trennung des Begriffs vom Produkt, d. h. des Subjektiven vom Objektiven überhaupt möglich.«[38] Wie vor ihm Hölderlin und nach ihm Hegel hat er die trennende Tätigkeit des Urteilens aus dem Wort Urteil abgeleitet. Die Handlung des Urteilens ist für ihn eine Tätigkeit, »welche durch das Wort *Urteil* sehr expressiv bezeichnet wird, indem durch dasselbe zuerst getrennt wird, was bis jetzt unzertrennlich vereinigt war, der Begriff und die Anschauung«.[39]

Auf der Distanzierung des Trägers von Wissen und Handeln von der unmittelbaren Verbundenheit mit der Natur in der Anschauung beruht der Begriffsrahmen, in dem sich von Absichten geleitetes praktisches Handeln darstellen läßt. Sein Ausgangspunkt ist nicht die Materialität von Empfindung und Anschauung, sondern von Bewußtseinsformen, aus denen materiale Antriebspotentiale verdrängt sind. Mit der subjektiven Gewißheit, sie hätten für das Bewußtsein keine Geltung, beginnt die Reihe der Handlungen, die Schelling als idealisierende gekennzeichnet hat.

Für das Bewußtsein und seine Spitze, die Individualität, stellt sich dieser Anfang als Nullpunkt der Erfahrung dar. Um über ihn hinauszukommen, ist es gezwungen, sich in die Dialektik von idealisierender und realisierender Tätigkeit zu verwickeln. In der einen gibt es sich allgemein verbindliche Gesetze des Han-

38 (III), S. 507.
39 (III), S. 507.

delns, in der andern versucht es, sie zu verwirklichen: »Die praktische Philosophie beruht sonach ganz auf der Duplizität des idealisierenden (Ideale entwerfenden) und des realisierenden Ichs. Das Realisieren nun ist doch wohl auch ein Produzieren, als dasselbe, was in der theoretischen Philosophie das Anschauen ist, nur mit dem Unterschied, daß das Ich hier mit Bewußtsein produziert, sowie hinwiederum in der theoretischen Philosophie das Ich auch idealisierend ist, nur daß hier Begriff und Tat, Entwerfen und Realisieren eins und dasselbe ist.«[40] Demnach ist die Welt, welche Schelling als zweite Natur bezeichnet hat, nicht nur, wie sich verschärft formulieren läßt, durch die »Duplizität« derjenigen Kräfte des Ich bestimmt, die als idealisierende und realisierende gesehen werden müssen, sondern durch deren Antagonismus. In der idealisierenden Tätigkeit setzt sich die progressive Tendenz des im Rahmen der theoretischen Vernunft begriffenen Ich fort, in der realisierenden ist es als handelndes gezwungen, sich auf die Gesetze der Natur, in Gestalt der ersten und der zweiten, als seine Widerstände zu beziehen. Dieser Antagonismus objektiviert sich als Gegensatz zwischen der Freiheit der handelnden Individualität und ihrer Organisation. Was in diesem Gegensatz als Korrektiv subjektiver Freiheit erscheint, sind die Gesetze der zweiten Natur. Dieser Gegensatz macht die Dialektik von Erweiterung und Einschränkung der Erfahrung aus, welche das praktische Leben der Individualität kennzeichnet.

Der zwanghafte Charakter dieser Dialektik zeigte sich auf dem Gebiet der theoretischen Philosophie darin, daß sich das Ich auf eine Reihe von Handlungen verwiesen sah, zu deren Folge es nichts beitragen konnte. Auf dem Gebiet der praktischen Philosophie sind es für die Individualität die anderen Individuen, an denen sich der zwanghafte Charakter der Grenze eigener Tätigkeit erweist. Sie ist dadurch gesetzt, daß das Individuum sich im Akt des Wollens zwar auf sich allein bezieht, sich als Agent jedoch zugleich eine Schranke aufbaut, durch welche sein ins Unendliche gehender Trieb zur Selbstbestimmung gehemmt wird. Diese Grenze ist die gesellschaftliche Organisation; in ihr muß

40 (III), S. 536.

das Wollen eines einzelnen Individuums mit dem der anderen koordiniert werden. Dieser Vorgang tritt als Zwang für die Freiheit des einzelnen Individuums in Erscheinung, der ihm durch die gesellschaftliche Organisation auferlegt wird. Schelling hat ihn als Schmerz in der »allgemeinsten Bedeutung«[41] bezeichnet. Es ist ein Schmerz, der dem Menschen als Gattungswesen angetan wird, so wie die Formation der Erfahrung der Seele des einzelnen Ich eingeritzt worden ist. Und so wie der Schmerz, der dem Ich zugefügt wird, die Bedingung seines fortdauernden Bewußtseins ist, so ist die Instanz, durch welche Zwang auf den Menschen als Gattungswesen ausgeübt wird, das Recht, die Bedingung der fortdauernden Existenz dieses Wesens. Die Notwendigkeit rechtlicher Zwangsinstanzen aber läßt sich aus der bemerkten Doppeldeutigkeit der menschlichen Natur ableiten. Durch sie werden die natürlichen Antriebspotentiale des Handelns in der Interaktion zur Verläßlichkeit sublimiert. Blieben sie ihrer eigenen Logik überlassen, dann ergäbe sich nach Schellings Überzeugung als Resultat des Widerspruchs zwischen einem Handeln, das sich ungehemmt seinen Antriebspotentialen überläßt, und einem, das sich nach Maßgabe des Realitätdruckes vollzieht, statt einer gesellschaftlichen Organisation das Chaos. Die rechtliche Organisationsform der Gesellschaft ist ein Instrument »eiserner Notwendigkeit«, das sich gegen diese drohende Zersplitterung der Gesellschaft handhaben läßt. In ihr wäre allgemein geworden, was schon die Struktur einer einzelnen Individualität ausmacht. Um sich gegen die Wirksamkeit der Gesetze der ersten Natur im Handeln des Ich, das sich zur Individualität gebildet hat, zu sichern, muß eben die Organisation der zweiten Natur errichtet werden. Durch sie soll der Zufall, der das bewußte Handeln der Individualität verunsichert, kanalisiert werden.

Im Recht, so ließe sich sagen, ist das absolute Ich zur allgemeinen Objektivität geworden. Seine paradigmatische Organisationsform ist der Staat. Er wird durch die prekäre Interaktion der Individuen untereinander, den Zustand der Not, erzwungen.

41 Vgl. (III), S. 571.

Wenngleich die Konstruktion des Staates im Transzendental-system deutlich liberale Züge trägt[42], kann er auch in ihm nicht als endgültige Erscheinung der Freiheit gewertet werden. Allein er hat in seiner rechtlichen Organisation Freiheit wenigstens zum Zweck.

Deshalb markiert die rechtliche Organisationsform eine Stufe der Erfahrung, die höher zu bewerten ist als jene, die an den organischen Zusammenhang mit der ersten Natur gebunden ist. Schelling folgert daraus: »Es muß eine zweite, und höhere Natur gleichsam über der ersten errichtet werden, in welcher ein Na-turgesetz, aber ein anderes, als in der sichtbaren Natur herrscht, nämlich ein Naturgesetz zum Behuf der Freiheit. Unerbittlich, und mit der eisernen Notwendigkeit, mit welcher in der sinnli-chen Natur auf die Ursache ihre Wirkung folgt, muß in dieser zweiten Natur auf den Eingriff in fremde Freiheit der augen-blickliche Widerspruch gegen den eigennützigen Trieb erfolgen. Ein solches Naturgesetz ... ist das Rechtsgesetz, und die zweite Natur, in welcher dieses Gesetz herrschend ist, die Rechtsverfas-sung.«[43]

In der Ableitung des Rechts kommt wiederum die Zwiespältig-keit zum Ausdruck, welche den Schellingschen Naturbegriff, we-nigstens innerhalb des Transzendentalsystems, kennzeichnet. Die Institutionalisierung hat eine entlastende Funktion gegenüber naturwüchsigen Zwangserscheinungen, auf denen sie gleichwohl aufruht. Weil der Naturstand, zu dessen Regulierung sich das Recht in der Form staatlicher Organisation etablieren muß, ein Stand der Not menschlichen Lebens ist, kann auch die mit ihm verbundene Form der zweiten Natur nicht die endgültige Er-scheinung der Freiheit sein. Sie kann als »eine Ordnung, welche die Not gestiftet hat«[44], nicht von Dauer sein. Im Rechtsgefüge, so meint Schelling, versucht sich die Gesellschaft zwar vor der Übermacht des Naturstandes zu retten, aber es liegt in ihm der

42 Vgl. Habermas (2), S. 108 ff.
43 (III), S. 583.
44 (III), S. 585.

Keim seiner eigenen Auflösung. Es setzt sich in der zweiten Natur die antagonistische Struktur der ersten fort, in deren Kontext die sich widerstrebende Struktur des Ich zu lokalisieren ist. Die Sicherheit der nach Prinzipien der Realität organisierten Gesellschaft bleibt durch die Unsicherheit ihrer natürlichen Basis gefährdet. Für Schelling fallen sie nicht auseinander, wenn den Erscheinungen der Freiheit, die als ganze die Formen der Geschichte charakterisieren und sich im Verhältnis des Gegensatzes zur menschlichen und außermenschlichen Natur bewegen, eine ihnen selbst undurchsichtige Notwendigkeit unterlegt wird, nach deren Logik sie sich entfalten. Diese Notwendigkeit, meint er, ist es, »welche zu der Freiheit objektiv das hinzubringt, was durch sie allein nie möglich gewesen wäre«.[45]

Mit dieser Voraussetzung ist die zweite Seite dessen verbunden, wodurch Schelling den Mechanismus der Natur bezeichnet hat. Natur ist teleologisch strukturiert. Seiner Meinung nach vollzieht sich ihre Entwicklung zwar nach Gesetzen, die vom menschlichen Bewußtsein unabhängig sind, aber der kausale Mechanismus, welcher diese Entwicklung charakterisiert, muß nach dem Muster teleologischer Kausalität beurteilt werden. Der Nachdruck, den Schelling auf dieses Muster als Deutungsschema natürlicher Vorgänge legte, wird besonders in seiner Theorie des Naturorganismus deutlich. Die Entwicklung der organischen Natur vollzieht sich ihm zufolge zwar nach einer immanenten und bewußtseinsunabhängigen Zweckmäßigkeit, aber die natürliche Realität ist, so läßt sich ein Satz aus Schellings »Abhandlungen« zu Fichtes Wissenschaftslehre umschreiben, ein Bild für den verschlungenen Zug der psychischen.

In Anlehnung an die Kantische Konzeption einer Naturteleologie sind Schellings naturphilosophische Versuche entstanden. Den beiden großen Kritiken gegenüber hat die dritte Kritik von Kant den entscheidenden Einfluß auf seine eigene theoretische Konzeption behalten. Kant war es auch, der im § 65 der dritten Kritik den Begriff der Organisation mit dem Blick auf die durch

45 (III), S. 587.

die Französische Revolution geschaffenen Rechtsverhältnisse für ein gesellschaftliches System gebrauchte, das sich nach immanenter Zweckmäßigkeit reguliert: »Denn jedes Glied soll freilich in einem solchen Ganzen nicht bloß Mittel, sondern zugleich auch Zweck, und, indem es zu der Möglichkeit des Ganzen mitwirkt, durch die Idee des Ganzen wiederum, seiner Stelle und Funktion nach, bestimmt sein.«[46] Dieses System benannte er mit dem Terminus des Staatskörpers; gleichwohl darf das durch ihn repräsentierte Leben keinen mechanischen Charakter haben, denn dann wären seine Glieder nur Mittel zu ihnen äußerlichen Zwecken. Schelling hat die Klarheit der Kantischen Argumentation, die in Verbindung mit der praktischen Philosophie gesehen werden muß, durch seine naturphilosophischen Spekulationen verdunkelt. Gleichwohl hat er den Topos organischer Organisation eingeführt, um zu zeigen, daß gesellschaftliches Leben nur da wirklich ist, wo es in Übereinstimmung mit menschlicher und außermenschlicher Natur geführt werden kann.

Dies aber ist dort der Fall, wo das Gleichgewicht zwischen den Gesetzen der Natur und denen der Freiheit hergestellt ist. In der paradigmatischen Organisationsform der Gesellschaft, dem Staat, ist dieses Gleichgewicht jedoch nur auf vorläufige Weise erreicht. Keiner Organisationsform des Lebens kann dies nach Schelling gelingen, die in sich die Notwendigkeit enthält, sich durch Zwang gegen seine widerstrebenden Bereiche durchzusetzen. Wie im »Systemprogramm« ist deshalb der Staat auch im Transzendentalsystem als Maschine gekennzeichnet, in deren Reichweite absolute Freiheit nicht gedacht werden kann. Obgleich, wie Schelling bemerkt, »diese Maschine von Menschenhänden gebaut und eingerichtet ist, muß sie doch, sobald der Künstler seine Hand davon abzieht, gleich der sichtbaren Natur ihren eignen Gesetzen gemäß, und unabhängig, als ob sie durch sie selbst existierte, fortwirken«.[47] Mit naturwüchsiger Logik also wirkt ihre Macht fort. Die Erklärung rechtlicher Organisationsformen der Gesellschaft nach Prinzipien der Organismusleh-

46 Kant (V), S. 487.
47 Schelling (III), S. 584.

re enthält also nicht nur eine Ästhetisierung der politischen Lebensformen, mag sie dadurch auch entscheidend bestimmt sein. Und eingestandenermaßen ist das Schellingsche Korrektiv gegenüber der ersten und zweiten Natur das Gleichgewicht beider im Reich der Kunst als dem der realisierten Freiheit. Auch der Vorwurf der »Naturalisierung der Geschichte« kann nicht unbesehen als Romantizismus Schellings gewertet werden[48], denn selbst in ihren exemplarischen Erscheinungsformen wie rechtlich gesicherten Institutionen bleiben natürliche Handlungsmotive unter der Oberfläche moralischer Rationalisierungsformen wirksam.

Es ist freilich nicht anarchistischer Aktivismus, der, wie im »Systemprogramm«, von den Trägern des Handelns der Staatsmaschine gegenüber gefordert wird. Er wäre nur einem Ich möglich, das in allen seinen Handlungen allein sich selbst zum Zwecke haben darf. Innerhalb der Deutung gesellschaftlicher Organisationsformen als organischer aber ist die Kompetenz, welche das Handeln dieses Ich bestimmt, gegenüber den in ihm wirkenden unbewußten Antrieben entscheidend eingeschränkt. Die Organismustheorie – das ist die hier vertretene These – wird dort relevant, wo die normative Kraft des absoluten Ich gegenüber der normativen Gewalt faktisch wirksamer Zusammenhänge der ersten und der zweiten Natur zurückgetreten ist. Es treten in diesem Vorgang jedoch Antriebspotentiale seines Handelns hervor, die nur dem oberflächlichen Blick als Formen erscheinen können, in denen sich das menschliche Bewußtsein selbst bestimmt hat. Noch in seinen Münchner Vorlesungen hat Schelling deshalb die Bewegung, in der sich die Aufklärung dieser Antriebspotentiale des Handelns zu vollziehen hat, folgendermaßen zusammengefaßt: »Die Philosophie mußte in die Tiefen der Natur hinabsteigen, nur um sich von dort aus zu den Höhen des Geistes zu erheben.«[49] Diese so charakterisierte Bewegung setzte mit sich neben der Auf-

48 Das geschieht in der Argumentation Sandkühlers, weil in ihr nicht auf die Komplikationen einer Bewußtseinstheorie eingegangen wird; vgl. (1), S. 124.
49 Schelling (X), S. 107.

klärung der Tiefenstruktur menschlicher Antriebspotentiale die Aufklärung der Geschichte des Ich, seiner, wie es ebenfalls in den Vorlesungen heißt, »transzendentalen Vergangenheit«.[50] In bezug auf das Ich hat eine so charakterisierte Philosophie die Aufgabe, ihm seine Erfahrung in Form der Anamnese plausibel zu machen. Sie ist »für das Ich nichts anderes als eine Anamnese, Erinnerung dessen, was es in seinem allgemeinen (seinem vorindividuellen) Seyn gethan und gelitten hat«.[51]

In bezug auf das Bewußtsein der menschlichen Gattung, das sich in der Anschauung der Welt dem Individuum bildet, hat die Geschichte die Stelle, welche der Vergangenheit im einzelnen Bewußtsein und seiner exemplarischen Form, dem Ich, zukommt. Jede Konzeption eines Klassenbewußtseins z. B., das in seinen Aktionen die menschliche Gattung repräsentieren soll, setzt die präzise Kenntnis der Motive des Handelns voraus, die sich durch diesen Unterschied ergeben. Sinnvoll kann von ihm nur gesprochen werden, wenn es sich auf eine Erscheinung beziehen läßt, die hier mit dem Terminus der Individualität bezeichnet worden ist, denn in ihr verbinden sich die Merkmale, die dem Ich als Einzelwesen und als Repräsentant der menschlichen Gattung zugeschrieben werden müssen. Mit dieser Unterscheidung erst ist die Notwendigkeit verbunden, eine Entwicklungstendenz der menschlichen Gattung und der Geschichte anzunehmen. Für Schelling fällt sie mit der sukzessiven Entfaltung einer im Ich angelegten Potentialität zusammen. Diese Potentialität war als Synthesis der Erfahrung im Selbstbewußtsein bezeichnet worden. In der Geschichte ist sie vollendet, wenn sich die Momente des Schmerzes, die dem Ich im Prozeß der Bildung zur Individualität zugefügt werden, zur Synthesis des Selbstbewußtseins zusammengeschlossen haben. Die Voraussetzung, diese Synthesis sei prinzipiell möglich, kennzeichnet jeden auf idealistischer Basis unternommenen Versuch, die Einheit der Erfahrung zu konstruieren.

50 (X), S. 93.
51 (X), S. 95.

Im Rahmen des gesamten Erfahrungssystems kommt der Geschichte in praktischer Hinsicht der Charakter zu, welcher die Natur in theoretischer kennzeichnet. Geschichte besteht aus der Entwicklung der Interaktion zwischen den Mitgliedern der menschlichen Gattung. Weil aber in der Geschichte für jede Individualität eine Reihe von Handlungen vorausgesetzt ist, welche sie sowenig überblicken kann wie das Ich die Reihe seiner vergangenen Handlungen, kann Geschichte in ihren Erscheinungsformen nicht als durchsichtiger Zusammenhang der Freiheit interpretiert werden. Kontinuität kann es für die Mannigfaltigkeit geschichtlich wirksamer Handlungen der menschlichen Gattung nur geben, wenn sie auf einen Zustand bezogen werden können, dessen Einrichtung das Ideal der menschlichen Gattung als allgemein verbindliches Ziel der Geschichte ausmachen müßte. Die Verwicklungen, die sich für die menschliche Gattung in der Geschichte ergeben, spiegeln die Dialektik von idealisierender und realisierender Tätigkeit, welche das Handeln der Individualität charakterisiert. Da dieser Prozeß innerhalb der Geschichte und ihren Erscheinungen nicht zu Ende geführt werden kann, ist mit ihr zugleich in bezug auf diese Dialektik der Progreß ins Unendliche verbunden. Geschichte wäre erst an ihr Ende gelangt, wenn es den Gegensatz von idealisierender und realisierender Tätigkeit nicht mehr geben würde, wenn also die Grenzen der Erfahrung nicht mehr durch den Gegensatz von Natur und Freiheit bestimmt wären; an ihm nämlich hat die Dialektik von idealisierender und realisierender Tätigkeit ihr reales Substrat. Schelling hat diese Möglichkeit angedeutet: »In den Ideen der Philosophen endet die Geschichte mit dem Vernunftreich, d. h. mit dem goldenen Zeitalter des Rechts, wenn alle Willkür von der Erde verschwunden ist, und der Mensch durch Freiheit an denselben Punkt zurückgekehrt sein wird, auf welchen ihn ursprünglich die Natur gestellt hatte, und den er verließ, als die Geschichte begann«.[52] Innerhalb des Transzendentalsystems führt die Perspektive auf ein Reich, das jenseits von Natur und Geschichte

52 (III), S. 589.

liegt, zum Gedanken an eine Mythologie, die Schelling als neue dort lokalisiert, wo das System der Erfahrung des Selbstbewußtseins von Natur- und Geschichtsphilosophie nicht mehr ergriffen werden kann, – in der Philosophie der Kunst.

Da nach Schelling die Wurzel menschlichen Wissens und Handelns weder auf dem Gebiet der Theorie noch dem der Praxis selbst durchsichtig gemacht werden kann, wirken in beiden Formen Antriebspotentiale, die nur auf irrationale Weise zur Erscheinung kommen können. Auf dem Gebiet der Praxis zeigt sich dies in der Unsicherheit, der einen geschichtlich hervorgetretenen Rechtszustand durchherrscht. Das menschliche Gattungsindividuum ist der Agent dieser Unsicherheit. Umgangssprachlich wird auf sie in der Rede von Schicksal und Vorsehung verwiesen. In ihr ist die Tatsache bedeutet, daß jedes Rechtssystem zu jeder Zeit durch den Einbruch der Macht des Zufalls in die Instanzen seiner Organisation zerbrechen kann; denn das Handeln der menschlichen Gattung, das sich durch Institutionen von dem Druck unmittelbarer Realität entlastet hat, ist durch einen unaufgeklärten Rest an Motiven des Handelns bestimmt, ja Entlastungshandlungen haben als ihr entscheidendes Kriterium, daß sich in ihnen der Gegensatz von Natur und Freiheit nicht vereinen kann. »Entweder berufe ich mich auf eine *moralische* Weltordnung, so kann ich sie nicht als absolut objektiv denken, oder ich verlange etwas schlechthin Objektives, was schlechthin unabhängig von der *Freiheit* den Erfolg der Handlungen für den höchsten Zweck sichere, und gleichsam garantiere, so sehe ich mich, weil das einzig Objektive im Wollen das Bewußtlose ist, auf ein *Bewußtloses* getrieben, durch welches der äußere Erfolg aller Handlungen gesichert sein muß.«[53]

Unter dem Eindruck, die Etablierung eines Rechtszustandes beruhe auf Handlungen, die am Erfolg orientiert sind, die Wahl der Mittel erfolgsorientierten Handelns gingen jedoch in seine Zwecksetzungen nur auf irrationale Weise ein, wie umgekehrt seine Zwecke den ihm eigenen Mitteln äußerlich blieben, hat

53 (III), S. 597.

Schelling versucht, allein für die Anschauung in einem Produkt der Kunst das Gleichgewicht von Natur und Freiheit zu reklamieren. Allein in der anschauenden Tätigkeit, die sich in einem Produkt der Kunst objektiviert hat, so meinte er, kehrt Natur in unverdrängter Form wieder, so daß aller Antrieb zu produzieren aufhört und das menschliche Handeln deshalb nicht gezwungen ist, ziellos weiter tätig zu sein: »Aller Trieb zu produzieren steht mit der Vollendung des Produkts stille, alle Widersprüche sind aufgehoben, alle Rätsel gelöst.«[54]
Innerhalb der Geltung eines Rechtssystems aber ist das menschliche Bewußtsein nur als Bruchstück seiner Wünsche wirklich. Das hat Schelling anhand einer Allegorie anzudeuten versucht, deren Bedeutung allein Hegel innerhalb eines ihr adäquaten Begriffsrahmens ausgeführt hat. Er vergleicht die Geschichte mit einem Schauspiel, in dessen Aufführung die menschliche Gattung verstrickt ist: »Wenn wir uns die Geschichte als ein Schauspiel denken, in welchem jeder, der daran Teil hat, ganz frei, und nach Gutdünken seine Rolle spielt, so läßt sich eine vernünftige Entwicklung dieses verworrenen Spiels nur dadurch denken, daß es Ein Geist ist, der in allen dichtet und daß der Dichter, dessen bloße Bruchstücke (disjecti membra poëtae), die einzelnen Schauspieler sind, den objektiven Erfolg des Ganzen mit dem freien Spiel aller einzelnen schon zum voraus so in Harmonie gesetzt hat, daß am Ende wirklich etwas Vernünftiges herauskommen muß.«[55] Das Handeln der menschlichen Gattung bleibt trotz dieser harmonistischen Auflösung seiner Antagonismen durch eine Dialektik bestimmbar, welche auf dem Widerspruch subjektiver Interpretationen und objektiver Entwicklungstendenzen der Geschichte basiert: »Subjektiv..., für die innere Erscheinung handeln wir, objektiv handeln nie wir, sondern ein Anderes gleichsam durch uns.«[56]
Identisch sind die beiden Seiten von Wissen und Handeln für

54 (III), S. 615.
55 (III), S. 602.
56 (III), S. 605.

Schelling nur im Unbewußten. Die Konzeption des Unbewußten war es auch, anhand derer sich Schelling von der kritischen Transzendentalphilosophie entfernte. Denn obgleich das Selbstbewußtsein der »lichte Punkt« im System der Erfahrung ist, hat Schelling dennoch die Reichweite dieses Kerns der Erfahrung, des Ich, so eingeschränkt, daß ihm seine unbewußten Antriebsmotivationen in einer Weise vorausliegen, die es selbst nicht einholen kann. Mit der Auflösung des absoluten Ich als Zentrum menschlicher Aktivität in vor- und unbewußte Strukturen ist zugleich die Zerstörung der Autonomie des Trägers realisierender Tätigkeit verbunden[57], welcher der Kern des prak-

---

57 Ein ähnliches Faktum – innerhalb von Schellings Transzendentalsystem wird aufgrund seiner Wirksamkeit moralisch-politisches Handeln, das an einen sich selbst bestimmenden Handlungsträger gebunden sein muß, zugunsten ästhetischen Handelns, welches an das »Genie« als Handlungsträger gebunden ist, in den Hintergrund gerückt – kennzeichnet auch die Freudsche Metapsychologie und die durch sie angeleitete therapeutische Praxis. Obgleich innerhalb des Freudschen Modells die Funktion und die Genese des Ich einer ständigen Veränderung unterworfen sind, kann als entscheidend dennoch festgehalten werden, daß es innerhalb seines metapsychologischen Rahmens nicht als autonomes bestimmbar ist. Die berühmte und vielzitierte Passage aus der »Neuen Folge der Vorlesungen«: »Wo *Es war, soll Ich* werden« kann diesen Mangel nicht verdecken. Im Gegenteil, in ihr kommt zum Ausdruck, daß das Ich von Anfang an als eine Kraft verstanden wird, die vom Unbewußten zugedeckt ist. Die Formel bringt nichts anderes zum Ausdruck als die Voraussetzung der therapeutischen Praxis, die davon ausgeht, der Rückgang ins Unbewußte und seine Wiederholung bedeute bereits dessen Korrektur, das Ich aber könne nicht über seine unbewußten Determinanten hinausgreifen. Dieser entscheidende Mangel der Freudschen Metapsychologie hat sich in der unaufgeklärten Praxis der heutigen Psychoanalyse niedergeschlagen. Henry Ey hat ihn in bezug auf Freud klar bezeichnet: »Für Freud erlangt . . . das Ich auch dann keine Autonomie, wenn es zu einer Instanz des psychischen Apparats geworden ist. Es bleibt an seine eigenen unbewußten Verwurzelungen gekettet, an das Es und das Überich als Produkt einer unbewußten Identifikations- und Introjektionsarbeit. *Gefangener des Unbewußten,* verharrt es in der Verfassung konstitutioneller Heteronomie. Ganz in diesem Sinne beschreibt der *Abriß* Es und Überich als Gewichte einer Vergangenheit, die dem Ich durch Vererbung (Es) und Prägung (Überich) auferlegt werden, wobei dann der Spielraum des Ich ganz auf das Akzidentelle und Zufällige schrumpft. Im Grunde blieb das Ich für *FREUD* stets nur

tischen Erkenntnisinteresses gewesen ist, das sich in der kritischen Wissenschaftslehre artikulierte. Mit den Mitteln der Philosophie, ihrer theoretischen und praktischen Dimension, kann nach Schelling die Identität des Bewußtseins mit seinen unbewußten Strebungen nicht erfaßt und auch nicht hergestellt werden. Innerhalb ihres Bezugsrahmens kann an sie nur appelliert werden. Der unbewußte Motivationszusammenhang menschlicher Wissens- und Handlungsformen »soll nun aber doch wieder *ich* sein. Nun bin *ich* nur das Bewußte, jenes andere dagegen das Unbewußte. Also das Unbewußte in meinem Handeln soll identisch sein mit dem Bewußten.«[58] Identisch aber und zugleich zur Objektivität geklärt ist es in einem Produkt ästhetischer Anschauung. Erst auf seiner Folie läßt sich deshalb die Genese des menschlichen Selbstbewußtseins sukzessiv erzählen. Die Positivität dieser Erzählung hat Schelling als Gedankenfigur bis in seine späte Philosophie festgehalten. Gegenstand epischer Erzählung aber sind das »vorindividuelle Sein« des Ich, seine Natur und seine Geschichte, die den größten Teil seiner selbst ausmachen. In einem Produkt ästhetischer Tätigkeit strahlt er nach Schellings Meinung dem Anschauenden zurück. Deshalb ist die »ästhetische Anschauung die objektiv gewordene intellektuelle«.[59] Sie ist die objektivierte Zerreißung des Schleiers der Amnesie, der über den Formen des Wissens und des Handelns liegt. Der Abschlußteil des Transzendentalsystems kann als Versuch gewertet werden, in ihren Formen wiedererstehen zu lassen, was in den Formen der Natur und der Geschichte nicht erscheinen kann und deshalb verdrängt werden muß. Das ästhetische Produkt ist durch die Darstellung dessen, was in ihnen aus dem Bewußtsein ausgeschlossen ist, die Objektivation der Resurrektion des Verdräng-

ein Reflektor dessen, was das Wahrnehmungs-Bewußtseins-System ihm zuspielt. Es ist purer Erlebniszusammenhang, ganz auf das Realitätsprinzip festgelegt, und wenn *FREUD* bisweilen von seiner Organisation oder dynamischen Struktur spricht, so geschieht dies stets in einem Sinne, welcher *Autonomie ausschließt.«* Vgl. Ey (1), S. 220 f.
58 Schelling (III), S. 605.
59 (III), S. 625.

ten. Deshalb auch ist die Kunst als Resurrektion der verdrängten Natur zu verstehen.[60]

Im ästhetischen Produkt erst ist nach Schelling dem Trieb des Bewußtseins zur Produktivität Genüge getan, seine ins Unendliche gehende Tendenz hat aufgehört, das Bewußtsein zu Objektivationen seiner selbst zu treiben. Deshalb ist in ihm der Antagonismus zwischen der idealisierenden und der realisierenden Kraft des Ich zur Ruhe vereinigt. Das Kunstprodukt präsentiert die Einheit von Natur und Freiheit. Dieses Faktum versuchte Schelling dadurch auszudrücken, daß er dem Medium der Kunst die Synthesisfunktion zugestand, welche die Formen des Wissens und Handelns nicht haben: »Die Kunst ist eben deswegen dem Philosophen das Höchste, weil sie ihm das Allerheiligste gleichsam öffnet, wo in ewiger und ursprünglicher Vereinigung gleichsam in Einer Flamme brennt, was in der Natur und Geschichte gesondert ist, und was im Leben und Handeln ebenso wie im Denken ewig sich fliehen muß.«[61] Das Kunstprodukt ist die Erscheinung der Vereinigung des Gegensatzes von Natur und Freiheit, nicht nur in erinnerter, sondern durchgearbeiteter Form. In ihm ist der unendliche Progreß, der nach Schelling die Formen der Natur und die der Geschichte charakterisiert, zum Stillstand gekommen. Das hat er in einer Anmerkung hervorgehoben: »Das, was für das freie Handeln in einem unendlichen Progressus liegt, soll in der gegenwärtigen Hervorbringung eine *Gegenwart* sein, in einem Endlichen wirklich objektiv werden.«[62]

60 Darauf hat Marquard in seinem Versuch hingewiesen, die Schellingsche Ästhetik mit den Begriffen der psychoanalytischen Therapeutik zu interpretieren. Auch die philosophischen Interpretationen Freuds und seiner Metapsychologie versucht Marquard in diesen Versuch einzubringen. Deshalb hat er auf einen der zentralen Gedanken in der Freudinterpretation Marcuses hingewiesen: art is perhaps the most visible return of the repressed. Anhand der Verschärfung des Unbewußten zum Verdrängten, von der die Gedankenfigur der Wiederkehr des Verdrängten abhängig ist, und durch die Übersetzung dieses Terminus in Unterdrückung und Repression, ist ein vom ästhetischen Absolutismus eingeleiteter Gedankengang in den Kontext politischen Handelns übergegangen. Vgl. Marquard (3), S. 390; (2).

61 Schelling (III), S. 628.

62 (III), S. 615.

Nach der ausgeführten Systematik des ästhetischen Absolutismus ist es also allein die Dimension des Ästhetischen, welche die Erfahrung in einen konzisen und zugleich ungezwungenen Zusammenhang bringt. Ihn repräsentiert die Aura[63] jenes Produkts, zu dessen Hervorbringung eine Kraft erforderlich ist, welche die Wurzel des »ganzen Daseins«[64] ergreift; die unbewußten Antriebsmotivationen menschlicher Produktivität, die durch die Maschen theoretischer und praktischer Vernunft fallen, müssen also das auratische Kunstprodukt beleben. Darum schließt es die Reihe der Produktionen des Bewußtseins innerhalb von Schellings Systematik ab, deshalb wird es als der Zusammenfall seiner Vergangenheit mit der Gegenwart betrachtet. Darum darf das Kunstprodukt auch mit dem Prädikat der Aura beschrieben werden, denn mit ihm ist das Faktum der Nähe eines Fernen gemeint, wahrgenommen an einem Produkt, das auf der unmittelbar sinnlichen Tätigkeit des Menschen beruht. Sie ist als eine Produktivität, die zweckmäßig strukturierte Produkte hervorbringt, ohne an den Zwecken eines Handelns orientiert zu sein, das sich an seinem Erfolg kontrollieren lassen muß, deutlich von dem Mittelcharakter technischer Rationalität unterschieden. Sie hat sich selbst zum Zweck.

Dieser ästhetische Anarchismus ist es, der an die Stelle des politischen getreten ist, welcher noch die Argumentation des »Sy-

---

63 Die Merkmale, durch die Benjamin versucht hat, die Aura eines Kunstprodukts zu charakterisieren, um es von technisch reproduzierbaren Gegenständen abgrenzen zu können, stimmen bis ins einzelne mit denen überein, welche ihm Schelling, allerdings in anderer Absicht, zugeschrieben hat. Sie gruppieren sich alle um das entscheidende Kriterium seiner Echtheit und Einmaligkeit. Schelling war aufgrund der Tatsache, daß sich das Kunstprodukt und die Formierung seiner Materialität von technisch reproduzierbaren Gegenständen und den Mitteln ihrer Herstellung durch seine Einmaligkeit unterscheidet, zu der paradoxen Behauptung gezwungen, es gebe eigentlich nur »Ein Kunstwerk«, das sich in verschiedenen Exemplaren präsentiere. Benjamin versuchte den Zerfall dieser Einmaligkeit am Medium des Films zu demonstrieren. Von seinem Bezugsrahmen aus müßte Schellings Transzendentalsystem als der letzte große Versuch einer bürgerlichen Ästhetik gewertet werden. Vgl. Benjamin (1), S. 9 ff.
64 Schelling (III), S. 616.

stemprogramms« in Gang setzte. Es war als »Programm einer Ethik« konzipiert. Seine Basis ist daher das autonome Ich als Ausgangspunkt politischer Tätigkeit, es ist also mit Zwecksetzungen konfrontiert, die auch mit Erfolgskategorien beurteilbar sein müssen. Anders die sich selbst zum Zweck nehmende ästhetische Produktivität. Sie ist die anthropologische Basis für einen Zustand, dessen Darstellung die Zukunftsprojektion einer neuen Mythologie wäre. Obgleich der Prozeß der Erfahrung in der paradigmatischen Form menschlicher Aktivität, dem ästhetischen Produkt, abgeschlossen ist, demnach wirkliche und mögliche Erfahrung in ihm dargestellt sein müßte, schließt Schelling die Vermutung nicht aus, auf der Basis dieser Aktivität könne sich eine neue Welt erheben. Erst die neue Mythologie wäre die vollendete Odyssee, das Epos des Geistes. So gehört zum Abschluß, zur Hemmung des geschichtlichen Progresses im absoluten Kunstprodukt zugleich das Versprechen einer neuen Welt, in der sich die Mythen der alten mit der Erfahrung des Selbstbewußtseins zu organischer Einheit verbinden.

Von diesem Standpunkt aus erfolgt nun die Umdeutung des Erfahrungsprozesses, den das menschliche Selbstbewußtsein macht, wie sie Schelling in seinen Schriften nach 1800 vorgenommen hat. Sie sind dadurch zu charakterisieren, daß in ihnen der »lichte Punkt« des ganzen Systems zugunsten theologischer Deutungsschemata der Welt zerstört worden ist. Vom Standpunkt der Identität bewußter und unbewußter Antriebspotentiale des Bewußtseins im ästhetischen Erlebnis- und Wahrnehmungszusammenhang läßt sich die Welt nun als ein Produkt erklären, das aus dieser Identität herausgefallen ist. Dann freilich stößt die Depotenzierung der Potenzen des Bewußtseins nicht mehr auf die unbewußten Motive menschlicher Aktivität, sondern auf eine absolute Instanz, deren Abfallprodukte die Deutungsformen dieser Aktivität sind. Der ästhetische Progreß ins Unendliche verkehrt sich in sein Gegenteil. Nicht im Rückgriff auf die Geltung außerweltlicher Instanzen, sondern unter politischen Gesichtspunkten einer Krisentheorie hat Hegel dieses Modell ansatzweise durchzuführen versucht. In ihm hat die Kategorie des

Schicksals die entscheidende Stelle. In der Ausarbeitung seiner kausalen Macht hat er Schelling an Eindringlichkeit übertroffen. Schon innerhalb dieses Modells gilt die Beschwörung der Positivität einer neuen Mythologie nur als Wiederholung der Determinanten des Selbstbewußtseins. Hegels Meinung nach trifft die positive Erzählung der Odyssee des Geistes nicht die Negativität des Lebens, die sich für ihn als Zerfall absoluter Sittlichkeit darstellt. Schon früh hat sich Hegel sowohl gegen die unhistorische wie gegen die historisierende Wiederholung vergangener Sinnwelten gewandt. Seine Polemik dagegen ist mit einem Angriff auf die romantische Universalpoesie verbunden: »Das *Gedächtnis* ist der Galgen, an dem die griechischen Götter erwürgt hängen. Eine Galerie solcher Gehenkten aufweisen, mit dem Winde des Witzes sie im Kreise herumtreiben, sie einander necken machen und in allerlei Gruppen und Verzerrungen blasen, heißt oft Poesie. – Gedächtnis ist das Grab, der Aufbehälter des Toten. Das Tote ruht darin als Totes. Es wird wie eine Sammlung Steine gewiesen. Das Ordnen, Durchgehen, Stäuben, alle diese Beschäftigungen haben zwar eine Beziehung auf das Tote, aber sind von ihm unabhängig. – Aber unverständliche Gebete plappern, Messen lesen, Rosenkränze sprechen, bedeutungsleere gottesdienstliche Zeremonien üben, dies ist das Tun des Toten. Der Mensch versucht es, völlig zum Objekt zu werden, sich durchaus von einem Fremden regieren zu lassen. Dieser Dienst heißt Andacht. Pharisäer!«[65]

Hegel hat freilich den Punkt der Erfahrung leer gelassen, um dessen Analyse sich die kritische Transzendentalphilosophie bemühte. Er wurde jedoch auch innerhalb der Schellingschen Systematik zerstört. Ohne die Eindringlichkeit in der Darstellung bewußtseinsunabhängiger Dialektik der Geschichte durch Hegel zu erreichen, ist das Bewußtsein und seine Spitze, das intelligente Ich, innerhalb ihres Bezugsrahmens zum Epiphänomen herabgesetzt. Am Ende des Transzendentalsystems weicht Schelling deshalb in die Konzeption eines ichlosen Bewußtseins als Kern der Identität bewußter und unbewußter Antriebspotentiale

65 Hegel (PS), S. 327.

menschlicher Produktivität aus. Er hat ihn mit dem vorkritischen Terminus des Genies beschrieben. Mit dieser aus einem ichlosen Grunde produzierenden Kraft, deren Produkte von Schelling in individualisierter Form nicht mehr gedacht werden konnten, hat er den Boden der kritischen Transzendentalphilosophie vollkommen verlassen. Konsequent gedacht existiert deshalb das geniale Kunstprodukt nur als »Ein Kunstwerk«, von dessen Original es nur mehr oder weniger geglückte Abweichungen geben kann. Da aus dem Unbewußten alle Formen des Wissens und Handelns hervorgehen, weil auch das intelligente Ich aus diesem Reich, in das nach Schelling keine rationalen Deutungsschemata hinabreichen, in seiner Struktur geprägt wird, kann es keinen Agenten mehr geben, der nicht von ihm beherrscht würde. Deshalb mußte Schelling die Moralphilosophie transzendentaler Prägung ablehnen, denn ihre kritische Kraft ist wesentlich an die hypothetische Voraussetzung eines sich selbst bestimmenden Ich gebunden. Das Ich aber, das Schelling als »lichten Punkt« der Erfahrung bestimmt hat, wird von der Vergangenheit beherrscht, es kann die Zukunft nicht antizipieren. Das Utopikon der neuen Mythologie ist denn auch nach Schellings eigenen Formulierungen nichts anderes als ein leeres Versprechen, über dessen Realität keine antizipatorische Gewißheit zu erreichen ist. Das aber ist in allen Varianten der Utopie des ästhetischen Absolutismus der Fall. »Wie aber eine neue Mythologie, welche nicht Erfindung des einzelnen Dichters, sondern eines neuen nur Einen Dichter gleichsam vorstellenden Geschlechts sein kann, selbst entstehen könne, dies ist ein Problem, dessen Auflösung allein von den künftigen Schicksalen der Welt, und dem weiteren Verlauf der Geschichte zu erwarten ist.«[66] Demnach setzt die ästhetische Utopie eines neuen Lebens eingestandenermaßen Entscheidungsprozesse voraus, die in der Dimension des Ästhetischen selbst nicht erreicht werden können.

66 Schelling (III), S. 629.

B. Der ästhetische Regreß ins Unendliche

II. Der Gegensatz von *Natur* und *sittlicher Welt*. Seine Darstellung als Kausalität des Schicksals

Der Übergang vom Reich der Notwendigkeit ins Reich der Freiheit, der in der ästhetischen Utopie der Einheit von Kunst und Leben bedeutet ist, wird von Hegel als Problem der Rechtssetzung und deren gewaltsamer Zerstörung gesehen und – in seinen frühen Systementwürfen – trotz der Unendlichkeit dieses Gegensatzes vorzubereiten versucht. Die verschiedenen Konzeptionen dieses Übergangs sind freilich in sich gebrochen. In der späten Rechtstheorie ist er durch die Strukturen der großen Logik bestimmt. Hier bemerkt Hegel ausdrücklich, die Folie der konkreten Freiheit des ins Dasein getretenen Willens, die mit dem Ganzen der Sphäre des Rechts gleichgesetzt wird, beruhe auf dem »logischen Geiste«.[1] In einem Paragraphen seiner Rechtsphilosophie, der als Kommentar dessen gelten kann, was der logische Geist ist, fügt er hinzu, das subjektive Bewußtsein sehe der Entfaltung dieser Sphäre, der Bearbeitung seines Gegenstandes, nur zu. Dieser Paragraph steht im Kontext der gesamten Rechtstheorie und ihrer Polemik gegen eine nur äußere Reflexion, deren subjektivem Tun das bewegende Prinzip immanenter Dialektik entgegengestellt wird; ihre Bestimmung ist die Freiheit des Begriffs, die sich über die Schranke subjektiver Reflexion hinwegzusetzen vermag. Die späte Theorie des Rechts ist daher für Hegel »der Geist in seiner Freiheit, die höchste Spitze der selbstbewußten Vernunft, die sich Wirklichkeit gibt und als existierende Welt erzeugt; die Wissenschaft hat nur das Geschäft, diese eigene Arbeit der Vernunft zum Bewußtsein zu bringen«.[2]

In diesen Sätzen ist die implizite Antwort Hegels auf einen Gegensatz enthalten, der nicht nur seine Rechtstheorie motiviert hat. In der Vorrede zur Rechtsphilosophie wird er beim Namen genannt. Seine Gegensätzlichkeit soll in der Dialektik von histo-

1 Hegel (RPh), S. 4.
2 (RPh) § 31.

rischem und natürlichem Recht aufgehoben werden. Gemeint ist der Gegensatz von *Natur* und *sittlicher* Welt.

Mit einer an Fichte erinnernden Schärfe – ironischerweise zum Zeitpunkt veränderter Bedingungen und eines anderen historischen Sachverhalts, angesichts dessen es rechtens gewesen wäre, die Folgen seiner Polemik zu bedenken – verweist Hegel auf die geschichtliche Zäsur der Französischen Revolution. Vor ihr hat sich jede Konstruktion eines Reichs der Freiheit zu legitimieren, will sie im Ernst den Anspruch erheben, den Gegensatz von Natur und sittlicher Welt zu lösen. Dies geschieht in der Schrift: »Verhandlungen in der Versammlung der Landstände des Königreichs Württemberg im Jahre 1815 und 1816«. An zentraler Stelle – zwischen der Darstellung der rechtlichen Lage in Württemberg und dem Kommentar zu den Verhandlungen zwischen dem König und den Landständen – wird das Naturrecht der Französischen Revolution beschworen, ja die Revolution wird in suggestiver, ein Naturereignis nachahmender Sprache als Faktum geschildert, das in rechtlicher Hinsicht tabula rasa geschaffen hat. Die Revolution ist der »Sturm«, der die durch positive Rechte garantierte Gesellschaftsordnung hinweggefegt hat, die »wohltätige Überschwemmung«, die den Grundbesitz von Sandboden mit »fruchtbarer Dammerde« überzogen hat.[3]

Auf der Basis dieses in der Geschichte hervorgetretenen Resultats muß für Hegel die Vereinigung von positivem und dem Recht der Natur im »vernünftigen Recht« konstruiert werden. Das Reich der Freiheit darf weder die Widerspiegelung erstarrter Positivität sein, noch ein rechtloser Zustand, in dem das Ensemble der gesellschaftlichen Individuen in anarchischen Aktionen auseinanderfällt. Im vernünftigen Recht allein wäre nach Hegel die freie Interaktion der gesellschaftlichen Subjekte gewährleistet. In ihm wäre die Antinomie von Natur und sittlicher Welt gelöst.

In der Polemik gegen die württembergischen Landstände bemerkt Hegel, positives Recht gehe mit Recht zugrunde, wenn seine *Basis* wegfällt. Man könnte sie beinahe, wäre sie nicht mit

3 (PS), S. 184.

Hegelscher List formuliert, als Marxsche Ideologiekritik verstehen. In ihrem Beharren auf überkommenen Rechten bewegen sich die Landstände nach Hegel unterhalb des Niveaus der Weltgeschichte. Deren Gang aber wird von ihm mit jener Metapher gekennzeichnet, die am Ende der Rechtsphilosophie die Explikationen von abstraktem Recht, Moralität und Sittlichkeit ins Reich des Rechtes des Gedankens zurückholt. Denn die fünfundzwanzig Jahre nach der Revolution waren nach Hegel ein »Gericht«[4], so wie in der Rechtsphilosophie die Weltgeschichte als »Weltgericht«[5] beschrieben wird. Das vernünftige Recht wird in dieser Erkenntnis auf den Boden des »Geistigen«[6] zu stellen versucht. Nur auf ihm ist nach Hegel die Entzweiung von Natur und sittlicher Welt schlichtbar. Er selbst feiert dies als das geleistete Resultat seiner Theorie, die sich nach ihm jenseits falscher Alternativen und d. h. eben auf dem Niveau der Weltgeschichte bewegt. Die von ihr ergriffene Wirklichkeit ist das vollendete Reich der Freiheit. Die Stationen bis zu seiner Verwirklichung werden nochmals in einer Sprache angedeutet, die ihre Größe darin hat, daß jedes Wort in einem Bezugsfeld steht, das sich über das gesamte Werk Hegels erstreckt — auch über diejenigen Schriften, die in sein spätes System nicht integriert werden können. Sie werden in einen Satz zusammengezwungen: »Die Weltgeschichte ist ferner nicht das bloße Gericht seiner *Macht*, d. i. die abstrakte und vernunftlose Notwendigkeit eines blinden Schicksals, sondern weil er an und für sich *Vernunft* und ihr Fürsichsein im Geiste Wissen ist, ist sie die aus dem *Begriffe* nur seiner Freiheit notwendige Entwickelung der Momente der Vernunft und damit seines Selbstbewußtseins und seiner Freiheit, — die Auslegung und *Verwirklichung des allgemeinen Geistes.*«[7]

Die beiden Extreme, die in den Bemühungen um die Grundlegung vernünftigen Rechts zusammengedacht werden sollen,

4 (PS), S. 185.
5 (RPh), § 340 ff.
6 (RPh) § 4.
7 (RPh) § 342.

sind denen von Natur und sittlicher Welt entsprechend – *Schicksal* und *Freiheit*. Als Extreme erscheinen sie noch innerhalb der Weltgeschichte, die doch unter anderen als reinen Machtinteressen betrachtet werden kann: das blinde Schicksal auf der einen, die Freiheit des Selbstbewußtseins auf der anderen Seite. Der historisch-politische Ort dieser Theorie läßt sich als Schnittpunkt der verschiedensten Motive des modernen Staatsrechts bestimmen. Das praktische Ziel Hegels in der Ausführung dieses Ensembles ist es vor allem, in der Vereinigung von Naturrecht und positiver Rechtsschule den emphatischen Tugendbegriff der Französischen Revolution zu bewahren, zugleich ihn aber als »Furie des Zerstörens«[8] zu kritisieren. Innerhalb der naturrechtlichen Diskussion liegt in Hegels Rechtstheorie das Unternehmen vor, die Rechtskonstruktion eines autoritären Staatsapparates, die nur auf der Sicherung der Freiheit im mechanischen Staatskörper, nicht aber auf ihrer Verwirklichung beruht, und den abstrakten Selbstbestimmungsbegriff, der nach Hegels Meinung jede institutionell geregelte Interaktion zum Verschwinden bringen muß, da er die zerstreuten Aktionen eines einsam sich aufspreizenden Selbstbewußtseins zur Folge hat, gleichermaßen zu kritisieren. Erst mittels der Geschichtsphilosophie, die in diesem Punkt engstens mit der Theorie des objektiven Geistes zusammenhängt, versucht Hegel, die revolutionäre Gegenwart zu retten und gegen die auf empiristische Argumente gestützte Beschwörung der Vergangenheit in der Nachfolge der Revolutionskritik von Burke zu legitimieren. Vergangenheit beschwört freilich auch Hegel. Diese Beschwörung unterscheidet sich aber von den Positionen, welche den ästhetischen Progreß ins Unendliche repräsentieren, dadurch, daß sie ein Zitat politischer Organisationsformen der antiken schönen Sittlichkeit ist. Sie verläuft nach einem Mechanismus, der gerade die Moralphilosophie von Kant und Fichte neben sich liegen läßt und ein Kriterium für die Wissenschaft der Einrichtung eines guten Lebens zu liefern versucht, das sich scharf von deren formal-moralischen und empiristischen

8 (RPh) § 5.

Motiven unterscheiden können muß. Dies geschieht besonders beim jungen Hegel.

In der späten Theorie aber ist für den Versuch, den Gegensatz von Natur und sittlicher Welt zu versöhnen, die Konzeption der Moralität, wie sie vor Hegel im Idealismus ausgearbeitet wurde, ein entscheidendes Vermittlungsglied. Es wäre falsch, diese Philosophie des guten Lebens einfach auf die vorangegangenen Naturrechtslehren verrechnen zu wollen, denn sie stellt einen genuinen Versuch dar, der sich von allen bis dahin geleisteten Rechtstheorien unterscheidet. Dies erweist sich im Verhältnis zu den Naturrechtslehren besonders darin, daß die idealistische Ethik auf der Autonomiethese der moralischen Vernunft beharrt; keineswegs aber muß sie als natürliche vernünftig sein. Welche Komplikationen sich auch immer aus dieser These ergeben mögen, sie muß festgehalten werden, und Hegel hält sie auch fest. In der großen Logik rühmt er im Teleologiekapitel die Relationen zwischen der Bestimmtheit der Natur und der Bestimmung des Begriffs, die Kant in der dritten Antinomie der »Kritik der reinen Vernunft« markiert hat. Erst dadurch läßt sich nach Hegel äußerer Zweckmäßigkeit eine *innere* entgegenstellen: »... in letzterer hat er den Begriff des *Lebens*, die *Idee* aufgeschlossen.«[9]

Mit der Systematik, welche durch die »Phänomenologie« eingeleitet wird, ist Hegel zu einer positiven Wertung dieser Moraltheorien vorgedrungen. Der Lebensbegriff war es gewesen, anhand dessen sich seine Kritik an ihnen entfaltet hatte. Nur mit Hilfe moralischer Vernunft, deren Bestimmung die der Kontingenz menschlicher Handlungsformen ist, so schien es ihm später, kann ein Recht konstruiert werden, das nicht in die Alternative verfällt, seine Geltung theologisch zu legitimieren oder sie aus dem faktisch stattfindenden Reproduktionsprozeß von Arbeit und Herrschaft abzuleiten. Daß diese Glieder einer Alternative sich keineswegs zufällig zueinander verhalten, beweist noch die moderne Hegelrezeption. Die eine Seite ihres Rechtsbegriffs ist prägnant und in ihren Konsequenzen überschaubar in Benjamins

9 (L), S. 347.

Aufsatz »Zur Kritik der Gewalt« vorgezeichnet. In ihm werden Naturrecht und positives Recht in die Sprache der Theologie aufgelöst. In deren Dimension soll die Zweck-Mittel-Relation, die mit der Geltung von Recht allerdings gesetzt ist, in Sprache als reinem Mittel der Erkenntnis überwunden werden. Diese Bestimmung hat ihre unbezweifelbare Geltung, nur liegt sie nicht in der Sphäre des Rechts und der mit ihm gesetzten Komplikationen; eher schon läßt sie sich in einer Dimension ansiedeln, die in der Konstruktion einer ästhetischen Utopie anhand des paradigmatischen Kunstprodukts gültig ist. Und die Auffassung von einer Sprache als reinem Mittel, das kein Recht mehr setzt, kann ihre romantisch-theologischen Implikationen auch nicht verbergen. Die Aporie, die in der Beziehung der Zwecke des Rechtes zu den Mitteln seiner Durchführung liegt, läßt sich anhand dieses Deutungsschemas, so darf vermutet werden, nicht lösen. Viel weniger läßt sich mit seinen Mitteln positiv erstarrtes Recht gezielt umstoßen. Für die andere Seite aber dürfte der Nachweis bis heute nicht gelungen sein, das moralische Rechtssubjekt sei eine Widerspiegelung sich formierender kapitalistischer Wirtschaftsformen. Auch in seine späte Rechtstheorie hat Hegel freilich die Theorie der Moralität, die vor ihm entwickelt worden war, nur als Moment integriert, ohne die Spezifität ihrer Argumentation angemessen aufnehmen zu können.

Dies hat seinen Grund darin, daß er das Rechtssubjekt so einführte, daß ihm seine allgemein verbindlichen Handlungsziele bereits vorgegeben sind. Nicht es selbst ist der Regulator alles Wirklichen, sondern ihm abstrakt gegenüberstehende allgemeine Kräfte. Dieses Rechtssubjekt versuchte er anhand einer doppelten Begriffsstruktur zu erfassen. Es ist Wille, der sich auf sich selbst bezieht, seine Intention ist die der reinen Selbstbestimmung. Darin ist es eine Erscheinung des Geistes. Es ist aber auch Wille, der das Bedürfnis hat, Gegenstände zu bearbeiten, seine Intention auf Freiheit zu verwirklichen. Darin ist es Bewußtsein.

In der Einleitung zur Verfassungsschrift, die noch in der Frankfurter Zeit entstanden ist, wird dies folgendermaßen ausgedrückt: »Der immer sich vergrößernde Widerspruch zwischen dem Unbekannten, das die Menschen bewußtlos suchen, und dem Leben, das ihnen angeboten und erlaubt wird, und das sie zu dem ihrigen machen, die Sehnsucht derer nach Leben, welche die Natur zur Idee in sich hervorgearbeitet haben, enthalten das Streben gegenseitiger Annäherung. Das Bedürfnis jener, ein Bewußtsein über das, was sie gefangen hält, und das Unbekannte, was sie verlangen, zu bekommen, trifft mit dem Bedürfnis dieser, ins Leben aus ihrer Idee überzugehen, zusammen.«[10]

Es geht in der Zweidimensionalität dieser Bewegung um den Gegensatz von Schicksal und Freiheit. Ihre antagonistische Struktur ergibt sich aus dem Streben der Menschen nach Selbstbestimmung und der Sphäre der Freiheit, die im Lebensprozeß verwirklicht oder negiert ist. Beim jungen Hegel bleibt die mögliche Identität von Schicksal und Freiheit an die natürlichen Strebungen des Menschen gebunden: »Das Gefühl des Widerspruchs der Natur mit dem bestehenden Leben ist das Bedürfnis, daß er gehoben werde; und dies wird er, wenn das bestehende Leben seine Macht und alle seine Würde verloren hat, wenn es reines Negatives geworden ist.«[11] In der Klage um die Nichtidentität beider Sphären ist dieser Text lauter als die späte Rechtstheorie. Ihr entspricht die scharfe Kritik an der Positivität erstarrten Lebens. Deren Kennzeichen sind Ordnung, Herrschaft, äußere Verstandesreflexion und deren willkürliche Einschränkung und Begrenzung der Erfahrung.

Die Zweidimensionalität des Willens bringt Hegel erst stärker zur Geltung, nachdem er die idealistische Moralphilosophie in sein System integriert hat. Schärfer treten nun die liberalen Elemente in seiner Rechtstheorie hervor, schärfer jedoch ist auch die Analyse der Sphäre der Arbeit und Selbsterhaltung, die der faktischen Reproduktion der Menschengattung in Konkurrenz und Klassengegensätzen, geworden. Dieses zweite Moment verbietet es, Hegel zum liberalen Rechtstheoretiker zu erklären; es macht Positionen, die den späten Hegel als des Rätsels Lösung anbieten, zu abstrakten und leeren zumal dann, wenn die Im-

10 (PS), S. 16.
11 (PS), S. 17.

plikationen der vorhegelschen Moralphilosophie nicht aufrechter-halten werden können. Den jungen Hegel liberal zu interpretie-ren, muß an dem Existentialismus scheitern, anhand dessen er den Geist eines Volkes beschwört.

In der Verfassungsschrift bemerkt Hegel zum Werk Machiavellis, das in einem Land entstand, für das die gleiche Erkenntnis wie für Deutschland gilt, daß es nämlich kein Staat ist: »Machiavel-lis Werk bleibt ein großes Zeugnis, das er seiner Zeit und seinem eignen Glauben, daß das Schicksal eines Volkes, das seinem po-litischen Untergang zueilt, durch Genie gerettet werden könne, ablegte.«[12] Dieses Genie am Ende seiner Schrift im Geiste Ma-chiavellis erwartend, zitiert Hegel den Heros mit mythischem Namen, von dem allein ein neuer Staat gegründet werden kann. Daß dies in die Rechtskonstruktion der frühen Zeit eingegangen ist, muß jede liberale Deutung Hegels verkennen.

Die späte Theorie und der gesellschaftliche Zustand, den sie er-faßt, bedürfen nach Hegel eines solch mythischen Willens nicht mehr. Sein Anspruch ist es nun, daß die Geltung des Rechts in der modernen Welt ausschließlich aus dem moralischen Willen abgeleitet werden kann, eingerichtet braucht der Rechtszustand nicht mehr zu werden. In der Einleitung zur Rechtsphilosophie hat Hegel diesen Rechte setzenden Willen zu entwickeln ver-sucht. Zunächst ist es der schrankenlose Wille, der seine Bestim-mung darin hat, alles ihn Bestimmende auszuschließen. Er ist Wille als reine Potenz, als abstrakte Möglichkeit, und darin sich negativ definierende Freiheit des Verstandes. Nach Hegel hat dieser Wille seine Wirklichkeit in der Französischen Revolution gefunden. Er ist die »Furie des Zerstörens«. Logisch wird er als allgemein charakterisiert.

Der Wille aber ist zugleich durch seine Natur und, wie erst der späte Hegel sagt, durch Geist bestimmt; er ist Trieb und Streben zur Selbstbestimmung. Das Etwas, das der Wille gleich-wohl wollen muß, zwingt ihn, ins Dasein zu treten. Zu seiner Abstraktheit tritt nun Beschränkung und Besonderung hinzu. Deshalb wird er logisch als besonderer charakterisiert.

12 (PS), S. 117.

Beide Merkmale des Willens sind noch nicht hinreichend. Erst die paradoxe Bestimmung eines besonderen Willens, der sich nur als allgemeiner wirklich wollen kann, macht ihn zum einzelnen. Für Hegel ist der Vernunftstaat nun, was der freie Wille als einzelner wirklich will: das Reich der verwirklichten Freiheit. Marx hat die Lösung des paradoxen Verhältnisses, daß der Zustand vernünftigen Rechts zwar vom freien Willen hergeleitet wird, dieser aber nur existieren kann, wenn er seine Zwecke schon im Staat hat, als logische Erschleichung kritisiert. In der Staatskonstruktion selbst, so meinte er, reproduziert sich der Antagonismus der bürgerlichen Gesellschaft, die den Menschen entweder auf seine private Existenz zurückwirft oder zum stummen Befehlsempfänger des Not- und Verstandesstaates macht. Und es läßt sich nicht leugnen, daß die späte Lösung des Gegensatzes von subjektivem und objektivem Geist sich um den Preis der Intentionen des jungen Hegel auf undemokratische Weise in der Gestalt des Monarchen verwirklichte. Auf diese Lösung des genannten Gegensatzes ist auch der Verlust jeder utopischen Dimension in der späten Rechtstheorie Hegels zurückzuführen. Aus ihr sind Argumente der Geltung, die aus der vorhegelschen Wissenschaft vom guten Leben gewonnen werden können, nicht mehr abzuleiten.

Das von Marx kritisierte Faktum motiviert den berechtigten Zweifel, ob der Übergang vom Reich der Notwendigkeit ins Reich der Freiheit wirklich gelungen sei. Hegels späte Rechtstheorie geht jedoch davon aus, ein Zustand, der durch die Einheit von Kunst und Leben bestimmt werden kann, in dem deshalb auch die Gültigkeit von Recht hinfällig geworden ist, sei nicht wiederzubeleben. Die geschichtliche Differenz von Antike und Moderne muß deshalb mit anderen Mitteln begriffen werden als der Lehre vom Zerfall schöner Sittlichkeit und der Erwartung einer neuen Mythologie, wie sie den Übergang vom 18. ins 19. Jahrhundert kennzeichnet. Hegel stand diesem Modell in seinen frühen Systementwürfen selbst nahe. Seine Logik ist die des ästhetischen Regresses ins Unendliche. Zunächst hat er den Zerfall schöner Lebensformen mit einer Energie zu erfassen versucht, die schwerlich die Trauer um ihren Verlust verbergen kann. Zugleich aber bildete sich ihm die Einsicht heraus, daß die Illusion einer zukünftigen Mythologie, die einen Zustand abbildet, in dem die Götter der alten Welt regieren, nicht das dauerhafte Reich der Freiheit repräsentiert. Man kann mit Grund die These vertreten, daß die ausgeführte Einschränkung dieses Gedankens erst in der späten Rechtstheorie vorliegt. In ihr vermied Hegel die Konsequenz, welche die Theorie des ästhetischen Progresses ins Unendliche charakterisiert. Sie ist nicht als dessen negatives Gegenbild zu interpretieren. Die frühe Systematik aber, so wie sie hier betrachtet wird, ist ein Modell des Leidens an der Positivität des Lebens, welcher der Zerfall substantieller Sittlichkeit entspricht. Ihm korrespondiert die Konsequenz, daß sie nur mit Gewalt gehoben werden kann.

1. Die Positivität des Lebens im Spiegel der Trennung von Moralität und Legalität

In einem Brief an Niethammer vom 29. 4. 1814 hat Hegel darauf hingewiesen, daß er bereits in der »Phänomenologie des Geistes« den Übergang derjenigen Kräfte, welche die Dialektik des objektiven Geistes vorantreiben, vom Frankreich der Revolution in ein »anderes Land« prognostiziert habe. Mit diesem Hinweis ist der Übergang vom Höhepunkt des sich selbst entfremdeten Geistes in der »Schreckensherrschaft« der Jakobiner in die sich wissende Moralität bezeichnet, wie er in der »Phänomenologie« dargestellt wird. Als Subjekt der Geschichte tritt nun der Eigentümer als Rechtsperson auf, eine Gestalt des Selbstbewußtseins, die »über den Gegensatz des Bewußtseins selbst Meister geworden«[1] ist. In ihr erfüllt sich der objektive Geist und kann sich nun in eine Folge von Gestalten auflösen, die als ganze die sittliche Totalität ausmachen.

Die Ambiguität, die in diesem Falle das Wort »Land« kennzeichnet, hat Hegel in dem genannten Brief selbst gesehen. In-

1 Hegel (PdG), S. 423.

148

nerhalb der Gestalten des objektiven Geistes bezeichnet es das
Land der Moralität, erschienen aber ist diese Gestalt in der philosophischen Revolution des deutschen Idealismus. Mit ihr sind
die Merkmale verbunden, die den Anfang von Hegels später
Theorie des objektiven Geistes ausmachen: der in sich freie Wille, »der den freien Willen will«[2], in dem deshalb die Antinomie
von einzelnem und allgemeinem Willen gelöst ist, die Freiheit
der Person und das Eigentum. Auf der Basis dieser Merkmale[3]
hat Hegel in der Rechtsphilosophie den objektiven Geist der
nachrevolutionären Epoche zu entfalten versucht. Den Abschluß
seiner Konstruktion bildet die Sittlichkeit und ihr Dasein im
Staat. Von ihr aus öffnet sich die Perspektive auf die Weltgeschichte als Geschichte des absoluten Geistes.
Die vorhegelsche Theorie der Sittlichkeit und das geschichtliche Ereignis der Französischen Revolution sind in Hegels Darstellung des objektiven Geistes der nachrevolutionären Epoche
eng aufeinander bezogen, weil es der objektive Geist ist, der als
die Zusammenfassung jener Prinzipien gilt, welche die Revolution hervorgetrieben hat. Den Selbstbewußtseinstheorien des
Idealismus schreibt Hegel freilich eine synthetische Kraft zu, die
sie über die faktischen Ereignisse der Geschichte erhebt. Denn
die Revolution des Gedankens war es nach ihm, welche das geschichtliche Ereignis der Revolution aufgegriffen hat und sittliches Handeln aufgrund seiner Resultate neu zu bestimmen versuchte. Deshalb gehört die Philosophie des guten Lebens, selbst
unter dem Aspekt harter Kritik an ihrem Formalismus, von der
»Phänomenologie« an für Hegel zu den Erscheinungen des Geistes, in denen sich die moderne Epoche in positiver und negativer
Weise spiegelt. Die Behauptung, der auf die Moralität bezogene
Passus aus der »Phänomenologie« sei nur eine flache Wiederholung von Hegels Polemiken gegen Kant und Fichte aus der
Jenaer Zeit, muß aus diesem Grund als falsch zurückgewiesen
werden.[4] Es kann nicht übersehen werden, daß Hegel in

2 (RPh), § 27.
3 Vgl. Ritter (2), S. 285 f.
4 Georg Lukács hat diese Meinung vertreten. Vgl. Lukács (4), S. 618 f.

seinen Jenaer Systementwürfen – auf je verschiedene Weise – von einem Standpunkt aus gegen die Moral- und Naturrechtslehre der Transzendentalphilosophie argumentierte, den er in der »Phänomenologie« verabschiedet hat. Es ist der Standpunkt der von Schelling vertretenen Identitätsphilosophie, die dieser im »System des transzendentalen Idealismus« erreicht hatte; in ihm schließt das geniale Kunstprodukt als höchste Potenz des Geistes den Erfahrungsprozeß des Selbstbewußtseins ab. Schon innerhalb der Jenenser Realphilosophie hat sich Hegel von diesem ästhetischen Absolutismus in der Konstruktion einer einheitlichen Erfahrung des Selbstbewußtseins distanziert, denn nach ihm kann sie aus dem Medium der ästhetischen Anschauung nicht entfaltet werden. In der Kritik der ästhetischen Anschauung ist deshalb die Jenenser Realphilosophie als Vorstufe des in der »Phänomenologie« dargestellten Erfahrungsprozesses des Selbstbewußtseins zu betrachten: »Dies Medium der Endlichkeit, die Anschauung, kann nicht das Unendliche fassen. Es ist nur *gemeinte* Unendlichkeit. Dieser Gott als Bildsäule, diese Welt des Gesanges, welche den Himmel und die Erde, die allgemeinen Wesen in mythischer, individueller Form und die einzelnen Wesen, das Selbstbewußtsein umschließt, ist *gemeinte,* nicht *wahre* Vorstellung. Es ist die Notwendigkeit, nicht die Gestalt des *Denkens* darin. Die Schönheit ist vielmehr der Schleier, der die Wahrheit bedeckt, als die Darstellung derselben.«[5]

Die Systematik, deren Paradigma der Naturrechtsaufsatz ist, hat jedoch einen anderen Charakter. Ihr kommt eine zentrale Stelle zu, weil ihr Zentrum im Unterschied zu der Jenenser Realphilosophie die ästhetische Anschauung ist. An dem durch diese repräsentierten wahren Begriff von Positivität mißt Hegel die Konstruktionen des Rechts, sei es die formell-moralischer oder die empiristischer Art. Für die Jugendschriften, die kritischen Schriften der frühen Jenaer Zeit und die Systementwürfe der Jenenser Realphilosophie kann jedoch als gemeinsames Merkmal die Kritik am Obligationscharakter des Rechts festgehalten wer-

5 Hegel (R II), S. 265.

den. Hegel hat ihn besonders in den pervertierten Formen inter-
subjektiver Reziprozität zu erfassen versucht, an den durch die
Kausalität des Schicksals[6] aneinander gefesselten Parteien des
Verbrechers und der strafenden Gerechtigkeit, die einen ihrer
entscheidenden Gründe für ihn in dem Auseinanderfall moralischer Gesinnung und legaler Zwangsgewalt hat. Deshalb sind es
auch die Formen von Reziprozität, die keinen strategisch einsetz-
baren Tausch- und Gebrauchswert haben, in denen sich nach ihm
das Leben unbeschädigt verwirklichen kann. Ein Paradigma dieser
Formen ist die gegenseitige Anerkennung in der ehelichen Liebe.
Als Form der Sittlichkeit ist sie nur möglich aufgrund einer ent-
äußernden Kraft, vermöge derer es ein Subjekt versteht, sich im
anderen zu identifizieren; aus der Situation des Vertrags ist sie
allein nicht ableitbar. Im Maße der allmählichen Ablösung des
kritischen Modells, nach dem die gegenseitige Verletzung des Lebens in der Rechtssituation als Leiden an erstarrter Positivität diagnostiziert werden kann, tritt für Hegel das positive Modell der
»List der Vernunft« in Kraft. Mit ihm ist die Voraussetzung
gemacht, daß alles Wirkliche an sich vernünftig ist. Deshalb werden solche Erscheinungen wie die mit Kausalnotwendigkeit verbundenen Gegensätze von Verbrechen und rächender Gerechtigkeit innerhalb der positiven Rechtstheorie in der Sphäre des
abstrakten Rechts lokalisiert. In der frühen Jenaer Systematik
korrespondiert ihnen als Erscheinungen des Leidens an erstarrten Rechtskonventionen die Möglichkeit der Strafe, die als revolutionäre Gewalt sich gegen die Herrschaft der Positivität
wendet. Daß sich diese Strafe, welche die Herrschenden trifft,
selbst noch im Zirkel von Recht und Strafe bewegt, dieses Faktum veranlaßte Hegel, den Fall der Sittlichkeit ins Unendliche
zu diagnostizieren. In der späten Rechtstheorie wird es durch
die Positivität der Sittlichkeit im Staat zugedeckt. Die Analyse
solch paradigmatischer Formen der Reziprozität wie der ehelichen Liebe nimmt in ihr einen von Vorurteilen durchsetzten
kleinbürgerlichen Charakter an. Obgleich Hegel den Begriff der

6 Vgl. dazu: Habermas (6) u. (7), S. 78 ff., 330 f.

Moralität erst in seine spätere Theorie zu integrieren versuchte, hat er seine gegenüber etablierten Rechtsverhältnissen korrigierende Kraft dennoch sogleich in der Positivität der bürgerlichen Gesellschaft und des Staates untergehen lassen. Es kann zwar deshalb in seinem späten Begriff von Sittlichkeit den Gegensatz von Moralität und Legalität, gegen den der junge Hegel leidenschaftlich protestierte, nicht mehr geben, aber diese Integration ist auch der Grund dafür, daß der späten positiven Rechtstheorie jede ernsthafte utopische Perspektive fehlt. Hegel hat das selbst erkannt, als er in seiner berühmten Vorrede zur Rechtsphilosophie feststellte, eine alt gewordene, d. h. positive Gestalt des Lebens lasse sich mit dieser Philosophie der Positivität nicht »verjüngen, sondern nur erkennen«.[7] Daß sich bürgerlich-rechtliche Verhältnisse in ihrer alt gewordenen Positivität und den Stabilisierungsmechanismen, die sie gegen ihren Zerfall aufzurichten versuchen, erkennen lassen, unterscheidet freilich Hegels späte positive Philosophie von derjenigen, die Schelling anhand mythologisierender Deutungsschemata zu entfalten versuchte und deren Motive bereits in seinem Transzendentalsystem zu gewahren sind.

In den Jugendschriften und der frühen Jenaer Systematik, der, weil sie im Gegensatz zu der Jenenser Realphilosophie zum großen Teil auf Texte sich beziehen läßt, die Hegel veröffentlicht hat, ein spezifischer hermeneutischer Status zuzuschreiben wäre, hat Hegel die Moraltheorien des Idealismus mit einer Schärfe kritisiert, die allein diese Phase seiner Gedanken kennzeichnet. Diese unter dem Stichwort des »Formalismus« vorgetragene Kritik hat ihre Entsprechung in der an den Modellen empiristischer Rechtskonstruktion. Wie Schelling hat er die Transzendentalphilosophie unter dem nicht unbedingt zutreffenden Titel der Reflexionsphilosophie zu destruieren versucht. Er hat ihr nicht die synthetische Kraft zugebilligt, die sie später über das geschichtliche Ereignis der Französischen Revolution erhebt. Das hat seinen Grund auch darin, daß die allgemeine Kategorie des

7 Hegel (RPh), S. 17.

Lebens und nicht die der Geschichte den Ausgangspunkt seiner Kritik bezeichnet.[8]
Diese Auseinandersetzung mit der Reflexionsphilosophie ist von der Überzeugung bestimmt, daß sich in deren Disjunktionen die Antinomie von Natur und Freiheit am härtesten ausdrückt. Gerade weil es Hegels Meinung ist, innerhalb der Reflexionsphilosophie lasse sich Freiheit nur als reine Negativität denken, richtet er dagegen den Begriff positiv bestimmbarer Sittlichkeit auf. Die ausgeführte Form der Auseinandersetzung mit den Kategorien der Reflexion hat Hegel später in der Wesenslogik zu führen versucht. Auf der Grundlage des Scheinbegriffs werden in ihr die entscheidenden Kategorien des Unterschieds, des Gegensatzes und des Widerspruchs entwickelt. Ihnen entspricht, solange sie nicht in die Logik des Begriffs übergegangen sind, in der Applikation auf rechtliche Organisationsformen der Gesellschaft ein Handeln, das sich unter einer unbegriffenen Notwendigkeit vollzieht und deshalb nicht als frei bezeichnet werden kann. Dieser wesenslogische Begriffsapparat ist für jede Konzeption von Dialektik bis heute der entscheidende geblieben. Darin kann sie sich auf Marx berufen, der bereits gesehen hat, daß in ihm der härteste Gegensatz von Notwendigkeit und Freiheit zu denken versucht wird. Mit den wesenslogischen Strukturen versuchte Marx die Antagonismen einer Gesellschaft zu erfassen, die er als bürgerliche bezeichnete. Für Hegel ist der Übergang von der Logik des Wesens in die des Begriffs identisch mit dem Wechsel vom Reich der Notwendigkeit ins Reich der Freiheit. In der auf dem »logischen Geiste« beruhenden positiven Rechtstheorie gilt das institutionell geregelte Leben, als dessen Repräsentant die Staatsgewalt wirkt, als das verwirklichte Reich der Freiheit, es ist die Applikation der Logik des Begriffs. In den Systementwürfen der Jenaer Zeit aber sind die Übergänge innerhalb der Erscheinungen des Geistes, wenn sie über-

8 Da Hegel versucht hat, die Kategorie des Lebens als normativen Begriff einzuführen, kann ihre Rezeption durch die Lebensphilosophie nicht ohne entscheidende Verkürzungen geschehen. Bewußtsein »reinen« Lebens ist ihm äquivalent mit Selbstbewußtsein. Vgl. (J), S. 302 und unten S. 194 f.

haupt angedeutet sind, nicht in jener problematischen Fugenlosigkeit vollzogen, wie es in der späten positiven Rechtstheorie der Fall ist. Oft ist es so, daß Hegel sie nur metaphorisch beschreiben kann.[9]

In bezug auf die Konzeption eines Naturzustandes gilt für Hegel schon in der frühen Jenaer Zeit die Prämisse, daß er zitierbar nur als Stand des Menschen ist, der verlassen werden muß; eine These, die er bereits seiner Habilitation angehängt hat.[10] Was als absolute Sittlichkeit gelten soll, muß jenseits seiner Macht lokalisiert werden können. Innerhalb des Versuchs, ihre paradigmatische Form zu konstruieren, stehen Hegel zwei falsche Weisen, sittliches Handeln zu erfassen, vor Augen. In der einen wird der Zustand des Rechts gegenüber dem chaotischen der Natur empirisch abzusichern versucht, in der andern aber wird das Recht mit formellen Argumenten aus der Moralität deduziert. Hegel hat diese beiden Strategien, den Rechtszustand abzuleiten, als Empirismus und Formalismus zu kritisieren versucht. Vollzieht sich die Polemik gegen beide auf der Ebene der Gleichzeitigkeit, so wird sie mit der Andeutung einer Positivität, welche im Gegensatz zur erstarrten als wahr bezeichnet werden kann, verlassen. Für Hegel ist diese wahre Positivität wesentlich eine vergangene, ihr Begriff kann sich für ihn nur einem Blick erschließen, der mit der schönen griechischen Sittlichkeit vertraut ist. Historisch vergangene Erscheinung der Wechselwirkung von Natur und gesellschaftlichen Individuen, ist sie dennoch – jedenfalls innerhalb der frühen Jenaer Systematik – der Geltungsbereich, an dem Hegel die Ableitungen des Rechtszustandes empirischer und formell-moralischer Art mißt. Er stellt ihn mit Begriffen dar, die in der späten Ästhetik allein die griechische Sittlichkeit und deren Kunstreligion charakterisieren, mit dem Unterschied freilich, daß er in der frühen Jenaer Systematik nicht als eine abgelegte Form des Geistes erscheint, denn dann hätte es keinen Sinn, ihn als schlechthin geltenden vorhandenen Rechtskonstruktionen entgegenzustellen. Diese Form

9 Vgl. Hegel (SPR), S. 410.
10 Vgl. Rosenkranz (1), S. 159.

des Geistes ist natürliche Sittlichkeit, und Natur kann nach dem jungen Hegel unbeschädigt nur in die Deutungsschemata der ästhetischen Anschauung eingehen. Insofern enthält die mimetische[11] Interaktionsform der vergangenen griechischen Sittlichkeit einen Aspekt von Gültigkeit, der den modernen Formen des Rechts fehlt. So ist die *Gestalt* absoluter Sittlichkeit die Alternative zu dem Zwang, auf dem seiner Meinung nach die Konstruktion des Rechtszustands empirischer wie formell-moralischer Art beruht. Sie ist es vermöge ihrer natürlichen Implikationen.

Anhand der Merkmale, welche die Gestalt absoluter Sittlichkeit charakterisieren, versucht Hegel einen Katalog von Begriffsbestimmungen zu entwickeln, mit dessen Hilfe es sich zeigen läßt, daß sich Formalismus und Empirismus im Verhältnis des Gegensatzes zueinander bewegen. Paradoxerweise ist von ihnen aus der Grund zur späteren Positivierung der Philosophie Hegels gelegt. Denn auch in der Rechtsphilosophie ist es das Faktum der Sittlichkeit als Leben im Staat, das als universale Form seiner Reproduktion alle anderen Wissens- und Handlungsformen zur partialen Geltung herabsetzt. Mittels ihrer Positivität hat Hegel die besonders seine Systematik der frühen Jenaer Zeit kennzeichnende Diagnose vom unaufhaltsamen Zerfall substantieller Sittlichkeit endgültig aus seiner Theorie entfernt. Dadurch, daß sich die Positivität des objektiven Geistes dennoch im Gange der Geschichte zur Weltgeschichte auflösen muß, hat er die Intention aufzubewahren versucht, welche seine Jenaer Philosophie entscheidend kennzeichnet: Sittliches Handeln kann dort nicht stattfinden, wo seine Instanzen Träger reiner Machtverhältnisse sind. Auch der späten Rechtstheorie gemäß kann von Verhältnissen,

---

11 Das Oszillieren des Begriffs »mimetischer« Interaktion als zwangloser Reziprozität des Lebens kennzeichnet auch seinen Wert in der kritischen Theorie, die als »Negative Dialektik« ausgeführt wurde. Einerseits ist er der Rechtsgrund, von dem aus auf die Utopie eines zwanglosen Lebens verwiesen werden kann, andererseits aber das Instrument, anhand dessen das System kapitalistisch organisierter Gesellschaftsformationen zusammen mit seinen Rechtsinstitutionen als sinn- und zwecklose Form eindimensionaler Rationalität kritisiert werden muß. (Vgl. dazu B 5).

die allein dem Zweck der Machtausübung dienen, nicht als solchen der Sittlichkeit gesprochen werden. Hegel hat dies durch das Verhältnis des objektiven zum absoluten Geist plausibel zu machen versucht. Die begriffliche Differenzierung, welche bereits die Jenaer Realphilosophie kennzeichnet – denn auch in ihr gibt es Formen des objektiven und des absoluten Geistes –, wurde von der Systematik der frühen Jenaer Zeit jedoch nicht erreicht. Es macht die Komplikation dieses Versuchs aus, daß in ihm Phänomene angesprochen werden, zu deren Analyse die begrifflichen Mittel nicht in Hegels Hand waren. Das mag einer der Gründe dafür gewesen sein, daß seine Logik sich weitgehend auf einer Ebene bewegt, die von Hegel später selbst als Diskussion von Standpunkten abgewiesen worden ist.

Die natürliche Erscheinung absoluter Sittlichkeit ist also der Fokus der Argumentation gegen Empirismus und Formalismus. Damit ist die eindeutige Voraussetzung gemacht, daß der Rechtszustand als Objektivation der Sittlichkeit nur auf die Basis der Naturbestimmungen des Menschen zurückgeführt werden kann. Hegels Intention ist es zwar, das Absolutum sittlichen Handelns zu konstruieren, es kann aber aus keinen anderen als den Bedingungen der Natur des Menschen geschehen[12]: »Die absolute Idee der Sittlichkeit enthält ... den Naturstand und die Majestät als schlechthin identisch, indem die letztere selbst nichts anderes als die absolute sittliche Natur ist, und an keinen Verlust der absoluten Freiheit, welche man unter der natürlichen Freiheit verstehen müßte, oder ein Aufgeben der sittlichen Natur durch das Reellsein der Majestät gedacht werden kann; das Natürliche aber, welches im sittlichen Verhältnis als ein Aufzugebendes gedacht werden müßte, würde selbst nichts Sittliches sein und also am wenigsten dasselbe in seiner Ursprünglichkeit darstellen.«[13]

Obgleich sich Hegel in diesem Satz gegen die Erklärung der Sittlichkeit nach empiristischen Deutungsmustern wendet, hat er

---

12 Diese These kennzeichnet die Prägnanz von Lukács' Buch über den jungen Hegel.

13 Hegel (SPR), S. 339 f.

programmatischen Charakter. Nach ihm ist die sittliche Totalität durch Merkmale gekennzeichnet, die empirisch nicht nachgewiesen werden können. Sie hat ihre Prägnanz darin, daß sie über empirisch festzuhaltende Sachverhalte hinausgeht. Im Empirismus wird nach Hegel das Verhältnis von Theorie und Empirie nach kausalanalytischem Muster eingeführt. Die Totalität absoluter Sittlichkeit aber kann auf dieser Folie nicht begriffen werden. Hegel selbst unterscheidet zwei Weisen empirischer Darstellung alles Wirklichen. Deshalb spricht er von dem Geist alter und neuer Empirie; die eine bewegt sich im Medium der Anschauung, die andere nicht. Aufgrund ihrer Verbundenheit mit der Anschauung ist es die alte Empirie, in der sich das Recht von Empirie überhaupt ausdrücken kann. Sie richtet sich gegen die Konstruktion abstrakter Grundsätze des Denkens, welche die Erfahrung regeln und deren mannigfaltige Strebungen zur Einheit zusammenschließen sollen. Darin ist sie nach Hegel dem erkenntnistheoretisch abgesicherten Empirismus vorzuziehen. Ihr Recht kann sich diese mit dem Medium der Anschauung verbundene Empirie jedoch selbst nicht durchsichtig machen. Da sich alles Wirkliche vor ihr als Einzelnes ausweisen muß, verharrt sie in seiner Nachbildung. Hegel hat den anschauenden Trieb dieser Verfahrungsweise jedoch in einer Weise charakterisiert, die ihn als Bedingung einer Wissenschaft absoluter Sittlichkeit erscheinen läßt: »Eine große und reine Anschauung vermag auf diese Art in dem rein Architektonischen ihrer Darstellung, an welchem der Zusammenhang der Notwendigkeit und die Herrschaft der Form nicht ins Sichtbare hervortritt, das wahrhaft Sittliche auszudrücken; einem Gebäude gleich, das den Geist seines Urhebers in der auseinandergeworfenen Masse stumm darstellt, ohne daß dessen Bild selbst, in eins versammelt, als Gestalt darin aufgestellt wäre.«[14]

In der Abwehr kausalanalytischer Deutungsmuster für natürliche Vorgänge ist Hegel von der Naturphilosophie Schellings beeinflußt. Auch bei ihm ist mit dieser Abwehr die Auffassung verbunden, Sittlichkeit könne nur als ein organisches Verhältnis

14 (SPR), S. 340 f.

wirklich sein. Ist es innerhalb der Schellingschen Systematik jedoch möglich, Natur als menschliche an die intelligente Kraft eines Ich zu binden, so fehlt in Hegels frühen Jenaer Schriften der Ansatz einer Subjektivitätstheorie vollkommen. Erst in der Systematik der Jenenser Realphilosophie hat Hegel mit der Interpretation von Formen des subjektiven Geistes begonnen. Wo hingegen in den Schriften der frühen Jenaer Zeit ein Subjekt von Handeln und Wissen auftritt, ist es bereits in die Form der Individualität gebracht. Diese Individualität ist es, woran die Geltung von Recht festgemacht ist. Daß sie auf einer Natur aufruht, die als teleologisch strukturierte nur dem Medium der Anschauung zugänglich ist, kommt in der Konzeption des Trägers von Rechten, der diese Individualität ist, zum Ausdruck. Der Repräsentant sittlicher Verhältnisse muß sich mit Prädikaten bezeichnen lassen, die ihn als unmittelbares Faktum sinnlicher Gewißheit ausweisen. Der Träger organischer Sittlichkeit wird von Hegel auch als ein sinnliches »Dieses« gekennzeichnet. In der Form seiner Interaktion fallen die Modalbestimmungen der Erfahrung als Wirklichkeit, Möglichkeit und Notwendigkeit zusammen. In seiner Anschauung tritt das Vergehen der Zeit zur Ruhe der Gegenwart zusammen. Schelling hat diese Charakterisierung nur auf einen Zustand applizieren wollen, der durch das Produkt genialer Tätigkeit abgebildet wird und daher nicht als Rechtszustand bezeichnet werden kann. Für Hegel ist die allgemeine Form sinnlichen Erscheinens der Individualität jedoch der Rechtsträger als das sinnliche »Dieses« eines Volkes. Als frei kann er nur bezeichnet werden, wenn er sich in der Form der Anschauung unmittelbar darstellen kann: »der Ausdruck der Anschauung enthält ein: *dieses;* eine lebendige Beziehung und absolute Gegenwart, mit welcher die Möglichkeit selbst schlechthin verknüpft und eine davon getrennte Möglichkeit, oder ein Anderssein schlechthin vernichtet ist«.[15]
Hegel hat also die Form der Anschauung, die in Schellings Transzendentalsystem als das Paradigma eines ästhetischen Verhältnisses gilt, in der Grundlegung einer Philosophie des guten

15 (SPR), S. 375.

Lebens, die sich gleichwohl von der Transzendentalphilosophie unterscheidet, als Form sittlichen Lebens im Geiste eines Volkes zu bestimmen versucht. Im Gegensatz zu Schelling war es seine Überzeugung, daß es ein ungezwungenes Leben nur in Formen geben kann, die allgemein zugänglich sind. In seinen Jugendschriften schon hat Hegel diese Einheit einer Lebensform im Volksgeist zu erfassen versucht: »Geist des Volks, Geschichte, Religion, Grad der politischen Freiheit desselben – lassen sich weder nach ihrem Einfluß aufeinander, noch nach ihrer Beschaffenheit abgesondert betrachten – sie sind in ein Band zusammengeflochten ... Die Moralität einzelner Menschen zu bilden, ist Sache einer Privatreligion,... den Geist des Volks zu bilden, ist zum Teil auch Sache der Volksreligion, zum Teil der politischen Verhältnisse –«.[16] Das sinnliche »Dieses« des Volkes also muß eine Lebensform garantieren, die als sittlich bezeichnet werden kann. Als Organisation kann sie nicht aus der Geltung moralischer Grundsätze deduziert werden, weil sie ins öffentliche Bewußtsein treten muß. Das aber ist nur als Leben im Staat möglich. Daß sich die Konzeption sittlicher Organisation des Lebens im Staat vom Staatsbegriff der positiven Rechtstheorie unterscheidet, kommt selbst noch in jenem Passus der Verfassungsschrift zum Ausdruck, der die Vorrede der Rechtsphilosophie vorwegzunehmen scheint. Wenn auch die Formen von Vertrag und Eigentum, dessen Sicherung für den jungen Hegel der Angel ist, »um den sich die ganze Gesetzgebung dreht«[17], selbst die Formen paradigmatischer Reziprozität durchdringen und ihren lebendigen Charakter zerstören, kann eine sittliche Lebensform dennoch nur als öffentliche, als Organisation im Staat wirklich werden. Daß sie Bedingung der Möglichkeit und des Zerfalls von Sittlichkeit ist, hat Hegel als Kausalität des Schicksals in der Moderne festzuhalten versucht: »Denn nicht das, was ist, macht uns ungestüm und leidend, sondern, daß es nicht ist, wie es sein soll; erkennen wir aber, daß es ist, wie es sein muß, d. h. nicht nach Willkür und Zufall, so erkennen wir auch, daß es

16 (J), S. 27.
17 (PS), S. 335.

so sein soll.«[18] In bezug auf den Zustand der Auflösung, in dem sich das öffentliche Leben befand, das Hegel vor Augen hatte, ist es die Ursache des Leidens derer, die in ihm handeln, daß es nicht zugrunde geht, sondern sich als erstarrte Positivität am Leben erhält. Da dies aber nicht als Erscheinung reiner Willkür zu verstehen ist, ist es die Macht der Kausalität des Schicksals, welche in diesen verfallenden Lebensformen wirkt.

Ihre Erkenntnis ist jedoch für den jungen Hegel nicht ein Letztes. Der Staat, den die positive Rechtstheorie als Versöhnung des zerfallenen Lebens anbietet, hätte, wäre er nach den Vorstellungen des jungen Hegel eingerichtet worden, nicht so aussehen können, wie ihn der alte als Träger der Sittlichkeit zu verstehen versuchte. In der späten Rechtstheorie wird seine Existenz post festum zu begreifen versucht, die frühe Systematik aber geht davon aus, daß er als Lebensform der Sittlichkeit nicht existiert und deshalb hergestellt werden muß. Die Erfahrung der Auflösung von Lebensformen, in denen sittlich gehandelt werden kann, hat Hegel auf ähnliche Weise im Naturrechtsaufsatz beschrieben: »So können in einem aufgelösten Volk wie z. B. im deutschen allerdings die Gesetze Wahrheit zu haben scheinen, wenn man nicht unterscheidet, ob sie Gesetze des Negativen und der Trennung oder Gesetze des wahrhaft Positiven und der Einheit sind. Unmittelbar damit, daß die ein Ganzes organisierenden Gesetze allein für eine Vergangenheit Bedeutung haben und sich auf eine Gestalt und Individualität beziehen, die längst als eine erstorbene Hülle abgestreift ist ... unmittelbar damit bestimmt und befestigt sich die Auflösung und setzt sich in einem System des Negativen, gibt sich somit den formellen Schein von Erkenntnis, so von Gesetzen, deren inneres Wesen das Nichts ist ... Jene erste Unwahrheit ist also diejenige, welche bewußtlos und unbefangen es ist; diese zweite aber, welche sich die Form anmaßt und damit befestigt.«[19]

Der Zustand wahrer Positivität kann von Hegel, da er nicht in der Weise der späten Rechtstheorie als Zustand der Geltung ver-

18 (PS), S. 25.
19 (SPR), S. 409.

nünftigen Rechts charakterisiert wird, nur negativ bezeichnet werden. Ihn kann weder die empiristische Staatskonstruktion von Institutionen, die reibungslos ineinander greifen, noch die Sollensargumentation moralischer Vernunft repräsentieren. Als organische Erscheinung der Sittlichkeit ist seine Positivität nur durch das Zitat der geschichtlich vergangenen Lebensform antiker Sittlichkeit bestimmbar. Das Zitat dieser Lebensform hat Hegels Interesse an dem Topos des Organismus motiviert. Wie Schelling hat er ihn gegen die Ableitung des Rechtszustandes nach Maßgabe des rationalen Naturrechts gewendet. Ein Organismus ist nach Hegels Meinung im Gegensatz zu dem mechanisch konstruierten Räderwerk von Institutionen als ein System zu betrachten, das durch innere Zweckmäßigkeit belebt ist. Auf den Staat bezogen heißt dies, daß er eine institutionelle Form haben muß, die durch die Freiheit ihrer Träger belebt ist. Deshalb hat er die Empirie, die sich auf das Verfahren der Anschauung konkreter Gegenständlichkeit beruft, dem Empirismus und der von ihm geleisteten Analyse des Staatskörpers entgegengestellt. In der Polemik gegen die Form des Staates, dessen Begriff allein die Sicherung von Vertrag und Eigentum in reibungslos arbeitenden Institutionen ist, kann Hegels Standpunkt von demjenigen der transzendentalen Moralphilosophie nur durch den Nachdruck unterschieden werden, der auf den natürlichen Implikationen sittlichen Handelns liegt. Auch der sich selbst bestimmende Wille, der das Zentrum der Philosophie des guten Lebens ist, wie sie in der Transzendentalphilosophie ausgearbeitet wurde, kann in einem Gesellschaftssystem, das nach empiristischen Kriterien errichtet ist, keinen Platz finden. Als autonomer, nicht als natürlicher, ist er in sich selbst zweckmäßig strukturiert, sein dem Zweck der allgemeinen Freiheit verpflichtetes Handeln aber kann auch nach der Transzendentalphilosophie in einem System von Institutionen, das nach reinen Effizienzkriterien gebaut ist, nicht angemessen zur Geltung kommen. Als moralischer Wille wird er von der Staatsmaschine zerstört. Aus dem Gegensatz von Moralität und Legalität sind in der Transzendentalphilosophie vorübergehend anarchistische

Konsequenzen gezogen worden. Noch in der ästhetisierenden Argumentation des »Systemprogramms« sind es die Institutionen des Staates, die als Instrumente der Legalität aufhören müssen, weil sie die sich selbst bestimmende Kraft des autonomen Ich nicht zulassen. Dieses Ich ist in der Transzendentalphilosophie die Bedingung der Möglichkeit von Freiheit. Im Anschluß an Schelling ist es aber Hegels Auffassung, daß dieser Anspruch auf Selbstbestimmung des Menschen von einer naturlosen Vernunft vorgebracht wird. Obgleich Empirismus und Formalismus in der Ableitung des Rechts von gegensätzlichen Intentionen ausgehen, ist es das Resultat ihrer Ableitung, daß sich Recht für beide als Herrschaftsinstrument etabliert. Für Hegel gilt in bezug auf den Formalismus der idealistischen Moralphilosophie darum der gleiche Einwand, den Schelling gegen Fichte vorgebracht hat: »Der Grund der geistigen Gemeinheit aller Art ist selbst der Mangel jener Anschauung, dadurch uns die Natur als selbstlebendig erscheint.«[20] Schelling hat diesen Einwand freilich formuliert, als sich Hegel längst von der Kritik an der Transzendentalphilosophie, die für seine frühe Jenaer Systematik kennzeichnend ist, zu entfernen versucht hat. Mit der schließlich gewandelten Perspektive, in der sie sich ihm darstellte, veränderte sich auch die Stellung seiner Gedanken zur Theorie des Empirismus. In der Jenenser Realphilosophie schon sind deutliche Züge der Rezeption der empiristischen Staatstheorie zu bemerken. Sie war der Grund dafür, daß Hegel nicht in der gleichen Naivität von Natur und ihrem Organismus ausgehen konnte, wie es Schelling tat, wenn er physikalische Prozesse zu analysieren versuchte.

Organismus heißt also ein System, von dem die Annahme gilt, es sei in sich selbst zweckmäßig strukturiert. Seine Strebungen können daher nicht nach dem Muster mechanischer Kausalität erfaßt werden. Hegel hat zu seiner Charakterisierung die Schellingsche Anordnung der Potenzen einer Natur übernommen, die nicht bloßes Produkt, sondern zugleich Produktivität, nicht natura naturata, sondern natura naturans ist. Er hat sie jedoch nie

20 Schelling (VII), S. 19.

mit solcher Konsequenz zu entfalten versucht wie Schelling. Im Kontext seiner Geistphilosophie bezeichnet die organische Gestalt den Übergang zu den Erscheinungen des Geistes.[21] Das, was an ihnen Natur ist, gilt Hegel als die Schwere von Körpern, über welche sich die lichten Gestalten des Geistes erheben. Im Naturrechtsaufsatz wird von der natürlichen Schwere der Erscheinungen des Geistes als den »unterirdischen Mächten« gesprochen. Innerhalb seiner Argumentation sind sie als Machtverhältnisse interpretierbar, die sich vermöge ihrer naturwüchsigen Logik der Integration in die Erscheinung der Sittlichkeit widersetzen. Noch in der späten Rechtstheorie hat Hegel auf die Schwere des Gesellschaftskörpers und seiner Organisation hingewiesen. Ihr stellte er den Willen entgegen, der frei darin ist, daß er sich als Möglichkeit in der Wirklichkeit dieses gesellschaftlichen Systems bewährt. Der Übersetzungsprozeß, innerhalb dessen sich seine Freiheit in das System des gesellschaftlichen Körpers einbildet, geschieht durch die Mittel und Werkzeuge, derer sich der Wille in der Arbeit bedient. Arbeit ist daher auch als Emanzipation aus der substantiellen Schwere natürlicher Verhältnisse zu verstehen.

Das Ganze dieses Transformationsprozesses hat Hegel später den Lebensprozeß genannt.[22] Vom Standpunkt der Logik aus betrachtet ist er jedoch ein Prozeß reiner Wesenheiten, dem seine Materialität und damit auch seine naturwüchsige Logik genommen ist. In diesem dialektischen Prozeß bildet sich das Leben zu dem, was Hegel als die absolute Idee bezeichnet hat. Die Einzelheit einer natürlichen Gestalt ist in ihm nur deren partiale Erscheinung, an der sich eine reine Begriffsdialektik vollzieht. Dagegen hat sich Schelling mit dem Diktum gewandt, diese Bewegung des Begriffs habe keine materiale Realität. Und es trifft zu, daß innerhalb der Logik die Relation von Produzierendem und Produziertem eine begriffliche ist: »Der Begriff produziert also durch seinen Trieb sich so, daß das Produkt, indem er dessen Wesen ist, selbst das Produzierende ist, daß es nämlich

21 Hegel (R I), S. 159-191.
22 (L), S. 425 ff.

Produkt nur als die sich ebenso negativ setzende Äußerlichkeit oder als der Prozeß des Produzierens ist.«[23] Schelling hat die Einheit von produzierendem Trieb und produziertem Gegenstand nur in der produktiven Anschauung festhalten wollen. Ihre paradigmatische Form ist das geniale Kunstprodukt; in ihm hat seiner Meinung nach der Antrieb zu produzieren aufgehört, weil er ungebrochen ins Produkt übergegangen ist. Deshalb schließt es den Prozeß der Erfahrung ab.

Hegel hat in seiner frühen Jenaer Systematik die Schellingsche Charakterisierung der Anschauung als Medium der Einheit übernommen: »Die Einheit der Anschauung ist die Indifferenz der Bestimmtheiten, welche ein Ganzes ausmachen, nicht ein Fixieren derselben als Abgesonderter und Entgegengesetzter, sondern ein Zusammenfassen und Objektivieren derselben; und hiermit, da diese Indifferenz und die differenten Bestimmtheiten schlechthin vereinigt sind, ist sie keine Trennung – jener als Möglichkeit, dieser als Wirklichkeit, oder dieser selbst, teils als möglicher teils als wirklicher, sondern absolute Gegenwart.«[24]

Unterhalb der Bestimmung einer sittlichen Organisation, die durch das Medium der Anschauung zur sinnlichen Erscheinung eines Rechtsträgers zusammengeschlossen ist, bilden sich die Besonderungen dieses Rechtsträgers in der Sphäre des Vertrages und des Eigentums. Als reine Erscheinungen der Besonderheit können sie nach Hegel nicht als sittliche Phänomene betrachtet werden. Der Zufall der Interessen, der in ihnen zum Ausdruck kommt, kann nur in der Beziehung auf ein Handeln korrigiert werden, dessen Motive nicht an die Interessen, die mit den Erscheinungen des Eigentums und des Vertrages gesetzt sind, fixiert bleiben. Das System der Bedürfnisse, dessen Wissenschaft die politische Ökonomie ist, gilt innerhalb der Hegelschen Konstruktion der Sittlichkeit nur als deren Reflex. Hegel erkennt die Wirklichkeit dieses Reflexes jedoch im Unterschied zum Formalismus der idealistischen Moralphilosophie als die Basis an, auf

23 (L), S. 421.
24 (SPR), S. 356.

die sich ein nicht nur subjektiv einsichtiger, sondern objektiv richtiger Rechtszustand beziehen muß. Nach ihm ist die »reine Realität«, die von der politischen Ökonomie erfaßt wird, ein Reflex der Sittlichkeit, weil sie nicht nur ein faktisch stattfindender Reproduktionsprozeß ist. Schon durch die Tatsache, daß sich aus seiner Fluktuation die Geltung von Rechtssätzen ergibt, durch welche der einfache Besitz in Eigentum überführt wird, zeigt sich, daß in den ökonomischen Tauschprozeß ein Bewußtsein eingepaßt ist, welches auch die Sittlichkeit kennzeichnet: »Durch die Identität, in welche das Reelle in der Beziehung des Verhältnisses gesetzt wird, wird der Besitz Eigentum, und überhaupt die Besonderheit, auch die lebendige, zugleich als ein Allgemeines bestimmt; wodurch die Sphäre des Rechts konstituiert ist.«[25] Sie ist als die Geltung einzelner Verträge jedoch nichts anderes als die zersplitterte Erscheinung einer wahrhaft sittlichen Organisation des Bedürfnissystems. Die Fixierung besonderer Regelungen gegen die Allgemeinheit der Sittlichkeit, die im Vertrag getroffen sind, hat Hegel in der Struktur ähnlich wie in der »Phänomenologie« und der Rechtsphilosophie zu diagnostizieren versucht: als Polarisierung von Staatsmacht und Reichtum und als unendlichen Regreß des Widerspruchs, der sich auf der Basis der bürgerlichen Gesellschaft zwischen formeller Gleichheit und sich vergrößernder Ungleichheit ihrer Mitglieder ergibt. In der »Phänomenologie« erscheint dieser Regreß als das Trauerspiel der Geschichte, das erst durch die Einheit des absoluten Geistes aufgehoben wird. In der Rechtsphilosophie ist es der Zwang der staatlichen Institutionen, welcher die sich zersplitternde bürgerliche Gesellschaft zusammenhält.

Im vertraglich abgesicherten Eigentum, das die Geltung von Rechtssätzen voraussetzt, ist nun eine formelle Gleichheit über die Unterschiede einzelner Besitzender gelegt; die Trennung von Subjekt des Bedürfnisses und Objekt der Bedürfnisbefriedigung ist durch die abstrakte Geltung des Vertrages aufgehoben. Das ist für Hegel der Reflex absoluter Sittlichkeit, den das System der Bedürfnisse zurückwirft. In seinen antagonistischen

25 (SPR), S. 370.

Strukturen entwickelt es sich jedoch nach ihm nicht so, daß es komplikationslos zu einer Assoziation von gesellschaftlichen Organisationen treibt, die sich unter Gesichtspunkten weltbürgerlichen Handelns zueinander verhalten. Die Naivität dieser Voraussetzung hat Hegel an Kants Utopie vom »Ewigen Frieden« zu entlarven versucht.[26] In seiner frühen Jenaer Systematik tat er dies selbst noch mit dem Blick auf einen Zustand des Lebens, dessen Geltung er dem System der Bedürfnisse gegenüberstellte; in der späten Theorie des Rechts aber mit Argumenten, die auf die von ihm ehemals kritisierte empiristische Staatstheorie zurückgehen. Es ist der Kampf der gesellschaftlichen Individuen gegeneinander, den sie um die Anerkennung im Recht führen, durch den das System der Bedürfnisse charakterisiert ist. Er kennzeichnet sowohl die Tiefenstruktur der bürgerlichen Gesellschaft, deren Oberfläche sich gegen ihn in Grundsätzen formeller Gleichheit in Vertrag und Eigentum immunisiert, als er auch die Handlungsmotive der einzelnen Individuen durchdringt und verdirbt.

Die einfache Widerspiegelung der Oberflächensituation formeller Gleichheit im System der Bedürfnisse der bürgerlichen Gesellschaft ist die Positivität des Rechts. In ihr werden kollektive Formen der Täuschung über die Struktur der Wirklichkeit mit dem Schein allgemein verbindlicher Legitimität umgeben. Positives Recht ist deshalb das Paradigma reiner Unterdrückung, weil in ihm die Möglichkeit dementiert ist, daß der Gedanke eine mehrdimensional strukturierte Wirklichkeit überhaupt durchschauen kann. Das einfache Faktum, daß sich Rechtssysteme in der Geschichte ablösen, ihre Rechtssätze aber immer in Form von Geltungsaussagen vorzubringen pflegen, müßte die Agenten der Positivität darüber belehren, daß ihr Handeln von kausalen Mechanismen dependiert, denen sie selbst ausgesetzt sind. Das Faktum geschichtlicher Kontingenz tangiert die Geltung von Recht, es bestimmt sie ausschließlich, wenn es in seine Ableitung nicht bewußt aufgenommen wird. Mit einem Mal, so beschreibt Hegel das Auftreten geschichtlicher Umwäl-

26 Vgl. (SPR), S. 369, 411.

zungen, löst sich ein erstarrtes Rechtssystem auf und fällt in sich zusammen. Die Agenten der Positivität haben dann nur die Möglichkeit, diesen Zerfall als Zustand der Auflösung sich an ihnen vollziehen zu lassen. Für ein Bewußtsein jedoch, das die mehrdimensionale Struktur der Wirklichkeit gesehen hat, setzt der Zustand der Auflösung, in dem ihre antagonistischen Strebungen konfundiert sind, die Möglichkeit, ihn mit der Erinnerung an die Leiden und die Abhängigkeit zu überwinden, die ihm von den Instanzen erstarrter Positivität zugefügt worden sind. Die Unruhe des Gedankens, an der es gegen sie festgehalten hat, kann erst in diesem Moment ihre Befriedigung erfahren. Für Hegel ist es der Strom erster und zweiter Natur, der unterhalb der Sphäre des Bedürfnissystems wirkt, die durch die Geltung von Verträgen geregelt ist. Montesquieu gilt ihm als Beispiel dafür, wie diese Kausalität erkannt werden kann. Nur in der sittlichen Gestalt eines Volkes ist ihre mechanisch wirkende Macht aufgehoben: »diese Seite ist seine unorganische Natur, aber in der Gestalt und Individualität sich *an*organisiert«.[27] Nur in der Aura einer nun sittlichen und nicht ästhetischen Gestalt des Bewußtseins ist die Möglichkeit gesetzt, daß die erstarrte Positivität des Rechts aufhört: »das Unglück aber der Periode des Übergangs, daß dieses Erstarken der neuen Bildung sich nicht von dem Vergangenen absolut gereinigt hat, ist es, worin das Positive ist. Und die Natur, ob sie zwar innerhalb einer bestimmten Gestalt mit gleichmäßiger, jedoch nicht mechanisch gleichförmiger, sondern mit gleichförmig beschleunigter Bewegung fortgeht, genießt jedoch auch einer neuen Gestalt, welche sie errungen hat; wie sie in dieselbe springt, so verweilt sie in ihr«.[28]

Das Faktum des Vergehens von Rechtsformen, die mit dem Anspruch allgemeiner Geltung auftreten, hat Hegel später zu einem entscheidenden Charakteristikum seiner Geschichtsphilosophie gemacht. In bezug auf die Geltung und den Zerfall von

27 (SPR), S. 404.
28 (SPR), S. 410.

Rechtsinstitutionen hat er es um den Gegensatz von Natur und sittlicher Welt gruppiert.

Da die Bewegung der Natur nicht eine mechanisch gleichförmige, sondern, wie Hegel formuliert, eine gleichförmig beschleunigte ist, muß sie nach dem Muster nicht mechanischer, sondern teleologischer Kausalität beurteilt werden. Mit diesem Begriff von Natur versuchte Hegel, gestützt auf Schellings begriffliche Mittel, die Moraltheorien des Idealismus als Reflexionsphilosophie zu kritisieren.[29] Auch für ihn ist das Signum der Natur ihre Doppeldeutigkeit. Der gesellschaftliche Zustand muß als sittliche Organisation vom Naturzustand deshalb unterschieden werden können. Natur hemmt, so wie sie als zweite das System der Bedürfnisse der bürgerlichen Gesellschaft ausmacht, die lineare Entwicklung der ersten zur Gestalt absoluter Sittlichkeit. An dieser Hemmung hat Hegel die Dialektik des Schicksals festgemacht. Sobald der Geschichtsprozeß von ihm in eine Folge absoluter Gestalten aufgelöst worden ist, hat er die naturwüchsige Logik dieser Schicksalsdialektik nicht mehr angemessen aufgegriffen. Die Macht des Schicksals ist in ihr nur mehr an einzelnen Gestalten dieses Geschichtsprozesses lokalisiert. Da es das Schema der ästhetischen Anschauung ist, in dem allein dem jungen Hegel zufolge die Doppeldeutigkeit der Natur erfaßt werden kann, hat er die paradigmatische Form dieser Anschauung innerhalb seiner Geschichtsphilosophie auf einer Stufe des Geistes abgelegt, die das Phänomen moralischer Subjektivität nicht kennt, die vielmehr im moralischen Räsonnement des Sokrates ihren eigenen Zerfall einleitet.[30]

Natur ist in der frühen Jenaer Systematik, auch wenn sie das Signum der Doppeldeutigkeit kennzeichnet, das Fundament, auf das sich Moralität und Recht beziehen müssen. Sie ist »das Lebendige selbst, das sich in dem Gesetz allgemein setzt, und in dem Volke wahrhaft objektiv wird«.[31] Als allgemeine Erscheinung der Natur ist das sinnliche »Dieses« eines Volks der

29 Vgl. Riedel (1), S. 47.
30 Vgl. Ritter (2), S. 294 f. Anm.
31 Hegel (GW), S. 118.

Rechtsträger sittlich organisierter Verhältnisse, in ihm ist die Natur lebendig: »Indem das Volk die lebendige Indifferenz, und alle natürliche Differenz vernichtet ist, schaut das Individuum sich in jedem als sich selbst an, es gelangt zur höchsten Subjektobjektivität; und diese Identität aller ist eben dadurch nicht eine abstrakte, nicht eine Gleichheit der Bürgerlichkeit, sondern eine absolute, und eine angeschaute, im empirischen Bewußtsein, im Bewußtsein der Besonderheit sich darstellende.«[32]

Anders als in der vom Naturrechtsaufsatz in paradigmatischer Form repräsentierten Systematik hat Hegel schon im »System der Sittlichkeit« die natürliche Gestalt sittlicher Organisation zugunsten einer Systematik des Begriffs zurückzudrängen versucht. Man darf, den neuesten Datierungsversuchen dieser Texte entsprechend[33], vermuten, daß er in dem Versuch, ein eigenes System zu entwickeln, die ästhetische Anschauung aus dem Zentrum seiner Argumentation entfernt hat. Deshalb gelingt es ihm auch in diesem Systementwurf und den Jenenser Vorlesungen, das System der Bedürfnisse einer schärferen Analyse zu unterziehen.[34] Vor diesem Hintergrund hat er dann gegen die Trennung von Moralität und Legalität, welche die Philosophie des guten Lebens vor ihm vollzogen hat, einen Begriff von Sittlichkeit gestellt, dessen Zentrum der institutionelle Rahmen des objektiven Geistes ist. Dieser Rahmen ist das Korrektiv für ein Handeln, das nicht in Gesinnungsfreiheit verharren will. Innerhalb der vom Naturrechtsaufsatz repräsentierten Argumentation aber ist das Bild wahrer Positivität nicht diese Lösung der Antinomie der Freiheit des Willens im Verhältnis zu institutionellen Organisationsformen. Der polemische Einwand gegen die das Leben beherrschenden Formen der Reflexion erfolgt von einem Standpunkt aus, welcher der Theorie des objektiven Geistes gegenüber selbst abstrakt ist. Die Versuche der Wiederbelebung antiker Sittlichkeit, welche die Trennung in

32 (SPR), S. 462.
33 Vgl. Kimmerle (1), S. 141 f.
34 Vgl. Habermas (6).

moralische und politische Handlungsformen nicht kannte – deshalb war diese Lebensform eine sittliche –, hat Hegel selbst als ein Tun bezeichnet, das keine lebendige Sittlichkeit zur Folge haben kann: »Solche in Beziehung aufs Ganze wenige Versuche, die gegen die neuere Bildung stattgefunden haben, und die bedeutendern schönen Gestaltungen der Vergangenheit oder der Fremde haben nur diejenige Aufmerksamkeit erwecken können, deren Möglichkeit übrig bleibt, wenn die tiefere ernste Beziehung lebendiger Kunst nicht verstanden werden kann.«[35] Unter dem Prinzip der Subjektivität und der Reflexion ist nach Hegels eindringlichem Diktum ein Zustand entstanden, in dem der »Hain als Hölzer«[36] erkannt werden muß. Er kann auch in bezug auf die Konstruktion der Sittlichkeit nicht durch die einfache Wiederbelebung eines Zustands überwunden werden, auf den die Trennung von Moral und Politik nicht zutraf.[37] Die Herrschaft des Verstandes ist ein Faktum, das dem Zerfall der Sittlichkeit in der Moderne korrespondiert; sie kann zwar durch den Blick auf die Verhältnisse der antiken Polis als Entfremdung erkannt, nicht aber durch deren Wiederbelebung aufgehoben werden.

In seiner Differenzschrift, die auf erkenntnistheoretischer Ebene die Transzendentalphilosophie als Philosophie der Reflexion zu destruieren und mit einem eigenen Programm zu überbieten versucht, hat Hegel in einer vielzitierten Passage das Bedürfnis der Philosophie auf den Zustand der Desintegration des Lebens zurückgeführt: »Wenn die Macht der Vereinigung aus dem Leben der Menschen verschwindet und die Gegensätze ihre lebendige Beziehung und Wechselwirkung verloren haben und Selbständigkeit gewinnen, entsteht das Bedürfnis der Philosophie.«[38] Als Bedürfnis ist es an den Zustand der Auflösung allgemein verbindlicher Handlungszwecke des Menschen gebunden. In dem Leiden an diesem Zustand aber gibt es sich die

35 Hegel (Diff), S. 14 f.
36 (GW), S. 3.
37 Vgl. Ritter (1), S. 213 ff.
38 Hegel (Diff), S. 14.

Form einer Utopie, deren Inhalt ein Zustand des Lebens ist, der als Reziprozität ohne Hierarchie charakterisiert werden kann. In der erkenntnistheoretischen Grundlegung der praktischen Philosophie kann diese Reziprozität nicht zur Geltung gebracht werden, wenn die Erkenntniskraft des Menschen in einer hierarchischen Ordnung seiner Erkenntnisvermögen zergliedert wird; diesem Vorgang entspricht die politische Organisation des Gesellschaftssystems, das ausschließlich nach Gesichtspunkten der Sicherung von Eigentum in der vertraglichen Regelung des Rechts gegliedert ist.[39]

Erkenntnistheoretisch ist es deshalb die Suche nach einem Vermögen, das als eines ursprünglicher Identität bezeichnet werden

39 In bezug auf die paradigmatische Form der Reziprozität ohne Hierarchie, die eheliche Liebe, hat Hegel in einem Fragment seiner Jugendschriften bemerkt, sie sei dies nicht aufgrund ihrer Wirksamkeit als Institution. Was an ihr Vertrag ist, setzt mit sich die Verfügung über Eigentum; innerhalb der Geltung des Vertrages ist im Verhältnis der Liebenden zueinander aber die optimale Lösung die gemeinsame Herrschaft über den Besitz angeborener oder erworbener Güter. Damit ist die institutionelle Seite der Liebe kein herrschaftsfreies Verhältnis. Hegel hat sie deswegen als das der ehelichen Liebe immanente Tote bestimmt. In den Interaktionsformen, die eine auf Besitz und Eigentum gegründete Gesellschaft charakterisieren, wird die Realität der Liebe aber gerade mit ihren toten Formen gleichgesetzt. Das kennzeichnet die Verstümmelung der Wahrnehmungsfähigkeit derer, die in ihnen agieren. In bezug auf die Wahrnehmung sozialer Realität müßte man sie Hegel gemäß als eine kennzeichnen, die sich innerhalb der Rollenerwartungen vollzieht, durch welche die Instanzen erstarrter Positivität das gesellschaftliche System überwachen. Sie sind an die Situation des Vertrags fixiert. Brechen Individuen oder Gruppen aus dem Kontext seiner Regelungen aus, dann reagieren die Charaktermasken der Positivität entweder mit moralischen Deklamationen oder mit legalen Mitteln der Strafe. Hegel hat diesen sozialpsychologischen Mechanismus innerhalb der »Tragödie im Sittlichen« in Andeutungen als die allgemein gewordene Privatethik charakterisiert, welche die bürgerliche Gesellschaft zur Aufführung einer »Komödie« werden läßt, in der sich die Handelnden gegenseitig betrügen. (Vgl. dazu die Ausführungen zur »Tragödie im Sittlichen«.) Liebe ist nach Hegel lebendig dort, wo sie als spontane Identifikationskraft auftreten kann. Das ist dann, wenn sie als institutionelles Verhältnis definiert wird, nicht der Fall. In der Dimension der Erkenntnistheorie scheint dieser Kraft der Spontaneität die produktive Einbildungskraft zu entsprechen. (Vgl. Hegel (J), S. 381 f.)

kann, welche die Interpretationen der Transzendentalphilosophie, die Hegel in der Jenaer Zeit geliefert hat, zum entscheidenden Merkmal haben. Kant hatte nach ihm in der produktiven Einbildungskraft dieses Vermögen entdeckt, es aber sogleich innerhalb seiner Trennung von Verstandes- und Vernunfttätigkeit auf die Seite des Verstandes geschlagen. Die Verstandestätigkeit aber ist für Hegel das Zentrum der Herrschaft trennender Reflexion. Deshalb kann die ursprüngliche Identität der Erkenntnisvermögen des Menschen in der Kantischen Konzeption der Einbildungskraft nicht erfaßt werden. Ihre Einheit bleibt innerhalb ihres Rahmens ein Jenseits. Diese Feststellung hat Hegel mit einer Kritik an dem Charakter des Ding an sich zu verbinden versucht, da es nur in der Zersplitterung in endliche Erscheinungen ergriffen werden kann und die Erkenntniskräfte des Menschen deshalb in einen unendlichen Progreß verwickelt. Nach ihm wird die Erscheinung der Tätigkeit der produktiven Einbildungskraft, das Schöne, etwas, »das sich allein auf das menschliche Erkenntnisvermögen und ein übereinstimmendes Spiel seiner mannigfaltigen Kräfte bezieht, also schlechthin etwas Endliches und Subjektives ist«.[40] Und Fichte wird von Hegel der Vorwurf gemacht, daß er die Funktion der ästhetischen Anschauung, die keine des Verstandes ist, zusammen mit der Kunst so beschreibt[41], wie sie in seinem System lokalisiert werden müßte, ihr darin aber dennoch nur eine periphere Stelle einräumt, so daß sie unter die Herrschaft der Moralität gerät: *»Das Sittengesetz gebietet absolut und drückt alle Naturneigung nieder . . .* Diese notwendige Ansicht dieser Sittlichkeit, statt eine ästhetische zu sein, muß gerade diejenige sein, welche die verzerrte, ängstliche, gepreßte Form, die Häßlichkeit zeigt . . . Fordert das Sittengesetz nur Selbständigkeit als ein Bestimmen nach und durch Begriffe, und kann die Natur zu ihrem Recht nur durch eine Beschränkung der Freiheit nach dem *Begriff* der Freiheit vieler Vernunftwesen gelangen, und sind diese beiden

40 (GW), S. 32.
41 Hegel bezieht sich dabei auf eine Stelle aus der Sittenlehre Fichtes. Vgl. (Diff), S. 73.

gepreßten Arten die höchsten, wodurch sich der Mensch als Mensch konstituiert, so ist für den ästhetischen Sinn, der in seinem weitesten Umfange genommen werden muß, für die vollendete Selbstgestaltung der Totalität in der Vereinigung der Freiheit und Notwendigkeit, des Bewußtseins und des Bewußtlosen weder, insofern er sich rein in seinem unbeschränkten Selbstgenusse darstellt, noch in seinen eingeschränkten Erscheinungen, in der bürgerlichen Rechtlichkeit und in der Moralität Raum zu finden. Denn im ästhetischen Sinn ist gerade alles Bestimmen nach Begriffen so sehr aufgehoben, daß ihm dies verständige Wesen des Herrschens und Bestimmens, wenn es an ihn kommt, häßlich und zu hassen ist.«[42]

Hegels Polemik gegen die Dichotomie von Moralität und Legalität ist in den Mitteln, auf die sie sich stützt, durch unverkennbare Anklänge an Schellings Transzendentalsystem bestimmt. Ihr Inhalt wurde jedoch von solchen Kritikern dieser Dichotomie wie Schiller und Hölderlin präziser als von Schelling formuliert. Auch sie haben darauf verwiesen, daß die menschliche Natur, die durch den ästhetischen Sinn gespiegelt wird, durch die Ethik der Transzendentalphilosophie in die Konventionen von Recht und Moral gepreßt wird. Deshalb bannt die Transzendentalphilosophie den Menschen in eine entzauberte Welt, die vor dem abstrakten Anspruch ihrer moralischen Prinzipien zur häßlichen wird.

Hegel hat dies darauf zurückgeführt, daß die Tätigkeit der Einbildungskraft nur als die des reflektierenden Verstandes interpretiert worden ist. Jenseits der Grenzen, die durch seine Tätigkeit bestimmt sind, bleiben die Gegenstände, auf welche sich die menschlichen Erkenntnisvermögen beziehen, als unorganisierte Masse liegen. Die Begrenzung der Erfahrung durch den Verstand führt zum erkenntnistheoretischen Progreß ins Unendliche; auf dem Gebiet der praktischen Vernunft entspricht ihm das leere Versprechen eines kosmopolitisch organisierten Weltzustandes. Dabei gilt es schon für die Sphäre der Legalität,

42 (Diff.), S. 74.

das Bedürfnissystem der bürgerlichen Gesellschaft, dessen organisatorische Regelungen im Recht aus dem moralischen Willen abgeleitet sind, daß sie sich als positives Rechtsgehäuse gegenüber ihrer moralischen Legitimierung verselbständigt hat. Es ist undenkbar, daß innerhalb eines Begriffsrahmens, der die Trennung von Moralität und Legalität zur Voraussetzung hat, ein Rechtsträger bezeichnet werden kann, der durch den Zusammenfall des einzelnen und allgemeinen Willens gekennzeichnet werden kann. Wie der erkenntnistheoretische Progreß ins Unendliche dazu führt, daß die menschlichen Erkenntniskräfte das zu erkennende Material willkürlich aufgreifen, so der Auseinanderfall des allgemeinen und des einzelnen Willens dazu, daß sich das System der Legalität durch willkürliche Entscheidungsmechanismen reproduziert. Erst über den Umweg dieser Gedanken führt Hegels Kritik an der Transzendentalphilosophie zu dem Hinweis, der oberste Punkt, an dem innerhalb ihres Rahmens das System von Wissen und Handeln festgemacht ist, das Selbstbewußtsein, sei leer und unbestimmt geblieben.

Selbstbewußtsein kann als wirklich nur bezeichnet werden, wenn es als Träger einer sittlichen Organisation auftritt. Als Gestalt dieser Organisation erscheint es in sich selbst gegliedert. Die Widersprüche, die sich innerhalb seiner Formation ergeben, gruppieren sich alle um den Kampf, den die gesellschaftlichen Individuen um ihre Anerkennung im Recht und um die Zerstörung von Recht führen. Er ist durch die Gegensätze von Freiheit und Gleichheit, Recht und Strafe, Tugend und Herrschaft, Tapferkeit und Tod bestimmt. Nur rudimentär hat Hegel innerhalb seiner ästhetischen Systematik das gesellschaftliche System charakterisiert, in dem diese Gegensätze wirksam sind. Es ist in Stände gegliedert. Der Stand der freien Bürger repräsentiert in ihm die Sittlichkeit; er ist die Erscheinung eines Individuums, »dessen Organe die einzelnen Individuen sind und das von seiten seiner Indifferenz betrachtet der absolut lebendige Geist, von seiten seiner Objektivität die lebendige Bewegung und der göttliche Selbstgenuß dieses Ganzen in der Totalität der Individuen als seiner Organe und Glieder ist«[43]; negativ betrachtet ist dieser Stand frei und absolut darin, daß seine Arbeit das Opfer des eigenen Lebens für die sittliche Organisation ist; deshalb vollzieht sich an ihm in paradigmatischer Form die tragische Dialektik von Tapferkeit und Tod. Die Kausalität des Schicksals, die in seinem Handeln wirksam ist, erscheint am Stand der Bürger im Opfer des eigenen Lebens für seine sittlichen Ideale. Dieser Stand, deren Repräsentanten als citoyens bezeichnet werden können, ist nicht durch die Verletzung des einzelnen Lebens zu beschreiben. Sie wird von den Instanzen begangen, die als strafende für die institutionelle Ordnung des Lebens handeln. Deshalb erhebt sich der citoyen über den Zufall des Lebens, der im Verhältnis von Recht und Strafe wirksam ist. Die Zwecke seines Handelns sind allgemein verbindliche. Es ist der Heroismus des Standes freier Bürger, für sie sein Leben aufs Spiel zu setzen. Die Charakterisierung dieses Standes hat Hegel mit dem Blick auf das öffentliche Leben der Antike zu leisten versucht. Der Stand der Bürger ist frei gerade darin, daß er das System der Bedürfnisse der bürgerlichen Gesellschaft und dessen Handlungsformen nicht abbildet. Deshalb ist sein Heroismus den Verhältnissen der bürgerlichen Gesellschaft gegenüber auch als verlorene Illusion zu kennzeichnen. Der Zerfall der Handlungsformen, welche die Sittlichkeit des Standes der freien Bürger charakterisieren, ist mit dem Aufstieg kapitalistisch organisierter Gesellschaftsformationen verbunden. Er ist der Inhalt der »Tragödie im Sittlichen«. Hegel hat, als er das Modell des Leidens an einer Gesellschaft, deren Gesetze ihr Zentrum in der Sicherung von Eigentum haben, durch das der »List der Vernunft« ersetzte, an ihre Stelle die Affirmation des »Geistes im Kapitalismus« gesetzt.

Unter dem Gesichtspunkt der Auflösung des Standes, dessen oberster Zweck es ist, Staatsbürger zu sein, hat Hegel seinen Gegensatz darzustellen versucht. Mit physiokratischen Elementen durchsetzt, wird er wie der dritte Stand beschrieben, der im Sog der Gleichheitsforderung der Französischen Revolution all-

43 (SPR), S. 375.

gemein geworden ist. Er hat den Fall der gesellschaftlichen Organisation von Freiheit zur Unterschiedslosigkeit herbeigeführt. In ihr sind die Fixierung an Recht und Eigentum die konstitutiven Merkmale der bürgerlichen Gesellschaft geworden. Ihr System ist das unheroischer Verhältnisse von Arbeit und Herrschaft. In rechtlicher Hinsicht repräsentiert es sich als legalistischer Apparat der Positivität. Als einzelne sind die Mitglieder dieses Standes Subjekte mit einer Gesinnungsethik, der keine politische Relevanz zukommt. Am allgemein gewordenen dritten Stand stellt sich die Trennung von Moralität und Legalität drastisch dar. Als private sind die Individuen der bürgerlichen Gesellschaft moralische Menschen, als öffentliche sind sie Agenten bourgeoiser Verhaltensformen, deren oberster Zweck die Erhaltung von Recht und Ordnung der Positivität ist.

Die frühe Jenaer Systematik mündet wegen der Einsicht in die widersprüchliche Organisation des gesellschaftlichen Systems nicht umstandslos in die Konzeption absoluter Sittlichkeit. Die »Tragödie im Sittlichen« wäre nicht der Ausdruck der sittlichen Verfassung des Lebens, wenn das gesellschaftliche System als die Applikation der Strukturen der Logik begriffen werden könnte. Es ist nicht als die Erscheinung der Einheit des Begriffs zu verstehen, die Hegel für die Darstellung des Systems der Sittlichkeit in seiner späten Rechtstheorie in Anspruch genommen hat.[44] Durch dieses Merkmal ist auch die Systematik, die sich um den Naturrechtsaufsatz gruppiert, von seinem Systementwurf im »System der Sittlichkeit« zu unterscheiden. Die Darstellung des dem gesellschaftlichen System immanenten Kampfes ist in ihm und in den Jenenser Vorlesungen in seiner Ausdehnung und in seinen Gründen zwar mit größerer Schärfe geleistet, aber die Kausalität dieses Schicksals wird nicht mehr als eine vorgeführt, die sich an der ästhetischen Gestalt der Sittlichkeit vollzieht. Hegel hat sich dem Modell der »List der Vernunft« im »System der Sittlichkeit« und den Vorlesungen

44 Dieser Gesichtspunkt ist in M. Riedels entwicklungsgeschichtlicher Darstellung von Hegels Kritik am Naturrecht nicht berücksichtigt. Vgl. Riedel (1).

entscheidend genähert. Die ästhetische Systematik hat er deswegen durch die des Begriffs abgelöst: »Auf diese Weise ist der unendliche Begriff allein schlechthin eins mit dem Wesen des Individuums, und dasselbe in seiner Form als wahre Intelligenz vorhanden. Es ist wahrhaft unendlich, denn alle seine Bestimmtheit ist vernichtet; und seine Objektivität ist nicht für ein künstliches Bewußtsein für sich mit Aufhebung der empirischen Anschauung und für die intellektuelle Anschauung; so die intellektuelle Anschauung ist durch die Sittlichkeit, und in ihr allein eine reale, die Augen des Geistes und die leiblichen Augen fallen vollkommen zusammen ... In der Sittlichkeit ist also das Individuum auf eine ewige Weise; sein empirisches Sein und Tun ist ein schlechthin allgemeines; denn es ist nicht das Individuelle, welches handelt, sondern der allgemeine absolute Geist in ihm.«[45] Die Vorwegnahme der Formen, die in der »Phänomenologie des Geistes« die Erfahrung des Geschichtsprozesses abschließen, ist in dieser Argumentation unverkennbar. Hegel hat bald erkannt, daß sich auf der Grundlage der ästhetischen Anschauung das System der Erfahrung nicht aufbauen läßt; deshalb hat er sie, auch aus theoretischen Gründen, zusammen mit dem von Schelling beeinflußten Naturbegriff aus der zentralen Stelle verdrängt, die sie in den frühen Jenaer Schriften inne hatte.

Ob anhand der ästhetischen Anschauung oder des Begriffs, in beiden Fällen versucht Hegel, die Dichotomien der Transzendentalphilosophie als die der Reflexion zu kritisieren. In ihrem Medium beginnt nach ihm die Aufteilung der menschlichen Wissensformen in ein schematisches Konzept von Erkenntnisvermögen und der menschlichen Handlungsformen in moralische und solche, die sich auf Legalität berufen: »Diese Trennung ist absolut, und so wie sie in ihrer Unnatürlichkeit einmal zugrunde liegt, ist keine reine Beziehung mehr gegeneinander möglich, in welcher die ursprüngliche Identität sich darstellte und erkannte; sondern jede Beziehung ist ein Beherrschen und Beherrschtwerden nach Gesetzen eines konsequenten Verstandes. Das ganze

45 Hegel (SPR), S. 461.

Gebäude der Gemeinschaft vernünftiger Wesen erscheint als bedingt durch die notwendige Beschränkung der Freiheit, die sich selbst das Gesetz gibt, sich zu beschränken, und der Begriff des Beschränkens konstituiert ein Reich der Freiheit, in welchem jedes wahrhaft freie, für sich selbst unendliche und unbeschränkte, d. h. schöne Wechselverhältnis des Lebens dadurch vernichtet wird, daß das Lebendige in Begriff und Materie zerrissen ist und die Natur unter eine Botmäßigkeit kommt.«[46] Das Reich der Freiheit aber ist nach Hegel dort verwirklicht, wo »Naturstand« und »Majestät« des Gesetzes identisch sind.

In erkenntnistheoretischer Hinsicht faßt Hegel die Gegensätze der Reflexionsphilosophie im Widerspruch von Glauben und Wissen zusammen. Dieser Widerspruch kann nach ihm innerhalb des Mediums der Reflexion nicht aufgehoben werden, so daß die menschlichen Erkenntniskräfte, an eine geglaubte Realität fixiert, die erkannte nur via negationis aufgreifen können. Aufgrund der Erfahrungsgrenze, die von der Reflexionsphilosophie aufgerichtet ist, geht der Prozeß der Negation ins Unendliche fort. In bezug auf sittliches Handeln hat Hegel den Gestus dieser Negation unter dem Gesichtspunkt kritisiert, daß in seinem Verfahren des Ausschließens oberste Handlungszwecke immer außerhalb der Handlungsformen selbst stehen, diese dann aber als abstrakte Postulate den Blick auf gesellschaftliche Interaktionsformen verstellen: »Es kann ... nicht die Rede davon sein, diesen Standpunkt zu leugnen, ... aber dies muß behauptet werden, daß er nicht der absolute Standpunkt ist, ... und daß, weil Sittlichkeit etwas Absolutes ist, jener Standpunkt nicht der Standpunkt der Sittlichkeit, sondern daß in ihm keine Sittlichkeit ist.«[47] Da sittliches Handeln nicht so bestimmt werden kann, daß es durch ihm immanente Zwecke belebt ist, ist das System dieses Handelns nicht einheitlich organisiert. Hegel benützt zu seiner Kennzeichnung das Bild einer Materie, die in Trümmer und Bruchstücke zerfallen ist.

Wollte man eine anthropologische Typisierung des Verhaltens

46 (Diff), S. 64.
47 (SPR), S. 348.

vornehmen, das für so charakterisierte Wissens- und Handlungsformen die Basis ist, dann müßte man es der Argumentation
Hegels zufolge in zwei Klassen einteilen. In der einen wird
eine Handlungsform erfaßt, die aufgrund der Vielzahl an-
gebotener Entscheidungsmöglichkeiten »traurige Unschlüssigkeit
und Schwäche«[48] darstellt. Die andere ist eine Form des Skeptizismus, in der von vornherein der Verzicht ausgesprochen ist,
die der Wirklichkeit entsprechende Handlungsmaxime durchzusetzen. Hegel hat dies als Pharisäertum kritisiert und diese
Kritik schon in seinen Jenaer Schriften auf die romantische
Ironie bezogen. Für ihn sind beide anthropologischen Typisie-
rungen der Ausdruck einer Krise des einzelnen Individuums wie
der gesamten Gesellschaft. In der »Phänomenologie« wären
ihnen die beiden Pole des unglücklichen Bewußtseins zuzurechnen: »Die Wirklichkeit, gegen welche sich die Begierde und die
Arbeit wendet, ist diesem Bewußtsein nicht mehr ein *an sich
Nichtiges,* von ihm nur Aufzuhebendes und zu Verzehrendes,
sondern ein solches, wie es selbst ist, eine *entzweigebrochene
Wirklichkeit«.*[49] Diese Einsicht kennzeichnet jedoch bereits ein
Bewußtsein, dem die Fixierung der genannten komplementären
Verhaltensformen selbst zusammengebrochen ist.
In politischer Hinsicht manifestiert sich der erkenntnistheoreti-
sche Gegensatz von Glauben und Wissen in dem von Moralität
und Legalität. Die eine seiner sich gegeneinander verhärtenden
Seiten ist durch einen Begriff von Pflicht charakterisiert, der nach
Hegel als hohle Deklamation der moralischen Vernunft auftritt; es gilt in ihr nur das Gesetz um des Gesetzes willen. Als
Konsequenz dieses Pflichtbegriffs hat Hegel ein haltloses Schweben über den Gegensätzen wirklichen Handelns betrachtet. Seine
schärfste Form erfährt es im ironischen Skeptizismus, der von
dem unterschieden werden muß, den er später als einen sich
vollbringenden betrachtete. Deshalb steht dem reinen Pflicht-
begriff, durch einen Abgrund von ihm getrennt, die menschliche
Natur und das System der Gesellschaft gegenüber. Sie verhärten

48 (GW), S. 119.
49 (PdG), S. 165.

sich gegenüber der moralischen Vernunft und erscheinen ihr als tote Materie oder als erstarrtes Rechtsgehäuse. Es ist kein Punkt auszumachen, wo sich diese getrennten Welten begegnen könnten. Natur und Gesellschaft verlaufen deshalb nach einem Mechanismus, welcher der naturwüchsiger Gesetze oder verordneter Zwänge ist.

Für Hegel trifft die Reflexionsphilosophie die Verfassung eines gesellschaftlichen Zustands, der antagonistisch strukturiert ist. Sie spiegelt ein Leben, dessen Widersprüche keine Beziehung mehr zueinander haben, weil sie sich gegeneinander verhärtet haben. In dieser Situation versuchte er das Bedürfnis zu verankern, das sich in seiner Philosophie artikuliert. Die Forderung nach einer einheitlich organisierten Erfahrung war eine, die von der Transzendentalphilosophie zum Prinzip gemacht worden ist. Sie hat nach Hegel jedoch nicht an ihm festgehalten, weil der oberste Punkt ihres Bezugsrahmens, das Ich = Ich, als Selbstbewußtsein, alle Materialität aus sich auszuschließen zwang. In der politischen Dimension der Wirklichkeit bildet die Theorie den Anarchismus voneinander isolierter Akteure ab, der seine positive Entsprechung in der durch Gesetze legitimierten und als strafende Instanz auftretenden Rechtsordnung hat. In dem Gleichgewicht, das sich Positivität und Negativität halten, kommt die »Fäulnis« zum Ausdruck, in der sich ein Leben erhält, aus dem die Einheit gewichen ist. Dem Anarchismus des abstrakten Selbstbewußtseins kann es nach Hegel nicht gelingen, diesen Zustand aufzulösen, obwohl es im Recht ist, insofern die »Unruhe des absoluten Begriffs«[50] sein Handeln anleitet. Hegel diagnostiziert als Konsequenz für ein Bewußtsein, das mit den Mitteln der »Wut«[51] gegen etablierte Institutionen anrennt, daß es sich selbst vernichten muß. Und es ist die Intention des jungen Hegel, dieses Bewußtsein gegen verhärtete Formen der Positivität zur Geltung zu bringen.

In einer Gesellschaft, in der die Trennung von Moralität und Legalität wirksam ist, kann dies jedoch nicht gelingen, denn sie

50 (SPR), S. 451.
51 (SPR), S. 451.

ist die fortdauernde Verletzung des Lebens durch beide Sphären dieser Trennung. Am schärfsten manifestiert sie sich an der Behandlung des Verbrechers durch das Gesetz. Die Handhabe des Gesetzes erfolgt auf der Basis kleinlichen Verordnungswesens, in der Urteile so gesprochen wie Waren ausgetauscht werden: »Der Staat hält als richterliche Gewalt einen Markt mit Bestimmtheiten, die Verbrechen heißen, und die ihm gegen andere Bestimmtheiten feil sind, und das Gesetzbuch ist der Preiskurant.«[52] Bewußtlos reproduziert die Rechtsprechung einen kausalen Mechanismus, und darin ist sie tote Positivität. Weil die Reflexionsphilosophie diesen Mechanismus seiner naturwüchsigen Logik überläßt, ist sie das Abbild eines Gesellschaftszustands, dessen Widersprüche nicht mehr aufeinander beziehbar sind. Da in der Anwendung des Gesetzes als Strafe die Negativität des Verbrechens nur partiell aufhebbar ist, fixiert die richterliche Instanz die Negation der Freiheit. Sie ist so formell wie das alle Materialität ausschließende Selbstbewußtsein. Denn die Kehrseite des Gesinnungssubjektes ist das Recht als Zwang; dessen »ideale Umkehrung ist das *Gewissen*«.[53] Das sind die mit kausaler Gesetzmäßigkeit aneinander gebundenen Extreme von Verbrechen und rächender Gerechtigkeit: »Es ist die absolute Notwendigkeit, welche sie verbindet, denn eins ist das Entgegengesetzte des andern, das eine die entgegengesetzte Subsumtion des andern. Das Verbrechen subsumiert als negative Lebendigkeit, als der sich zur Anschauung konstituierende Begriff das Allgemeine, Objektive, Ideelle; umgekehrt subsumiert die rächende Gerechtigkeit als Allgemeines, Objektives wieder jene sich zur Anschauung konstituierende Negation.«[54]

Den Grund dieser Gegensätze meinte Hegel im Ich = Ich der Transzendentalphilosophie zu sehen, obwohl er dessen Struktur nicht angemessen analysiert hat. Dieses gilt ihm als Repräsentant eines Weltzustands. Die praktische Dimension der Transzendentalphilosophie gilt ihm deshalb noch nicht als das »Land«,

52 (SPR), S. 367.
53 (SPR), S. 449.
54 (SPR), S. 449.

in das der Geist von der Höhe seiner Selbstentfremdung so übergegangen ist, daß er sie überwunden hat. Daher rühmt Hegel erst in der späten Rechtstheorie am Beispiel Fichtes, wie als Bedingung seiner Versöhnung der Dualismus der Welt im Ich der idealistischen Moraltheorie herausgearbeitet wurde.[55]

Diesen Dualismus versuchte Hegel in seiner frühen Jenaer Systematik als Kampf zu erfassen, den die Sittlichkeit mit »ihrer unorganischen Natur und den unterirdischen Mächten« führt. Die Negativität des Verbrechens und die Positivität der strafenden Gerechtigkeit sind beide, so meinte er, dessen bewußtlose Vollzugsorgane. Dieser Kampf ist die Aufführung der »Tragödie im Sittlichen«.

2. Die Aufführung der »Tragödie im Sittlichen«

Die Zusammenfassung der frühen Jenaer Systematik ist als Topos der »Tragödie im Sittlichen« berühmt geworden. In ihr schürzen sich die Motive der »Theologischen Jugendschriften« mit denen der Jenaer Zeit zu einer Darstellung, die Hegel nur in der »Phänomenologie« nochmals erreicht hat; dort jedoch nur innerhalb einer Theorie, die er in der frühen Systematik nicht vertreten kann.

Programmatisch wird sie mit dem barocken Bild der Welt als Schauplatz dramatischen Geschehens eröffnet. Ihr Inhalt ist »die Aufführung der Tragödie im Sittlichen, die das Absolute ewig mit sich selbst spielt, daß es sich ewig in die Objektivität gebiert, in dieser seiner Gestalt hiermit sich dem Leiden und dem Tode übergibt und sich aus seiner Asche in die Herrlichkeit erhebt«.[1]

Nur der dramatischen Darstellung der Kollisionen, in die sich menschliches Handeln verwickelt, kann es gelingen, das Bild einer mit sich selbst zerfallenen Welt zu entwerfen. Dies ist auch der archimedische Punkt für die Tragödientheorien des Idealismus. Benjamin hat sie, wohl unter der Dominanz seiner

55 Vgl. (RPh), § 6.
1 Hegel (SPR), S. 380.

eigenen Intentionen, zu Unrecht als Modelle der Reflexionsphilosophie abgewertet. Die Darstellung sittlichen Handelns und seiner Komplikationen anhand dieser Modelle richtet sich gerade gegen die transzendentale Reflexionsphilosophie. In Hegels Versuch einer ästhetischen Systematik ist die Aufführung der »Tragödie im Sittlichen« ein Spiel, das eine absolute Instanz mit sich selbst spielt; dennoch ist es kein freies Spiel der Reflexion. Es ist die unerkannte Macht natürlicher Motive des Handelns, die Hegel anhand eines ästhetischen Rahmens zu begreifen versuchte. Erst das Gefühl ihrer Nähe hat seine Geschichtsphilosophie motiviert, in der er ihre Unmittelbarkeit in die Distanz geschichtlicher Ferne rückte. Noch in der Geschichtsphilosophie aber hat er die Einheit von sprachlicher Symbolisierung und praktischer Lebensform am Beispiel der griechischen Kunstgemeinde nicht als bruchlose dargestellt.

Man kann den Versuch einer ästhetischen Systematik und das ihr zugrundeliegende Bühnenmodell als Antwort Hegels auf die Frage auffassen: Wie ist sittliches Handeln möglich?

Vom Absolutismus, der die ästhetische Dimension der Erfahrung aus ihrer praktischen Bindung entlassen hat, unterscheidet ihn das Interesse, ihre Kategorien in eine praktische Philosophie wieder einzuholen. Das Resultat dieses Versuchs ist das Bühnenmodell der »Tragödie im Sittlichen«, in dem sich die Gebrochenheit sittlichen Handelns und die Suche nach einem Handlungsträger ausdrückt, dem die Prädikate freien Handelns zugeschrieben werden können. Die Motivation zum Bruch mit der Reflexionsphilosophie ist Hegel durch die Erkenntnis gegeben, daß sich im transzendentalen Ich die Gegensätzlichkeit einer Welt repräsentiert, die er bis in den Brennpunkt des Ich = Ich verfolgt hat, um sie im dramatischen Rahmen ins Bewußtsein zu heben.

Die Antwort auf diese Frage besteht in Hegels These, daß es ein freies Selbstbewußtsein, an dem sich sittliches Handeln erweisen müßte, als transzendentales Ich nicht gibt. Dessen Freiheit zerbricht an der verfestigten Objektivität des Lebens. Sie zerbricht an dem, was als »unterirdische Macht« bewußtlos in seiner intelligenten Kraft wirkt. Daher ist der Zufall, den Hegel als unsittliches Verhältnis bestimmt hat, aus den Handlungsmotiven des transzendentalen Ich nicht ausgeschlossen.

Gleichsam unterhalb der Problematik, die Hegel in bezug auf die Transzendentalphilosophie aufgreift, hat Schelling im zehnten seiner »Philosophischen Briefe über Dogmatismus und Kritizismus« die Tragödie als paradigmatische Darstellung des Kampfes um einen freien Handelnden aufgefaßt. In ihr, so betont er, deute sich die Möglichkeit an, den Widerstreit von »Dogmatismus« und »Kritizismus« im Handelnden zu schlichten. Diese Möglichkeit muß »auch dann noch, wenn sie vor dem Lichte der Vernunft verschwunden ist, doch für die Kunst – für das Höchste in der Kunst – aufbewahrt werden«.[2]

Bereits hier weist Schelling auf die Möglichkeit hin, die transzendentalphilosophischen Dualismen theoretischer und praktischer Vernunft in der produktiven Einbildungskraft zu vermitteln. In ihr fallen Spontaneität des Handelns und Passivität des Denkens zusammen.[3] In dem geforderten Charakter dieses Zusammenfalls bewegt sich Schelling noch im Einklang mit der transzendentalen Reflexionsphilosophie. Denn der Konvergenzpunkt von Wissen und Handeln ist nur in unendlicher Annäherung erreichbar. Darin, daß selbst in seinem Urbild, dem Vermögen produktiver Einbildungskraft, die Entäußerung an die objektive Wirklichkeit gedacht werden muß, bleibt in ihr die Vernichtung freier Aktivität erhalten. Sie kann allein vom »Höchsten in der Kunst«, der Tragödie, so konstruiert werden, daß der Kampf gegen die Macht der Objektivität als gelungen bezeichnet werden darf. Für ein System des Handelns ist dies nach Schellings Diktum deswegen nicht denkbar, »weil ein solches System ein Titanengeschlecht voraussetzte, ohne diese Voraussetzung aber ohne Zweifel zum größten Verderben der Menschheit ausschlüge«.[4]

Dieses System aber wäre nicht mehr durch das Postulat der unendlichen Annäherung ans Absolute charakterisierbar, das Wis-

2 Schelling (I), S. 336. Vgl. zur angeführten Stelle: Szondi (2), S. 13 f.
3 Schelling (I), S. 332 Anm.
4 (I), S. 338.

sen und Handeln in gleicher Weise kennzeichnet. In Übereinstimmung mit der Transzendentalphilosophie verbietet sich Schelling diese Auflösung des Widerspruchs von Notwendigkeit und Freiheit, die sich in Dogmatismus und Kritizismus gegenüberstehen.

Im »System des transzendentalen Idealismus« ist er von dieser freiwillig gezogenen Grenze zwischen Kunst und Philosophie abgewichen. Die Charakteristik des auratischen Kunstprodukts, die dort versucht wird, ist jedoch nicht mehr an eine bestimmte Form der Darstellung gebunden. Als »Organon« der Philosophie schließt die Kunst als Universale das System ab. In ihr allein ist die Möglichkeit realisiert, »gewisse Handlungen des Geistes zugleich zu produzieren und anzuschauen, so daß das Produzieren des Objekts und das Anschauen selbst absolut Eines ist«.[5]

Der Entgrenzung von einer bestimmten Darstellungsform auf das geniale Kunstprodukt hin entspricht die theoretische Konsequenz, daß der Progreß unendlicher Annäherung ans Absolute aufgegeben wird. Seine Verwirklichung wird nicht mehr als eine Möglichkeit gedacht, die jenseits der menschlichen Vernunft liegt.

Hegel versucht den Weg anzugeben, auf dem sich ein Handlungsträger konstituiert, indem er sich weder auf die Grenzziehung der Transzendentalphilosophie noch darauf einläßt, ihn zum genialen Schöpfer eines Kunstproduktes zu sublimieren. In der Darstellung dieses Wegs als Kampf der menschlichen Natur mit ihren entzweiten Bestimmungen bildet sich für ihn ein Selbstbewußtsein, das die Gebundenheit an die Mechanismen, welche ihm nicht verfügbar sind, erkennt und sich dadurch mit dem entzweiten Leben versöhnt: »Welche Versöhnung eben in der Erkenntnis der Notwendigkeit und in dem Rechte besteht, welches die Sittlichkeit ihrer unorganischen Natur und den unterirdischen Mächten gibt, indem sie ihnen einen Teil ihrer selbst überläßt und opfert. Denn die Kraft des Opfers besteht in dem Anschauen und Objektivieren der Verwicklung mit

5 (III), S. 369.

dem Unorganischen, durch welche Anschauung diese Verwicklung gelöst, das Unorganische abgetrennt und als solches erkannt, hiermit selbst in die Indifferenz aufgenommen ist; das Lebendige aber, indem es das, was es als Teil seiner selbst weiß, in dasselbe legt und dem Tode opfert, dessen Recht zugleich anerkannt und zugleich sich davon gereinigt hat.«[6]

Als notwendige Bedingung, eine Erfahrung zu erklären, die davon ausgeht, freies Handeln konstituiere sich nur in Prozessen, die sich vom Handelnden selbst nicht vollständig überblicken lassen, kann Hegel gemäß festgehalten werden, daß ihr die Geschichte als *Krise* vor Augen steht. Diese Erfahrung macht den Hintergrund für die Affinität der frühen Hegelschen Systematik zum Vergleich der Welt mit einem dramatischen Geschehen aus. In dem Faktum, daß Hegel ausschließlich die dramatische Gattung zum Spiegelbild der Welt wählt, liegt eine Abkehr von der erzählenden Philosophie Schellings verborgen, die sich auf den Grundlagen des absoluten Kunstprodukts als dem Vorschein freier Kommunikation entfaltet hat. Er versucht dadurch die Erkenntnis zu verstärken, daß die dramatische Objektivation des Handelnden das Resultat des Widerspruchs zwischen Willkür und Kausalität des Handelns ist. Sie impliziert den Zweifel an der Existenz eines frei handelnden Selbstbewußtseins, das sich als die Einheit von Produktivität und Produkt des Handelns wissen kann. Die Natur seiner Triebe und seine sittliche Bestimmung sind in ihm nicht bruchlos zu versöhnen. So bezieht sich Hegels Insistenz auf ihrer Unverbundenheit, die er als *Schicksal* zu erfassen versuchte, zunächst auf die Dialektik der Geschichte, die er als Feld des Zerfalls begreift. Weil in der Macht des Schicksals aber auch die ungeschichtlicher Natur in den dramatis personae einer geschichtlichen Konstellation zum Ausdruck gebracht wird, erschöpft sich diese Dialektik nicht in der Darstellung geschichtlichen Zerfalls.[7]

Im Gegensatz von Schicksal und Freiheit, der das Zentrum des Bühnenmodells für sittliches Handeln ausmacht, ist Hegel vom

6 Hegel (SPR), S. 380.
7 Dies ist gegen Lukács' Interpretation des jungen Hegel festzuhalten.

aufklärerischen Pathos unterschieden, das die Bühnenwirklichkeit als Prozeß gegen die weltliche Gerichtsbarkeit begriffen hat. Im unbeirrbaren Festhalten an moralischer Gesinnung galt diesem Pathos die »Gerichtsbarkeit der Bühne«[8] als Prozeß der Kritik an rechtlich sanktionierten Mächten. Schiller hat es mit der prägnanten Formel beschrieben: »Die Gerichtsbarkeit der Bühne fängt an, wo das Gebiet der weltlichen Gesetze sich endigt.«[9] Hegels Darstellung der »Tragödie im Sittlichen« ist diesem moralischen Pathos gegenüber unverkennbar durch resignative Züge gekennzeichnet. Sie stehen im Kontext seiner Polemik gegen die politische Utopie des »Ewigen Friedens«. Zu unvermittelt steht ihm ein solches Gesetz der Bühne der weltlichen Gerichtsbarkeit gegenüber. Als unvermittelten hat er diesen Gegensatz im Widerspruch von Moralität und Legalität festzuhalten versucht. Den entscheidenden Grund für die Gesinnungsethik des Aufklärungspathos sieht er im Konstitutionsprozeß des transzendentalen Ich. Nur in der Interaktion kann es seiner Meinung nach den Akteuren der Welt gelingen, sich zur Freiheit zu bilden. Dafür steht das Bühnenmodell ein. Hegels Zweifel an der Verwirklichung einer auf sich selbst gestellten Vernunft ist also größer, als es in der Forderung der Fall ist, die Herrschenden sollten sich dem »schrecklichen Richterstuhl«[10] der Schaubühne unterwerfen. Als Garant, die Kantische Deduktion einzulösen, erscheint sie Hegel zu schwach.

Denn die Haltung aufklärerischen Protests gegen die Herrschaft positiver Gerichtsbarkeit hat in Hegels Augen ihr eigenes Schicksal. Es stellt sich in der Dialektik mißlungener Versuche dar, ein der Autonomiethese des Idealismus entsprechendes freies Selbstbewußtsein zu etablieren. Auch noch für die Systematik der frühen Jenaer Jahre gilt die Erkenntnis, daß es wohl von der »Theorie vindiziert«[11], aber nicht in die Wirklichkeit getreten

8 Vgl. Koselleck (1), S. 83.
9 Schiller (1), S. 92; vgl. Koselleck (1), S. 82.
10 Schiller (1), S. 92.
11 In den Jugendschriften faßt Hegel sie in den Satz zusammen: »Außer früheren Versuchen blieb es unsern Tagen vorzüglich aufbehalten, die Schätze,

ist. Daher stellt sie sich als Versuch dar, das geforderte Gericht der ästhetischen Urteilskraft, das sich auf der Schaubühne paradigmatisch verwirklicht, ins Leben zurückzuholen. Das Leben selbst ist einer dramatischen Logik gemäß organisiert. Weil ihr Ausgang in Gestalt des dramatischen Prozesses ungewiß über seinen Akteuren liegt, steht vor der Wirklichkeit eines Selbstbewußtseins der dramatische Prozeß, in dem es sich bildet. Als Prozeß ist er keineswegs nur metaphorisch zu verstehen, denn in seinen Rahmen sind die Motivationen gefaßt, welche die Akteure auf der Bühne des Lebens zum Handeln treiben. Zu ihnen ist auch die Gewalt einer Geschichte zu zählen, die nicht ins Bewußtsein gehoben ist.

In bezug auf erstarrte Formen positiven Rechts hat Hegel den Antagonismus des Lebensprozesses exemplarisch in der Frankfurter Einleitung zur Verfassungsschrift ausgedrückt: »Der Stand des Menschen, den die Zeit in eine innere Welt vertrieben hat, kann entweder, wenn er sich in dieser erhalten will, nur ein immerwährender Tod, oder wenn die Natur ihn zum Leben treibt, nur ein Bestreben sein, das Negative der bestehenden Welt aufzuheben, um sich in ihr finden und genießen, um leben zu können.«[12]

Es finden sich in den Passagen dieser Einleitung Sätze, in denen Hegel gegen die Herstellung eines versöhnten Lebens mit Mitteln der Gewalt argumentiert. Auch die zentrale Kategorie der »Tragödie im Sittlichen«, das Opfer, wird, wie später die strafende Gerechtigkeit, als rein negativ gekennzeichnet, weil beide sich ohne Reflexion auf das eigene Schicksal und den eigenen Willen den bestehenden Mächten hinzugeben verlangen.

Die »Tragödie im Sittlichen« aber steht unter dem Eindruck einer erstarrten Geschichte. In ihrem ästhetischen Rahmen erscheinen Gewalt und Resignation als Antwort auf die Versteine-

---

die an den Himmel verschleudert worden sind, als Eigentum des Menschen, wenigstens in der Theorie zu vindizieren, aber welches Zeitalter wird die Kraft haben, dieses Recht geltend zu machen, und sich in den Besitz zu setzen?« Hegel (J), S. 225.
12 (PS), S. 16.

rung menschlicher Verhältnisse gleicherweise. In ihr erweist sich
die Geschichte als Feld schicksalhaften Zerfalls. Von dieser Diagnose her hat die barocke Metapher der Welt als Bühne ihre Bedeutung. Unter dem Eindruck, das Ende der Geschichte sei erreicht, spielen die Akteure der »Tragödie im Sittlichen« ihr eigenes Schicksal. In die Immanenz des Bühnengeschehens gebannt,
ist ihnen der Ausblick auf das Reich der Freiheit versagt, in dem
sie sich als Handelnde frei produzieren könnten.

Auf einzelne Konstellationen der Geschichte bezogen, tritt eine
solche Zerfallsdiagnose bei Marx wieder auf. An den Handelnden, die in sie gestellt sind, vollzieht sie sich als bewußtlos depravierte Wiederkehr ehemals wirksamer Verhaltensmuster. Verbunden ist sie mit ihnen nur als Wiederholung. Und auch Marx
bestimmt Geschichte als permanenten Krisenzusammenhang. Begriffe wie Schuld und Schicksal erhalten auf diese Weise ihre geschichtsphilosophische Bedeutung.

Dieser geschichtsphilosophische Rahmen wird bereits im Anschluß an Hegel abgesteckt und auf die Möglichkeit bezogen, ein
wirkliches Selbstbewußtsein zu konstituieren. Wie Hegel mit der
Transzendentalphilosophie, so verfährt Marx mit dem Hegelschen System. Mit einer Sprache, welche die Welt als dramati-
sches Bühnengeschehen zu begreifen versucht, beschreibt er seinen
Ausgang: »Wir sehen hier gleichsam das curriculum vitae einer
Philosophie aufs Engste, auf die subjektive Pointe gebracht, wie
man aus dem Tode eines Helden auf seine Lebensgeschichte
schließen kann.«[13] Gleich dem Ablauf eines dramatischen Geschehens auf der Bühne werden die Epochen der Philosophie ein-
geteilt. Ihr Ende scheint ein »matter Schluß«[14] zu sein, der auch
das Ende der Geschichte zu kennzeichnen scheint. Die Gestalten
der Philosophie, die am Ende der Geschichte erscheinen, sind
keine Heroen mehr, wie die ihnen entsprechende Wirklichkeit
keine heroische mehr ist. Marx beschreibt beide als unglückliche
Repräsentanten einer Zeit der Notwendigkeit, »denn ihre Götter sind gestorben und die neue Göttin hat unmittelbar noch die

13 Marx (1), S. 15.
14 (3), S. 266. So kennzeichnet Marx das Ende der griechischen Philosophie.

dunkle Gestalt des Schicksals, des reinen Lichts oder der reinen Finsternis. Die Farben des Tages fehlen ihr noch.«[15]

In solchen geschichtlichen Momenten ist es der Philosophie nicht anders möglich, wirksam zu werden, als dadurch, daß sie sich von ihren heroischen Ahnen distanziert und sich »Charaktermasken«[16] anlegt. Am Ende der Geschichte ist sie gezwungen, von heroischer Darstellung in ein Spiel überzugehen, das sich dem Zuschauer als Komödie[17] darbietet. Marx kennzeichnet diesen Übergang wie Hegel den von tragischer zu komischer Darstellung als Verfallsprozeß der Geschichte.[18]

Wie der matte Schluß der griechischen Philosophie Entstehen und Vergehen von Lebensformen zu bestätigen scheint, so ist auch die Moderne vordergründig durch den Zerfall heroischer Formen bestimmt. Marx beschreibt die Philosophie einer solchen Situation, indem er das berühmte Diktum Hegels aus der Einleitung in die Rechtsphilosophie mit bescheidenerer Metaphorik wiederholt, als Nachtschmetterling, der »wenn die allgemeine Sonne untergegangen, das Lampenlicht des Privaten«[19] sucht.

Die Konsequenz, die er aus dem Zustand der Privatheit zieht, in den Philosophie und Wirklichkeit gesunken sind, besteht in der Feststellung, der in sich frei gewordene Wille müsse nun praktisch werden. Als theoretisch reiches Selbstbewußtsein sei er nun gezwungen, in die Armut seiner Verwirklichung einzutreten, sein »Schattenreich« zu verlassen und das Reich der Freiheit herzustellen. Dieser Übergang bezeichnet als Kampf um das »Weltlich-Werden der Philosophie«[20] die Möglichkeit des

15 (1), S. 14.
16 (1), S. 12. Hier gebraucht Marx diese Metapher noch nicht in dem Sinn, der für seine ökonomische Theorie entscheidend ist.
17 Als »Fastnachtszeit der Philosophie« wird ein Zustand bezeichnet, in dem diese »die Augen in die Außenwelt kehrt, nicht mehr begreifend, sondern als praktische Person gleichsam Intriguen mit der Welt spinnt«. (1), S. 12.
18 Am deutlichsten ist dies im »18. Brumaire« der Fall; vgl. (2), S. 115, 121, 207.
19 (1), S. 14.
20 (1), S. 17.

freien Willens, dem genau das zugemutet wird, was Schelling auf ein System des Handelns nicht angewendet wissen wollte. Marx ist es auch, der Schelling an die Schlußworte seines zweiten Briefs über Dogmatismus und Kritizismus zu erinnern versucht[21]: »Es ist Zeit, der *bessern* Menschheit die Freiheit der Geister zu verkünden, und nicht länger zu dulden, daß sie den Verlust ihrer Fesseln beweine.«[22]

Diese Konsequenz bedeutet aber, daß Marx den barocken Terminus des theatrum mundi, der ein Bild für das Schicksal von Entstehen und Vergehen ist, dadurch zu durchbrechen versucht, daß er den praktischen Willen als Kraft setzt, der die Akteure der Welt aus der Kausalität dieses Schicksals emanzipiert. Darin stimmt er mit dem Hegel der Verfassungsschrift überein. Die ästhetische Systematik Hegels aber weicht von diesem Konzept ab. Sie bezeichnet einen Umbruch in dem Versuch, die Antinomie von Freiheit und Organisation, von Bewußtsein und Selbstbewußtsein zu lösen. Nicht mehr folgt sie der Logik des Protests, die sich in den Jugendschriften artikulierte, noch nicht entfaltet sie die Versöhnung des Bewußtseins mit seiner entzweiten Substanz als eine Folge von Erscheinungen eines gleichsam automatisch ablaufenden Geschichtsprozesses, in den schließlich auch die Formen integriert werden, denen wegen ihrer erstarrten Positivität der jugendliche Protest galt. Der Inhalt des ästhetischen Rahmens kristallisiert sich in der Frage: Wie ist ein frei handelndes Selbstbewußtsein möglich, das sich in seinen Handlungen, Schellings genialem Kunstsubjekt analog, als Einheit von Produkt und Produktivität verstehen kann?

Hegel geht nun davon aus, daß die »Fäulnis« des gesellschaftlichen Systems, das wie die Geschichte in ihrem Ende Ausdruck der Erstarrung menschlicher Verhältnisse ist, nur mit Mitteln der Gewalt zu verändern ist. Dem entspricht die Erkenntnis der ästhetischen Systematik, daß ein geschichtlich neuer Zustand nur als Bruch mit einem Ruck ins Leben treten kann; denn aus der Immanenz des gesellschaftlichen Systems ist er nicht zu gewin-

21 Vgl. (3), S. 369 f.
22 Schelling (I), S. 292.

nen. Seine Kehrseite ist das Opfer des Lebens, damit die Gestalt absoluter Sittlichkeit erscheinen kann. Politisch bedeutet sie das Hervortreten eines charismatischen Helden. Er ist derjenige, welcher der schicksalhaften Dialektik der Geschichte die Wende in einen neuen Zustand gibt, das Reich der Freiheit verwirklicht. Im unkritischen Bild des Helden als Garant der Freiheit ist Hegel von Marx unterscheidbar. Bei jenem repräsentiert es einen politischen Machtapparat, bei diesem gilt es als Metapher für den Menschen.

Hegels Heldenethik ist das Resultat einer Theorie, die sich nicht in die Praxis übersetzen ließ. Sie ist die Kompensation des gescheiterten Versuchs, aus der Immanenz des dramatischen Lebensprozesses ein freies Selbstbewußtsein zu gewinnen. Aus der Konfrontation eines Helden, den sein Charisma auszeichnet, mit der Positivität des Rechts, entsteht auch die dramatische Kollision und ihre Erscheinung im politischen Konflikt. Er ist der Knotenpunkt im Streit zwischen alt gewordenen Mächten und den Trägern neuer sittlicher Ideale.

Hegels Bühnenmodell für die »Tragödie im Sittlichen« lehnt sich zwar thematisch an die Jugendschriften an; besonders geschieht dies anhand der Diagnose vom Zerfall griechischer Sittlichkeit und der Positivität von Christentum und Kantischem Gesetz. Allein, in ihr werden die thematischen Befunde selbst noch einmal reflektiert, nicht nur beschrieben, sondern auf eine höhere Ebene gehoben.

Man könnte dieses Modell als Metatheorem und damit als Versuch einer allgemeinen Theorie verstehen. Seine Gesichtspunkte sind jedoch eindeutig so festgelegt, daß sittliches Handeln als tragisches Paradox begriffen werden muß. Sein ästhetischer Rahmen soll die Aporie von Kausalnotwendigkeit und freier Willkür zur Anschauung bringen. Daneben ist, auf die Ebene der Gleichzeitigkeit einer Bühne projiziert, der Einbruch des Zufalls in Gestalt der Geschichte im sittlichen Handeln sein Gegenstand. Beide Gesichtspunkte überschneiden sich in der »Tragödie im Sittlichen«.

In geschichtlicher Hinsicht ist es der Zerfall schöner griechischer

Sittlichkeit, der sie kennzeichnet. Die Konzeption der griechischen »Phantasiereligion«, die ein Regulativ der Jugendschriften ist, steht deswegen im Zusammenhang mit der Antwort auf die Frage nach einem frei handelnden Selbstbewußtsein, weil sich in jenem Zustand der menschlichen Natur, die durch sie repräsentiert wird, die Frage nach subjektiver Moral für Hegel nicht stellen konnte. Er erwähnt die Antigone als Paradigma der Einheit von Natur und Sittengesetz. Diese Einheit existierte, weil die griechischen Götter nicht als außerweltliche Instanzen gedacht wurden: »Diesen Herrschern der Natur, dieser Macht selbst konnte der Mensch sich selbst, seine Freiheit entgegensetzen, wenn er mit ihnen in Kollision kam. Ihr [der Menschen] Wille war frei, gehorchte seinen eigenen Gesetzen, sie kannten keine göttlichen Gebote, oder wenn sie das Moralgesetz ein göttliches Gebot nannten, so war es ihnen nirgend, in keinem Buchstaben gegeben, es regierte sie unsichtbar (Antigone).«[23] So bleiben Kollisionen zwischen den Mächten der Natur und der Gesinnung zur Freiheit in einem obersten Zweck verbunden. Diese Einheit aber ist durch das Entstehen des modernen Machtstaates aufgehoben. Hegel hat dies inhaltlich an der Behandlung des freien Standes, den er mit heroischen Zügen charakterisierte, zu beweisen versucht. Den Stand des Bürgers aber bestimmte er schon in der Abhandlung »Die Positivität der christlichen Religion« im Gegensatz zu dem des Republikaners dadurch, daß für ihn die Erfahrung des Todes die eines grauenhaften Endes sein muß, weil seine Zwecke mit ihm selbst zugrunde gehen.[24] Von dieser allgemein gewordenen Erfahrung des Zusammenbruchs oberster Zwecke her ist die »Tragödie im Sittlichen« konzipiert.
Den obersten Zweck, der sich gegen den Zerfall antiker Sittlichkeit wendet, nennt Hegel einen Zustand, in dem sich das Leben als »reines«[25] produzieren kann. Weil in der positiven Religion und in der Kantischen Moralphilosophie dieser oberste Zweck der autonomen menschlichen Vernunft auf ein Jenseits verscho-

23 Hegel (J), S. 222.
24 Vgl. (J), S. 223.
25 (J), S. 302.

ben ist, werden beide Fürsprecher erstarrter Lebensformen. Dort, wo Hegel die Zerfallsdialektik eines solchen Zweckes am deutlichsten entfaltet[26], tritt die Tendenz zur Herstellung eines solchen Lebens in Verbindung mit der Suche nach einem frei handelnden Selbstbewußtsein auf. Mit seiner Wirklichkeit wäre die Entzweiung des Lebens zum »immerwährenden Tod« so aufgehoben, daß natürliche Bestimmtheit und sittliche Bestimmung des Menschen zusammenfielen. Denn das »Bewußtsein reinen Lebens wäre Bewußtsein dessen, was der Mensch ist – in ihm gibt es keine Verschiedenheit, keine Mannigfaltigkeit ... – Dies Reine ist die Quelle aller vereinzelten Leben, der Triebe und aller Tat.«[27] Den Begriff reinen Lebens hat Hegel aus dem reinen Selbstbewußtsein entwickelt.[28]

Die Frage nach dem Grund des Mangels oberster Zwecke des Lebens, durch den die modernen Verhältnisse bestimmt sind, motiviert auch die Begriffe, welche durch eine mythologisierende Patina charakterisiert sind. Unter ihnen ist der des Schicksals der entscheidende. Es wäre nicht richtig, ihn mit rationalistischen Argumenten als sinnlos abzutun, denn seine Bedeutung besteht gerade in der Tatsache, daß Hegel sich seiner bedient, um das Ungenügen derartiger Argumente zu zeigen. Mit ihm sollen Ursachen für den geschichtlichen Verfall der Moderne angegeben werden, die sich dem rationalistischen Zugriff entziehen. Was Hegel das Schicksal und seine blinde Macht als Ausdruck einer Zerfallsdialektik der Geschichte nennt, bestimmt ihn auch, das klassizistische Bild der griechischen Sittlichkeit in der »Tragödie im Sittlichen« zu korrigieren. In ihr zerfällt die Einheit sinnlicher und sittlicher Bestimmungen des Menschen, auch des griechischen. Wird die Logik der Geschichte als Schicksal nun in einen ästhetischen Rahmen gespannt, dann ist es möglich, eine Differenz zwischen die Erscheinungen des Lebens und ihr Wesen zu setzen, denn durch diesen Gegensatz ist die ästhetische Gestalt

26 Dies geschieht in der Abhandlung: »Der Geist des Christentums und sein Schicksal«, bes. auf den Seiten 276-293. Vgl. Habermas (5), S. 355.
27 (J), S. 302 f.
28 Vgl. (J), S. 302.

bezeichnet. Erst ein solcher Unterschied macht es plausibel, daß Geschichte als Entzweiung einer sittlichen Substanz gedeutet werden kann.

Die Kategorie des sinnlichen Scheinens in der ästhetischen Gestalt ist die einzige Vermittlungsinstanz dieser in Gegensätze zerfallenen sittlichen Substanz. Der Widerspruch der sinnlichen Gestalt selbst besteht darin, daß ihre Plastizität mit einem Ruck erscheinen muß. Denn einerseits ist die Bestimmung des sinnlichen Scheinens durch das Interesse motiviert, die Zerfallenheit und die Erstarrung des Lebens am Ende der Geschichte als »immerwährenden Tod« unversöhnt zur Darstellung zu bringen, andrerseits ist es gerade der ästhetische Schein in der sinnlichen Gegenwart einer ruhigen Gestalt, der dem geschichtlichen Zerfall als plastisches Individuum enthoben sein soll.

In politischer Hinsicht läßt sich dem Begriff des Schicksals seine mythologisierende Patina dadurch nehmen, daß man ihn im Kontext des Versuchs versteht, die Geschichte als Krisenzusammenhang zu interpretieren. Für den Übergang vom 18. ins 19. Jahrhundert gelten für Hegel die gleichen Einwände gegen die soziale Wirklichkeit, die er später gegen die politische Organisation der bürgerlichen Gesellschaft gemacht hat. Mit der Insistenz auf der sinnlichen Erscheinung eines Monarchen versuchte er das Faktum mangelnder politischer Repräsentanz in ihr zu neutralisieren.[29] Dies geschieht mit dem gleichen Rückgriff auf geschichtlich überholte Formen der Repräsentation von Adel und Monarchie, wie es im »Wilhelm Meister« der Fall ist. Sozialgeschichtlich ist im Begriff des Schicksals der Zerfall einer politischen Öffentlichkeit bedeutet. Auch im »Meister« erreicht die im Spiel des »Hamlet« sich bildende Persönlichkeit kein wirkliches Publikum mehr.[30]

Im Gegensatz zur späten Rechtstheorie, deren Ansätze bereits in der »Phänomenologie des Geistes« hervortreten, versucht Hegel in der Systematik der frühen Jenaer Zeit nicht, den Bruch, der zwischen dem intendierten Leben der handelnden Subjekte und

29 Vgl. (RPh), § 318, § 320.
30 Vgl. Habermas (1), S. 26.

ihren politischen Repräsentationsformen besteht, durch den Rückgriff auf vergangene, von der gefeierten Revolution abgeschaffte Instanzen zu kitten. Er läßt ihn als Gegensatz bestehen und versucht andere als geschichtliche Gründe für ihn anzugeben. Der Zustand des Kampfes um politische Lebensformen, die dem Bewußtseinsstand des Menschen angemessen sind, wird nicht wie in der späten Rechtstheorie als abgeschlossen betrachtet. In ihr behauptet Hegel, das Selbstbewußtsein des Menschen sei zur Wirklichkeit geworden. Deshalb kann er vom späten Standpunkt aus sagen, die Geschichte könne dieser Wirklichkeit nicht mehr wesentlich neue Bestimmungen hinzufügen. Der Philosophie aber weist er die Aufgabe zu, sie in einen durchsichtigen, enzyklopädisch geordneten Zusammenhang zu bringen.

Durch ihre Brüchigkeit und Widersprüchlichkeit, die sich von der Ordnung des späten Hegelschen Systems abhebt, in der sich die Gegensätze der Wirklichkeit beruhigt haben, ist die frühe ästhetische Systematik ausgezeichnet. Politisch kommt sie besonders in der Rolle der Gewalt zum Ausdruck, die als legitimes politisches Mittel angesehen wird. Die Frage nach einem frei handelnden Selbstbewußtsein ist in der Theorie, welche die Gewalt als politisches Mittel nicht unbedingt bejaht, ihre Existenz aber sieht, implizit angeschnitten. Sie geht davon aus, daß es nicht existiert, mit Gewalt also hergestellt werden muß. Die Diagnose, daß die Geschichte ein Feld schicksalhaften Zerfalls sei, und der Appell an eine elitäre Gewalt, die ihn ins Positive wendet, bedingen sich wechselweise. In der Konsequenz ist in beiden Fällen der Verzicht ausgesprochen, allgemein bestimmbares und anleitbares Handeln könne sich frei verwirklichen.

Unter der Perspektive des Zerfalls oberster Zwecke des Menschen versucht Hegel die andere Dimension dessen zu entfalten, was er die Kausalität des Schicksals nennt. Es ist sein Interesse zu zeigen, daß seine objektiv sich vollziehende Macht geschichtlichen Erscheinungen noch vorausliegt. Im Handeln ist auch die Bestimmtheit durch eine geschichtslos wirkende Natur anwesend. Die Versöhnung des Handelnden mit seinen natürlichen Bestimmungen ist für Hegel durch ein Bewußtsein eröffnet, das sie überschaut: »Welche Versöhnung eben in der Erkenntnis dieser Notwendigkeit und in dem Rechte besteht, welches die Sittlichkeit ihrer unorganischen Natur und den unterirdischen Mächten gibt, indem sie ihnen einen Teil ihrer selbst überläßt und opfert.«[31]

Das Leben und seine Handlungsträger versöhnen sich also mit sich selbst nur im Paradox des Opfers. Gelingt diese Versöhnung, dann tritt sie Hegels Intention gemäß aus dem Bezugssystem von Vergangenheit und Zukunft. Es verkörpert sich dann in ihrer Manifestation die Dauer »absoluter Gegenwart«. Darum bezeichnet Hegel das Spiel des Absoluten mit sich selbst als *ewig*. Darum wird die ästhetische Gestalt mit Merkmalen der Zeitlosigkeit charakterisiert. Und schließlich ist es das Postulat der Zeitlosigkeit, das die ruhige Gestalt nur mit einem Ruck erscheinen läßt. Hegel hat in der »Phänomenologie des Geistes« Schicksal und Zeit in einem Kontext betrachtet. Es behält dort solange seine blinde Macht, wie der Geist gezwungen ist, sich in der Zeit zu erfassen. Erst der reine Begriff, dem hier die ruhige Gestalt entspricht, ist es, der die Kraft hat, sich jenseits zeitlicher Deutungsschemata zu setzen. Erst in ihm ist die Notwendigkeit des Schicksals erkannt und damit gebrochen.[32]

Weil die ästhetische Systematik sich jedoch nicht in eine des Begriffs auflösen läßt, bleibt die Macht des Schicksals als zeitliches Vergehen im Streit zwischen Endlichkeit und Unendlichkeit im sinnlichen Scheinen der Gestalt präsent. Es werden innerhalb ihres Rahmens all die Inhalte, die sich nicht in die Unendlichkeit der Reflexion auflösen lassen, mit solchem Nachdruck hervorgehoben, daß die Versöhnung von Endlichkeit und Unendlichkeit bruchlos nicht gedacht werden kann. Denn Streit und Kampf um Anerkennung, die mit dem Leben gesetzt sind, folgen einerseits einer »Logik des Zerfalls« sittlichen Handelns, andererseits sollen sie auch dem Utopikon der ästhetischen Gestalt

---

31 Hegel (SPR), S. 380.
32 »Die Zeit erscheint daher als das Schicksal und die Notwendigkeit des Geistes, der nicht in sich vollendet ist . . . er erscheint so lange in der Zeit, als er nicht seinen reinen Begriff *erfaßt*, d. h. nicht die Zeit tilgt.« (PdG), S. 558.

ihre Plastizität verleihen. Um die erste Seite des Lebens aber zu betonen, hat Hegel zum dramatischen Rahmen der Bühne als Schauplatz sittlichen Handelns gegriffen.

Die natürliche Bestimmtheit des Menschen durch Triebe ist der andre Teil des Schicksals, das sich im Paradoxon sittlichen Handelns darstellt. Hegel hat ihn erst später mit dem Topos der Blindheit des Geistes zu erfassen versucht, in dessen unbewußten oder verdrängten Strebungen reprimiertes Leben zur Erscheinung drängt. Es sind präreflexive Verhaltensformen, die Hegel damit in ein freies Handeln einzubringen versucht. Sittlichkeit wäre nach ihm ein Zwangsverhältnis, würde sie sich über ihren natürlichen Boden hinwegsetzen. Gegen die Ethik der Transzendentalphilosophie hebt er den Naturalismus wahrer Sittlichkeit hervor und stellt deshalb die Moral unter das Naturrecht. Natur tritt schon hier in einen anderen, für Hegel entscheidenden Gegensatz, in den von Natur und Geist: »Wenn das Absolute das ist, daß es sich selbst anschaut, und zwar als sich selbst, und jene absolute Anschauung und dieses Selbsterkennen, jene unendliche Expansion und dieses unendliche Zurücknehmen derselben in sich selbst schlechthin eins sind, so ist, wenn beide als Attribut reell sind, der Geist höher als die Natur.«[33] Mit der Unterscheidung von Geist und Natur und dem Versuch, geistige Formen über natürliche Bestimmungen zu setzen, distanziert sich Hegel bereits hier von Schelling, mit dessen Polemik gegen die transzendentale Reflexionsphilosophie er jedoch übereinstimmt.

Innerhalb des Wechselspiels von Geist und Natur ist das Paradox sittlichen Handelns angesiedelt. Das dieser Beziehung immanente Schicksal stellt sich in der Komplikation der Triebbestimmung des Menschen und dem Zwang zu sozialer Organisation dar. Um sich als lebendige Einheit reproduzieren zu können, muß sich menschliches Handeln institutionell fixieren und verliert gerade dadurch den Charakter der Lebendigkeit. Auf der rechtlich geregelten Ebene der Interaktion innerhalb einer sozialen Einheit wiederholt sich diese Aporie im Kampf um Aner-

33 (SPR), S. 388.

kennung, der das sittliche Verhältnis kennzeichnet. Zum individuellen hat sich das Leben nur gebildet, sobald es anerkannt ist und eine soziale Rolle übernommen hat. In dieser Vereinzelung aber verliert es seinen lebendigen Zusammenhang mit den Zwecken, die sittliches Handeln ausmachen.

Mit einem Nachdruck, in dem die Existentialanalyse vorweggenommen ist, beschreibt Hegel den Verlust intersubjektiv sich darstellenden Handelns. Dieser Verlust entsteht, wenn eine Potenz des Lebens sich isoliert und die Grenzen zum Ganzen der sozialen Organisation hermetisch verriegelt. Sittliches Handeln aber ist durch die Plastizität all seiner Potenzen bestimmbar: »Dagegen ist Krankheit und der Anfang des Todes vorhanden, wenn ein Teil sich selbst organisiert und sich der Herrschaft des Ganzen entzieht, durch welche Vereinzelung er es gar zwingt, sich allein für diese Potenz zu organisieren ... So kann es im allgemeinen Systeme der Sittlichkeit geschehen, daß sich z. B. das Prinzip und System des bürgerlichen Rechts, welches auf Besitz und Eigentum geht, so in sich selbst vertieft, und in der Weitläufigkeit, in die es sich verliert, sich für eine Totalität nimmt, die an sich, unbedingt und absolut sei.«[34]

3. Komödie und Tragödie als Darstellungen des Schicksals

Das Bühnenmodell der Tragödie im Sittlichen ist der Versuch einer Interpretation von Sachverhalten, die auf der Ebene einer Standpunktdiskussion zuerst beschrieben werden. Die Partialisierung einzelner Momente im Wechselspiel von Natur und Geist greift Hegel als Darstellung des Schicksals durch die Form der *Komödie* wieder auf. In ihr kommen zwei falsche Weisen der Konstruktion sittlichen Handelns zur Erscheinung. Beide trennen das Paradox sittlichen Handelns. Es ist dadurch gegeben, daß sich ein Handelnder selbst bestimmen muß, in diesem Akt aber seinerseits an Normen des Handelns gebunden ist; dieser Gegensatz im Handelnden kommt schon in der Forderung zur

34 (SPR), S. 400.

Selbstbestimmung zum Ausdruck. Freies Handeln *muß* sich selbst bestimmen, wenn es als frei bezeichnet werden soll.

Die Komödie trennt nach Hegel »die zwei Zonen des Sittlichen so voneinander ab, daß sie jede rein für sich gewähren läßt, daß in der einen die Gegensätze und das Endliche ein wesenloser Schatten, in der andern das Absolute eine Täuschung ist«.[1] Beide Formen der Komödie, die »göttliche« und die »moderne«, verlieren in ihrer Darstellung das der Sittlichkeit immanente Schicksal. Seine Härte besteht gerade darin, daß ihre bezeichneten Zonen im Handeln immer zusammen aufzufinden sind. Aus diesem Zusammenstoß entstehen auch seine gegensätzlichen Motivationen, die sich im Kampf um Selbstbestimmung objektivieren. Der komischen Darstellung der Welt jedoch fehlt dieser Kampf. In der göttlichen Komödie wird die absolute Sittlichkeit zum »wesenlosen Schatten«, es fehlt dem Wesen sein immanenter Gegensatz. Sie ist ein Spiel, das den ernsten Bezug zur Wirklichkeit nicht kennt, durch den Hegel die sittliche Gestalt bestimmt hat. In ihr müssen »Heiterkeit« und »Ernst« zusammenfallen.[2] Erst die Koinzidenz dieser beiden Momente würde die Bildung eines freien Charakters abschließen. Der Kampf um diesen Charakter, der sich in der ästhetischen Gestalt selbst anschauen darf, um seine Sittlichkeit zur Geltung zu bringen, ist in der göttlichen Komödie entschieden, bevor er begonnen hat, da er unter der Herrschaft außerweltlicher Instanzen stattfindet. »Die *göttliche Komödie* ist ohne Schicksal, und ohne wahrhaften Kampf, darum daß in ihr die absolute Zuversicht und Gewißheit der Realität des Absoluten ohne Gegensatz ist«.[3]

In der transzendenten Begründung, auf die sich die Darstellung der göttlichen Komödie bezieht, sind die natürlichen Motivationen menschlichen Handelns übersprungen. Sie sind Hegel gemäß bei der Konstitution eines sittlichen Verhältnisses zu berücksichtigen. Diese Fixierung an außerweltliche Instanzen hat er als Merkmal der christlichen Gemeinde darzustellen versucht. Sie ist

1 Hegel (SPR), S. 384.
2 Vgl. (GW), S. 124.
3 (SPR), S. 381 f.

das Schicksal der christlichen Liebe, das sie sich selbst nicht eingesteht. In dem Verzicht, das Reich der Freiheit auf Erden herzustellen, weil seine Realität immer schon durch außerweltliche Kräfte garantiert ist, flieht sie vor dem Widerstand des wirklichen Lebens. Hegel hat diese Dialektik der Schicksalslosigkeit als Schicksal der christlichen Liebe in den Jugendschriften zu erfassen versucht: »So verwickelt die widernatürliche Ausdehnung des Umfangs der Liebe in einen Widerspruch, in ein falsches Bestreben, das der Vater des fürchterlichsten leidenden oder tätigen Fanatismus werden mußte. Diese Beschränkung der Liebe auf sich selbst, ihre Flucht vor allen Formen, diese Entfremdung von allem Schicksal ist gerade ihr größtes Schicksal.«[4]

An dem Punkt, an dem die göttliche Komödie vom Quietismus in den Fanatismus sich aufspreizender Subjektivität übergeht, wird sie zur modernen. Durch die Anspielung auf Dante, die in dem Prädikat »göttlich« liegt, ist ein Vergleich mit Schellings Abhandlung »Über Dante in philosophischer Beziehung« gerechtfertigt. Schelling bemerkt in ihr, daß die »Göttliche Komödie« Dantes »nach den gewöhnlichen Begriffen nicht dramatisch heißen kann«.[5] Sie stellt nämlich keine bestimmte Handlung dar. Dies ist auch ein Punkt, dem Schelling wenig Interesse entgegenbringen würde, denn mit dem Blick dessen, der sich zum Gesichtspunkt der Interpretation die Frage nach einer neuen Mythologie und deren Darstellung in einem absoluten Epos gewählt hat, wird Dantes Werk untersucht. In dieser Beziehung ist Dante für Schelling »urbildlich, da er ausgesprochen hat, was der moderne Dichter zu thun hat, um das Ganze der Geschichte und Bildung seiner Zeit, den einzigen mythologischen Stoff, der ihm vorliegt, in einem poetischen Ganzen niederzulegen«.[6]

In der als »mythologisch«[7] bezeichneten Gewißheit dieses Ganzen finden sich Natur und Geschichte im Universale der Kunst

4 (J), S. 324.
5 Schelling (V), S. 153.
6 (V), S. 156.
7 (V), S. 156.

zusammen. »Das Leben und die Geschichte, deren Natur stufenweises Fortschreiten ist, ist nur Läuterung, Übergang zu einem absoluten Zustand. Dieser ist nur in der Kunst gegenwärtig, welche die Ewigkeit antizipiert, das Paradies des Lebens und wahrhaft im Centro ist.«[8] Am ehesten, meint Schelling, ist die »Göttliche Komödie« noch einem Roman vergleichbar, obwohl auch diese Form der organischen Geschlossenheit des Urbilds für alle moderne Poesie nicht entspricht. An der Modernität hat es deshalb Teil, weil es die geniale Schöpfung eines »absoluten Individuums« ist, denn das moderne Epos, dessen Bruchstücke wohl überall zu finden, das als ganzes aber »in noch unbestimmter Ferne« liegt, ist dadurch bestimmbar, daß es auf dem Willkürakt eines genialen Schöpfers beruht. Bis »das große Epos der neuen Zeit«[9] erscheint, beruht das Gesetz dieser freien Willkür darin, daß »das Individuum den ihm offenbaren Theil der Welt zu einem Ganzen bilde, und aus dem Stoff seiner Zeit, ihrer Geschichte und ihrer Wissenschaft sich seine Mythologie erschaffe«.[10] Die Erwartung einer neuen Mythologie aber ist eine der vielen Uminterpretationen jenes Programms, an dessen Entstehen Hegel selbst mitgewirkt hat. In ihrer organischen Einheit würde sich der Zusammenfall zentrifugaler und zentripetaler Kräfte, die dem Leben immanent sind, im Medium der Kunst repräsentieren. Die Rolle, welche die Religion bei der Uminterpretation des frühen politisch-anarchistischen Programms einer neuen Mythologie bei Schelling spielt, wird von ihm schon kurze Zeit später zum Ausdruck gebracht. Ihre Bedeutung erhält sie jedoch ihrerseits aufgrund der einmaligen Stellung, die der Kunst je in einem philosophischen System zugewiesen worden ist. Sie ist bereits in den Hintergrund gerückt, wenn es in der Schrift »Philosophie und Religion« heißt: »Die Geschichte ist ein Epos, im Geiste Gottes gedichtet; seine zwei Hauptpartien sind: die, welche den Ausgang der Menschheit von ihrem Centro bis zur höchsten Entfernung von ihm darstellt, die andere, welche

8 (V), S. 158.
9 (V), S. 153.
10 (V), S. 153.

die Rückkehr. Jene Seite ist gleichsam die Ilias, diese die Odyssee der Geschichte. In jener war die Richtung centrifugal, in dieser wird sie centripetal.«[11] Und auch in Beziehung auf Dantes Werk spricht Schelling bereits vom »Allerheiligsten, wo Religion und Poesie verbündet«[12], Weltzustand und seine Erzählung identisch sind. Als nicht mehr hypothetisch vorweggenommener ist er zur dogmatischen Fixierung geworden.

Im Anschluß an Schelling und gegen Hegel[13] hat der frühe Lukács in seiner geschichtsphilosophischen Konstruktion epischer Formen mit dem Deutungsschema von Einheit, Zerfall und Erwartung einer neuen Totalität Dantes Werk als die Darstellung eines neuen Griechentums verstanden. Von den Formen des geschlossenen griechischen Lebens ist es jedoch nach ihm insofern unterschieden, als nun die Ästhetik zur Metaphysik geworden ist: »So ward aus der Kirche eine neue Polis ... Das Unbegreifbare und ewig Unerreichbare der erlösten Welt ward so nahe gebracht: zur sichtbaren Ferne.«[14] Im Zerfall von Kirche und Polis unternimmt es die gestaltende Gesinnung des Romans, die prosaischen Lebensverhältnisse der Moderne zur Einheit zusammenzufügen.

Unter dem Gesichtspunkt des Zwangs, in der Entäußerung ans wirkliche Leben handeln zu müssen, hat Hegel die kontemplative Erwartung neuer Mythologie, die den ästhetischen Absolutismus kennzeichnet, immanent schon in seiner ästhetischen Systematik kritisiert, obgleich der Gegensatz zu Schelling erst später manifest geworden ist.

Nach ihm ist das Spiegelbild der göttlichen die »moderne Komödie«. Sie geht dort aus jener hervor, wo sich das handelnde Bewußtsein mit theologisierender Legitimation idiosynkratisch in Einzelheiten verliert. Es wird in dieser Komödie derart repräsentiert, daß »ihre Verwicklungen ohne Schicksal und ohne wahrhaften Kampf sind, weil die sittliche Natur in jenen selbst be-

---

11 (VI), S. 57.
12 (V), S. 152.
13 Vgl. Henrich (2), S. 14.
14 Lukács (1), S. 314 f.

fangen ist«.[15] Die moderne Komödie ist das Bild einer Welt, die sich mit der Behauptung stabilisiert, in ihren partialisierten Bereichen finde sich das Leben als Einheit wieder. In diesem komischen Zustand ist die Welt nicht sittlich, sondern zufällig organisiert, so daß die Motivationen des Handelns Willkürakte sind, in denen sich die jeweils vorherrschenden Bedürfnisse bewußtlos reproduzieren. Denn es ist nach Hegel »nicht die bewußte absolute sittliche Natur, die in dieser Komödie spielt«.[16] In ihr sind humanitäre Deklamationen und der bloße Wille der Macht Rechtsgründe des Handelns geworden.

Hegel hat den Schleier, der in der komischen Darstellung über die wirklichen Motive menschlichen Handelns gelegt wird, immer zugleich auf seine geschichtlichen Erscheinungen bezogen. Gemessen an dem Problembewußtsein, das sich in Hegels Komödienkonzeption zu artikulieren versucht, bleiben Schellings Anmerkungen zu Dantes Werk an der Oberfläche künstlerischer Formen stehen. Denn die Komödie in ihren beiden Formen ist bei Hegel auf ihre Handlungsmotivationen zurückbezogen, sie ist auf Christentum und bürgerliche Welt beziehbar. Mit größerer Breite und anderen systematischen Implikationen hat er versucht, die moderne Komödie der bürgerlichen Welt in der »Phänomenologie des Geistes« zu erfassen. Komische Motive des Handelns erscheinen immer dann, wenn der Geist bereits zu anderen Formen übergegangen ist, das Bewußtsein aber noch an der Geltung alt gewordener Handlungsnormen festhält. Erst in der Komödie als Form des absoluten Geistes erkennt sich der Handelnde als komisches Bewußtsein.

Auch in der »Phänomenologie« ist die Komödie die Form, welche das Entstehen des Rechtszustandes begleitet. Dort ist jedoch die systematische Grundlage dieser Form des Bewußtseins der Kampf um ein Selbstbewußtsein. Da das Wissen von dem Weg seiner Vollendung die Entfaltung einzelner Bewußtseinsformen immer begleitet, hat Hegel auch die Dekadenztheorie substantieller Sittlichkeit, die in der »Tragödie im Sittlichen« mit der

15 Hegel (SPR), S. 383.
16 (SPR), S. 383.

Form der Komödie verbunden ist, fallen gelassen. In ihr ist die Komödie nur das matte und depravierte Nachspiel des Kampfes, der die tragische Lebensform charakterisiert.

Auf der Höhe des absoluten Geistes läßt sich freilich die Kunstform des dramatischen Rahmens, in die Hegel sittliches Handeln eingespannt hat, nicht mehr als Lebensform begreifen. Beide, Komödie und Tragödie werden als Formen dieses absoluten Geistes aus ihrem unmittelbaren Handlungskontext herausgerissen und als eine Galerie von Bildern betrachtet. Hegel hat dies dadurch verdeutlicht, daß er zwar die Weltgeschichte ein Schauspiel nannte, die Formen der Geschichte des Geistes aber als eine Reihenfolge von Gestalten begriff.[17] Als eine solche gestaltete Form gilt die Komödie; sie ist Resultat eines Prozesses, der in ihr selbst nicht mehr unmittelbar in Erscheinung tritt. Dies macht auch den Unterschied zur frühen Komödienkonzeption aus. Die Verwicklungen mit der objektiven Welt, die in ihr als die Trennung zweier Zonen des Sittlichen bezeichnet wurden, bleiben den Stufen innerhalb des objektiven Geistes vorbehalten. Unter universalgeschichtlicher Perspektive treten sie überall dort auf, wo Handelnde ihre Bestimmung, sich zum absoluten Subjekt zu bilden, nicht sehen und sich entweder auf ihren »Eigensinn« versteifen, wie es besonders im Handeln unter dem »Gesetz des Herzens« der Fall ist, oder gesellschaftliche Verhältnisse stabilisieren, in denen die Geltung des freien Selbstbewußtseins nicht zum Durchbruch gekommen ist, ein Verhalten, das die Ideologie des »Geistigen Tierreichs« ausmacht. Hat der Zusammenstoß beider Dimensionen des Geistes aber den Charakter dramatischer Kollision, dann nähern sich seine Verwicklungen einem tragischen Kampf, wie es am schärfsten vor dem Übergang in die sich wissende Moralität in der Schreckensherrschaft der Jakobiner geschieht. Denn allemal geht es in dieser Art dramatischer Kollisionen des Geistes um die Geltung bestehenden Rechts, was ihren objektiven, nur subjektiver Willkür entzogenen Charakter bezeichnet.

Das komische Bewußtsein kennt jedoch nicht den Schmerz, der

17 Vgl. Fulda (1), S. 205.

den Verlust einer Lebensform begleitet, wie es nicht die Gewalt kennt, welche die »Geburt«[18] einer neuen erzwingt. Deshalb hat Hegel die göttliche und die moderne Komödie als schicksalslos beschrieben, er hat darum komisches Handeln ein Spiel genannt, in dem es nur »Schattenbilder von Gegensätzen oder Scherze von Kämpfen mit einem gemachten Schicksal und erdichteten Feinden«[19] gibt. Daher wird von ihm das komische Bewußtsein als vollkommen »glücklich«[20] bezeichnet und dem unglücklichen gegenübergestellt. Mit dieser letzten Bewußtseinsform ist das tragische Schicksal immer verbunden, wenn sie sich auch von der tragischen darin unterscheidet, daß dieses Bewußtsein weiß, die Gewißheit seiner selbst sollte sein, ein Wissen, das bereits Resultat des Kampfes um Selbstbestimmung und seines partiellen Scheiterns ist. In dem Moment des Sollens liegt auch die Abstraktheit des unglücklichen Bewußtseins; es hat die Plastizität des tragischen, dessen Darstellung in der »Tragödie im Sittlichen« versucht wird, verloren. In dieser Abstraktheit hat Hegel das unglückliche Bewußtsein in die Nähe des komischen gerückt und in geschichtlicher Hinsicht damit klar zu machen versucht, daß mit dem Auftreten beider Bewußtseinsformen die tragische Lebensform vergangen ist: »Wir sehen, daß dies unglückliche Bewußtsein die Gegenseite und Vervollständigung des in sich vollkommen glücklichen, des komischen Bewußtseins ausmacht. In das letztere geht alles göttliche Wesen zurück, oder es ist die vollkommene *Entäußerung* der *Substanz*. Jenes hingegen ist umgekehrt das tragische Schicksal der an und für sich sein sollenden *Gewißheit seiner selbst*. Es ist das Bewußtsein des Verlustes aller *Wesenheit* in *dieser Gewißheit* und des Verlustes eben dieses Wissens von sich.«[21]

Mit dem Rechtszustand, der nicht die Wirklichkeit des Selbstbewußtseins bedeuten muß, ist das komische Bewußtsein gesetzt. Sein Dasein ist der Rechtsträger als Person. Auch in der »Phäno-

---

18 (PdG), S. 525.
19 (SPR), S. 381.
20 (PdG), S. 523.
21 (PdG), S. 523.

menologie«, obgleich in ihr Hegels Dekadenztheorie in bezug auf die gesellschaftlichen Verhältnisse der Moderne nicht mehr gilt, ist die Entstehung eines Selbst, das als Rechtsperson bezeichnet werden darf, mit dem Zerfall plastischer Sittlichkeit verbunden. Daß die Person alle Bestimmungen der sittlichen Substanz außer sich gesetzt hat, wird deshalb nicht mehr in negativer Weise als Schicksalslosigkeit gekennzeichnet, sondern als notwendiges Kriterium für die Existenz eines Selbstbewußtseins angegeben. Dieser Gegensatz zur schicksalshaften Kollision der Tragödie wird durch eine Reflexion im komischen Bewußtsein verdeutlicht. Es erkennt sich als Schauspieler und setzt, indem es seine Maske abnimmt, die es in der Reflexion erst als solche erkennt, zwischen sich und die tragische Kunstgemeinde eine ästhetische Differenz. Damit ist die Einheit von Kunst- und Lebensform zerbrochen, die Macht des Schicksals, welche sie bestimmt, beiseite gesetzt. Der Held der Tragödie, der an seiner undurchsichtigen Gewalt zugrunde ging, ist in der Sphäre des objektiven Geistes nichts anderes als eine Person, die auf ihrem Recht besteht, in der Sphäre des absoluten aber ein Schauspieler. Nicht mehr an ihm vollzieht sich die Macht des Schicksals, sondern die ihn umgebende Welt erfährt sie, indem sie zum Requisit herabgesetzt wird, dessen Symbol die Maske ist.

Denn mit der Demaskierung des tragischen Repräsentanten einer Lebensform im komischen Bewußtsein ist die »allgemeine Auflösung der gestalteten Wesenheiten«[22] verbunden. In diesem Prozeß zerfällt die paradigmatische Bedeutung der ästhetischen Gestalt. Mit einer Sprache, deren Duktus an Hölderlins späte Hymnik erinnert, hat Hegel diesen Auflösungsprozeß der schönen Sittlichkeit zu begreifen versucht, freilich bereits aus der Distanz dessen, der davon überzeugt ist, die Auflösung der Einheit von Kunst- und Lebensform bedeute nicht puren Zerfall: »Die Bildsäulen sind nun Leichname, denen die belebende Seele, sowie die Hymne Worte, deren Glaube entflohen ist; die Tische der Götter ohne geistige Speise und Trank, und aus seinen Spie-

22 (PdG), S. 518.

len und Festen kommt dem Bewußtsein nicht die freudige Einheit seiner mit dem Wesen zurück. Den Werken der Muse fehlt die Kraft des Geistes, dem aus der Zermalmung der Götter und Menschen die Gewißheit seiner selbst hervorging.«[23]
Der Begriff, durch den der Zerfall einer einheitlichen Lebensform der kausalen Macht des Schicksals enthoben wird, ist das geschichtsphilosophisch interpretierte Vermögen der »Erinnerung«. Es wird als Kraft des absoluten Geistes dem Zwang seiner Entäußerung entgegengestellt. Aus der begrifflichen Grundlage dieses Vermögens hat Hegel in der Folge alle Argumente abgeleitet, die davon sprechen, daß der Kunstzustand wesentlich vergangen und es sinnlos sei, eine neue Mythologie zu erhoffen, in der sich eine prosaisch gewordene Wirklichkeit wieder zur Einheit zusammenfügen lasse. Gibt es ein absolutes Epos, dann wird es von der wissenschaftlichen Philosophie geschrieben.
Ein Bewußtsein aber, das sich erinnern kann, ist, zumindest in bezug auf seine Geschichte, ein freies Selbstbewußtsein. Wie dem komischen die Macht einer undurchsichtigen Naturbestimmtheit, so ist ihm die Gewalt einer nicht ins Bewußtsein gehobenen Geschichte im »Strahl des selbstbewußten Auges«[24] versunken. Auf der Ebene des objektiven Geistes ist jedoch mit dem komischen Bewußtsein jene Loslösung der sich bildenden Einzelheit von allgemeinen Zwecken gesetzt, die seine Handlungen zum Selbstzweck werden läßt. Hegel hat sie mit willkürlich-ironischen Aktionen zusammen genannt.[25] In ihnen erweist sich der Verlust des Zusammenhangs einzelner Handlungsmotive mit allgemeinen Zwecken. Ironie als subjektive Willkür ist aus diesem Grund für Hegel immer die Erscheinung eines abstrakten Selbstbewußtseins geblieben.
Wiederum Lukács, ebenfalls mit einer Wende gegen Hegel, hat diese ironische Willkür als konstitutives Gestaltungsprinzip eines Bewußtseins zu erfassen versucht, dessen »Grundlagen des Ge-

23 (PdG), S. 523 f.
24 (PdG), S. 524.
25 (PdG), S. 518.

staltens heimatlos geworden sind«[26], das also den Kontakt mit allgemein verbindlichen Zwecken verloren hat. Aus diesem Grund wird »Die Theorie des Romans« programmatisch mit jenem Novalis-Zitat eröffnet, das von der Philosophie spricht, die der Trieb ist, überall zu Hause zu sein.[27] Der Topos von der Suche des Geistes nach seiner Heimat bedeutet hier nichts anderes als das Streben, ein Gebilde zu erschaffen, daß die Einheit von Kunst- und Lebensformen repräsentiert. An Hegel kann Lukács' geschichtsphilosophische Konstruktion der epischen Formen in der für diesen nicht einmal spezifischen geschichtlichen Periodisierung und der mit ihr verbundenen Dekadenztheorie in bezug auf die gesellschaftlichen Verhältnisse der Moderne anknüpfen. Sie kann es nicht in der geschichtsphilosophischen Deutung der Vergangenheit als eines runden, in sich geschlossenen Weltzustands, dessen Paradigma das Epos ist, denn die Prägnanz der »Tragödie im Sittlichen« kann man darin sehen, daß Hegel, durch die Frage nach der Möglichkeit sittlichen Handelns motiviert, die epische aus dem Kanon der Formen, in denen sie überhaupt darstellbar ist, ausgeschlossen hat. Dieses Faktum macht auch den tiefen Unterschied seiner frühen ästhetischen Systematik zu der Schellings und der Kunstphilosophie des ästhetischen Absolutismus aus. Auch noch seine späte Systematik ist mißverstanden, wenn sie als Perspektive gesehen wird, die das Griechentum als geschlossene Kultur verklärt. Denn nach Hegel ist dieser Lebensform die Maskierung der Subjektivität wesentlich, in der sich ihre Unfreiheit ausdrückt. Daher wurde auch später die Skulptur, deren Gestalt die sprachliche Äußerung nicht kennt, Sprache aber ein Merkmal des freien Geistes ist, zu ihrer exemplarischen Kunstform erklärt. In ihren leblosen Augen ist die Trauer darüber zur Gestalt geworden, daß der Mensch unter der Kausalität eines blinden Schicksals handeln muß. Seine Macht aber ist nur dem »Strahl des selbstbewußten Auges« verfügbar.

Lukács dagegen insistiert auf der Universalität der erzählenden

26 Lukács (1), S. 35.
27 (1), S. 22.

Kunstform. Nur sie enthält die Möglichkeit, den Auseinanderfall von Seele und Formenwelt wieder zusammenzufügen. Immanent schließt er daher an die Programme von Schelling und Schlegel und nicht an die Hegelsche Systematik an. Der Satz, die letzten Grundlagen des Gestaltens seien heimatlos geworden, findet sich auch in verschiedenen Variationen immer dort, wo auf die Funktion der Einbildungskraft im Kantischen System verwiesen[29], wo aber zugleich betont wird, daß sie allein der Garant eines utopischen und nicht nur erinnernden Vermögens ist, dessen Bilder ein Reich der »Zweckmäßigkeit ohne Zweck« entwerfen können. So ist »Die Theorie des Romans« in ihrer utopischen Dimension die konsequenteste und zugleich früheste Formulierung des spätbürgerlichen Bewußtseins, das gegen die Dissonanz des Lebens das Regulativ dieses Reichs zu errichten versucht. Gerade die utopischen Entwürfe, die gegen die idealistische Systemphilosophie formuliert wurden, sind in ihr weitgehend vorweggenommen und auf ihre Ursprünge in der Romantik Schellings und Schlegels zurückbezogen. Vom einen hat Lukács die Erwartung des Epos eines neuen Weltzustands übernommen, vom anderen das Motiv einer Typologie der Romanformen, deren gestaltendes Prinzip die Ironie ist. Aus diesem Zwiespalt erklärt es sich auch, daß sie als gestaltende Gesinnung kein formales und produktives Verhältnis der darstellenden Formen untereinander, sondern ein Verhältnis zum Material der Darstellung bleibt, eine Erscheinung, die daher rührt, daß Lukács nicht den durch Fichte[30] bestimmten Reflexionsbegriff der Romantiker übernommen hat.

Der Ironie als gestaltender Gesinnung unter den Bedingungen

29 Vgl. Heidegger (1), S. 125 und mit Berufung auf ihn: Marcuse (1), S. 172, 176. Beide sprechen von der Heimatlosigkeit der transzendentalen Einbildungskraft in einer Welt, die nach Prinzipien technischer Rationalität geordnet ist.

30 Dennoch ist »Die Theorie des Romans« von thematischen Anklängen an Fichte durchzogen. Sie reichen vom Topos »transzendentaler Obdachlosigkeit«, einer Übersetzung »vollendeter Sündhaftigkeit« bis zur Darstellung der Ironie als »negative Mystik der gottlosen Zeiten: eine *docta ignorantia* dem Sinn gegenüber«; vgl. Lukács (1), S. 90.

»transzendentaler Obdachlosigkeit«[31] des Geistes liegt im Gegensatz zu Hegels »Tragödie im Sittlichen« kein Handlungsmodell zugrunde. Darin berührt sie sich mit Merkmalen des dargestellten komischen Bewußtseins. Sie reagiert auf das »Symptom des Risses zwischen Innen und Außen, ... der Inkongruenz von Seele und Tat«[32] derart, daß sie sich in zwei kontemplativen Formen zu objektivieren versucht, welche die beiden Typen des Romans ausmachen: in abstraktem Idealismus als utopischer Romantik und in der Desillusionsromantik. Beiden Formen ist die Erkenntnis wesentlich, daß die gelungene Einheit von Kunst- und Lebensformen nur mehr durch ein problematisch gewordenes Individuum[33] geleistet werden kann, nicht aber durch einen

31 (1), S. 35.

32 (1), S. 22.

33 Simmel hat aus diesem Faktum die »Tragödie der Kultur« abgeleitet; ihr Paradoxon besteht nach ihm darin, »daß das subjektive Leben, das wir in seinem kontinuierlichen Strome fühlen, und das von sich aus auf seine innere Vollendung drängt, diese Vollendung, von der Idee der Kultur aus gesehen, gar nicht aus sich heraus erreichen kann, sondern nur über jene, ihm jetzt ganz formfremd gewordenen, zu selbstgenügsamer Abgeschlossenheit kristallisierten Gebilde. Kultur entsteht – und das ist das schlechthin wesentliche für ihr Verständnis –, indem zwei Elemente zusammenkommen, deren keines sie für sich enthält: die subjektive Seele und das objektiv geistige Erzeugnis«; Simmel (1), S. 120. Kultur bestimmt Simmel so, wie Lukács nach ihm seine geschichtsphilosophischen Periodisierungen vornimmt: »Kultur ist der Weg von der geschlossenen Einheit durch die entfaltete Vielheit zur entfalteten Einheit«; (1), S. 118. Unter dem Eindruck des ihr immanenten Dualismus, der sich in der Seele repräsentiert, wird ihre Idee charakterisiert als »Weg der Seele zu sich selbst«; (1), S. 116. Lukács hat diesen Satz in die Charakterisierung des Prozesses übersetzt, der in der Romanform dargestellt ist. Er erscheint als »die Wanderung des problematischen Individuums zu sich selbst«; Lukács (1), S. 79.

Mit größerem Recht scheint Lukács von Weg und Wanderung zu sprechen, denn er hat aus diesen epischen Motiven eine Geschichtsphilosophie der epischen Formen entfaltet. Simmel aber bezieht sie auf das tragische Paradoxon der Kultur. Dies wiederum mag mit dem »Pantragismus« zusammenhängen, der sich in seiner Philosophie der Kultur ausdrückt. Vgl. Szondi (2), S. 48 ff.

Im Nachdruck, der von Simmel auf das »organisch Lebendige« gelegt wird, das sich »in einer unvergleichlichen Art über Vergangenheit und Zukunft« erstreckt, liegt eine Affinität zum jungen Hegel verborgen. Simmel (1), S. 117.

Helden, dessen Existenz für die tragische Kunstform notwendig ist. Sollte er ins Leben treten, dann müßte er auf eine Wirklichkeit treffen, die seine Existenz zuläßt. In einer prosaisch gewordenen Welt ist die Romanform gezwungen, sich diese Möglichkeit zu versagen.

In der geschichtlichen Perspektive des Zerfalls einer Gesinnung, die an der Verwirklichung oberster Zwecke[34] durch prosaische Lebensverhältnisse gehindert ist, berührt sich »Die Theorie des Romans« mit Hegels »Tragödie im Sittlichen«. Freilich läßt Lukács dabei die Bedeutung rechtlicher und ökonomischer Machtstrukturen außer acht, die Hegel in bezug auf die institutionelle Macht des Rechts mit Nachdruck als Gründe dieses Zerfalls angegeben hat. Daher ist es nicht das Mittel politischer Gewalt, sondern ironischer Stoizismus, welcher den unendlichen Regreß, der einer Dekadenztheorie immanent ist, aufhalten soll. Als ganze ist die Ironie jedoch ein Oszillieren zwischen den beiden Typen des Romans. Beiden ist es gemeinsam, daß sie in ihrer gestaltenden Gesinnung über die Welt der Konventionen hinausdrängen. Dadurch unterscheidet sich der Roman vom Epos. Für die Epik ist »die jeweilige Gegebenheit ein letztes Prinzip, sie ist in ihrem entscheidenden und alles bestimmenden transzendentalen Grunde empirisch«.[35]

Betrachtet man den für »Die Theorie des Romans« entscheidenden Gegensatz von Lebens- und Kunstformen, dann war es für Lukács die russische Epik, in der sich ein Ausgleich ihrer Dualität andeutete, der nicht mehr den Bedingungen zugehört, aus denen sich die Romanform bildet. In ihr kann er sich schon deswegen nicht darstellen, weil sie sich in zwei gegensätzliche Typen bestimmt. Die Kunstform des neuen Epos aber intendiert nur einen immanent utopischen Ausgleich gesellschaftlicher Formen mit de-

---

34 Diese Perspektive, bei Lukács freilich in Kulturkritik gewendet, mag durch die Analysen der kapitalistischen Ethik durch M. Weber angeregt sein. In dessen Darstellung der innerweltlich-asketischen Gesinnung kapitalistischer Rationalität spielt die mit einer kulturkritischen Position immer verbundene Säkularisierungsthese eine entscheidende Rolle. Vgl. Blumenberg (1), S. 17.
35 Lukács (1), S. 41.

nen der Kunst, »was freilich zum Zerbrechen der Formimmanenz des Romans«[36] führt.

Es scheint, als gehe Lukács in seinem späten geschichtsphilosophischen Standpunkt davon aus, die utopische Suche des ironisch-romantischen Bewußtseins nach einer geschlossenen Lebensform habe ihre Wirklichkeit gefunden. Vom Wissen des Innehabens dieser Totalität her wird seine utopische Suche destruiert. Diese Totalität ließe sich mit jener geschlossenen Kultur vergleichen, die das Epos dargestellt hat. Nun erst wird mit dem absoluten Wissen Hegels im Hintergrund, für das die Versöhnung in die Wirklichkeit getreten ist, Geschichte geschrieben, nicht so wie es der Roman, ans Erzählen einer utopischen Heimat fixiert, sondern wie es das Epos tat, als materiale Darstellung der Welt. Darin jedoch, daß sich in der Kategorie der »Besonderheit«, der »organisierenden Mitte der ästhetischen Gestaltung«[37], das wirkliche Selbstbewußtsein manifestiert, hat Lukács ein Moment der idealistischen Ästhetik, das er einmal als scheinhaft kritisiert hat[38], auch in seinen späten Versuchen aufbewahrt.

Mit der Besonderung einer Lebensform, die dem künstlerischen Medium zugewiesen wird, ist die Orientierung über ihren Gesamtzusammenhang durch es allein ausgeschlossen. Erst mit dieser Beschränkung der Darstellungskraft dieses Mediums hat Lukács das Hegelsche Argument seiner Partialität in seine Systematik aufgenommen und damit das utopische Programm der »Theorie des Romans« auch gedanklich verlassen. Trotz der Wende gegen den philosophischen Idealismus in seiner ausgeführten Form ist die späte Systematik in ihrem kategorialen Aufbau von Hegel abhängig geblieben.

Nicht aus Gründen, die erst in der »Phänomenologie des Geistes« hervorgetreten sind, nicht also wegen der Zerfallsdiagnose und des infiniten Regresses, der dem komischen Bewußtsein immanent ist, betont Hegel, sittliches Handeln sei in seiner paradoxen Struktur nur durch das Modell tragischer Dar-

36 (1), S. 148.
37 (3), S. 235.
38 Vgl. (5), S. 317 ff.

stellung verständlich zu machen. Seine Argumente richten sich gegen die Trennung der Natur des Menschen in ein göttliches und ein menschliches Gesetz durch die komische Darstellung der Welt. Ihr Spiel entscheidet den Kampf des Menschen um Selbstbestimmung jeweils zugunsten einer dieser Instanzen. »Das wahrhafte und absolute Verhältnis aber ist, daß die eine im Ernste in die andere scheint, jede mit der andern in leibhafter Beziehung und daß sie füreinander gegenseitig das ernste Schicksal sind. Das absolute Verhältnis ist also im Trauerspiel aufgestellt.«[39]

Das Zentrum der Paradoxie im Sittlichen ist der Kampf um Anerkennung, in den die entzweiten Parteien der sittlichen Natur des Menschen verwickelt sind. Auf der Basis ihrer Entzweiung entsteht der Widerstreit beider »Zonen« des Sittlichen, die in die Bilder des »Schatten- und des Lichtreichs« gefaßt sind. Ihnen korrespondiert das menschliche und das göttliche Gesetz. Mit der Partei, die das göttliche Gesetz vertritt, ist damit keine außerweltliche Instanz angesprochen. Ihre Geltung ist im Spiel der Komödie wirksam, und sie kennzeichnet auch die Positivität des Christentums. Durch den Nachdruck auf den innerweltlich stattfindenden Kampf der entzweiten menschlichen Natur ist Hegels Rede vom Trauerspiel, in dem das »absolute Verhältnis« sittlichen Handelns aufgestellt ist, auch von der Konstruktion des Trauerspiels durch Benjamin unterschieden.

In dieser entwickelt sich die Härte des Widerspruchs zwischen melancholischer Fixierung an die menschliche Natur und utopischer Dimension ihrer Erlösung, die sich in der barocken Allegorie kristallisiert, nur auf dem Hintergrund einer Welt, die an dem theologischen Begriff natürlicher Unschuld gemessen wird. Erst der Fall des Menschen aus dem Reich natürlicher Unschuld macht ihn zur Kreatur, wie er die Natur zur kreatürlichen, todverfallenen werden läßt. Es ist der Gradmesser für den infiniten, unaufhaltsamen Zerfall der göttlichen Schöpfung, dessen Emblem der barocke Fürst[40] ist. Mit dem Wissen um die zur

39 Hegel (SPR), S. 384.
40 Benjamin (2), S. 61.

Todverfallenheit säkularisierte menschliche Natur fällt er nach Benjamin seine politischen Entscheidungen.[41]

Sie erscheint dem wissenden Blick des Melancholikers, für den Erfahrung, auch die der Geschichte, in den räumlichen Aufriß des Schauplatzes zusammengeschrumpft ist, in dem das Trauerspiel stattfindet, nicht als belebte, sondern als ein mechanisches System ineinandergreifender Räder. Sie ist, wie Benjamin bemerkt, »gänzlich von der Rousseauschen verschieden«.[42] Er deutet sie, gemäß dem Begriff natürlicher Unschuld, als säkularisierte[43], die sich dem Menschen als nackter Mechanismus darbietet. So wird seine Natur zum Exempel des »immerwährenden Kriegszustands der Gesellschaft«, wie die Geschichte zur Darstellung eines permanenten Katastrophenzustandes.

Ist die Welt einmal zum Felde säkularisierten Heilsgeschehens geworden, dann erweist sich in ihr der Ausnahmezustand als die Regel. Es entstehen die Deutungen, welche sie entweder zur guten oder bösen erklären, denn mit dem konstatierten Abfall vom paradiesischen Stand der Unschuld werden sie erst möglich.[44] Der profane Held der tragischen Lebensform wird deshalb für Benjamin zum Märtyrer des Trauerspiels der Geschichte. Als sein Urbild nennt er Sokrates, mit dem die tragische Lebensform versunken ist. Durch diese theologische Pointe ist Benjamins Sokratesinterpretation von der des späten Hegel unterschieschieden, mag sie sich auch darin mit ihr berühren, daß für beide in seinem moralischen Räsonnement die griechische Lebensform zu Ende geht.[45] Von Benjamin werden die komischen

41 In Anknüpfung an C. Schmitt ist für Benjamin das Kriterium seiner Souveränität die Entscheidung über den politischen Ausnahmezustand; (2), S. 55. Souveränität aber ist nach C. Schmitt, wie »alle prägnanten Begriffe der modernen Staatslehre«, ein säkularisierter theologischer Begriff: Vgl. Schmitt (2), S. 49 ff; dazu: Blumenberg (1), S. 18, 60.
42 Benjamin (2), S. 39.
43 (2), S. 89. Die These Benjamins, die Geschichte sei ein Feld säkularisierten Heilsgeschehens, ist integraler Bestandteil seiner frühen und späten Theorie.
44 Zur Dialektik von Gut und Bös in der Figur des barocken Fürsten vgl. (2), S. 60 f.
45 Szondi (2), S. 54 f.

Züge in der »sokratischen Ironie« hervorgehoben[46], von der Hegel sagte, sie sei zu Unrecht als Urbild der romantischen vom ästhetischen Absolutismus beschlagnahmt worden.

Sokrates durchbricht in nüchterner Diskussion, in der er bis Mitternacht ausharrt, die Einheit der Zeit, welche die tragische Gerichtsverhandlung charakterisiert, in der der Tod des Helden kodifiziert wird. In seiner ironischen Distanz zu ihr ist der Eingriff einer Instanz ins weltliche Geschehen bedeutet, die den zeitlichen Ablauf des Lebens und damit auch den Tod außer Kraft setzt.

Auf dem Hintergrund der außerweltlichen Bestimmung paradiesischer Unschuld unternimmt es Benjamin daher, den Kausalzusammenhang von Schuld und Schicksal im Charakter des Menschen zu negieren. Sein Schicksal wird als reine Macht des Zufalls[47] bestimmt, dessen Paradox darin besteht, daß es gleichwohl von der Urschuld des Menschen, der Erbsünde, abhängig ist. Allein in diesem Kontext hat es nach Benjamin Sinn, von einem strengen Schicksalsbegriff zu sprechen. Nicht die Macht unbewußt wirkender Kausalität, wie es bei Hegel der Fall ist, wird als schicksalhaft bezeichnet. Das, was Schicksal genannt wird, erhält seine Härte erst durch die Erbsünde, denn es ist die »Entelechie des Geschehens im Felde der Schuld«[48], welche eben keine sittliche Verfehlung darstellt, die zu dramatischen Kollisionen führt, sondern nur die Schuld, die den Fall des Menschen aus dem paradiesischen Zustand perpetuiert. Dieser archimedische Punkt ist es, von dem aus Benjamin unter anderem gegen Schopenhauer[49] polemisiert, der Schicksal im Kontext seiner Reduzierung des Kantischen Kategorienapparats als Kausalzusammenhang des Lebens interpretiert. Im Trauerspiel sieht er die Entsagung gestaltet, ihn willentlich zu durchbrechen. Mag diese

46 Benjamin (2), S. 117 ff.
47 Benjamin verdeutlicht sie an der Figur des Hamlet. Im Hamlet kristallisiert sich das Paradox, daß er am Zufall sterben *will* und darin über ihn hinaus ist.
48 (2), S. 138.
49 (2), S. 116 f.

Deutung als »geschichtsfremde Metaphysik« bezeichnet werden, so ist doch ebenso sicher, daß es Benjamin vom Standpunkt einer theologischen Metaphysik aus tut. Denn Schopenhauers Insistenz auf dem Gedanken der Kausalität ist wohl die schärfste Alternative zur Reflexionsphilosophie, gegen deren romantische Variante Benjamin seinen eigenen Kritikbegriff abzugrenzen versuchte. Nach ihm ist sie »Mortifikation der Werke . . .: nicht also – romantisch – Erweckung des Bewußtseins in den lebendigen, sondern Ansiedlung des Wissens in ihnen, den abgestorbenen«.[50]

In Wahrheit ist erst dann, wenn das Schicksal als undurchbrechbarer Kausalzusammenhang gedacht wird, der Gedanke vollständig in die Immanenz der Welt vergraben. Auf theologischem Hintergrund aber ergibt sich für Benjamin die Gewißheit, daß er es nicht sein müßte, wie sich zugleich die Härte des Schicksals ergibt, daß er es ist.

Die wahre Darstellung melancholischer Fixierung an die unversöhnte menschliche Natur ist deshalb dort geleistet, wo sie mehr ist als der Blick auf das menschliche Leiden. Die Melancholie der Hamletfigur ist dieses Paradigma eines Handelns, das unter den genannten Schuld- und Schicksalszusammenhängen stattfindet: »Hamlet allein ist für das Trauerspiel Zuschauer von Gottes Gnaden . . . Sein Leben, als vorbildlich seiner Trauer dargeliehener Gegenstand, weist vor dem Erlöschen auf die christliche Vorsehung, in deren Schoß sich seine traurigen Bilder in seliges Dasein verkehren.«[51] So ist das Wunder der christlichen Vorsehung in der allegorischen Darstellung der zerfallenen Welt immer bedeutet, kann aber ins Medium der Darstellung nicht aufgenommen werden, sonst würde sie sich selbst auflösen. Benjamin hat es klar als Grenze der Allegorie festgehalten; wird sie überschritten, dann geht ihre Darstellung »leer aus«.[52] Man kann die Prägnanz dieser Interpretation in bezug auf Hamlet darin sehen, daß sie gerade die Konsequenz vermeiden will, seine Figur

50 (2), S. 202.
51 (2), S. 173.
52 (2), S. 263 f.

als »Erhebung zum Mythos« zu betrachten, die »in der Spaltung, die das Schicksal Europas bestimmt hat«[53], angesiedelt ist. Da im melancholischen Handeln etwas bedeutet ist, was das tragische Handlungsparadox nicht kennt, ist die Klassifikation von Tragödie und Trauerspiel unter ein gemeinsames Schicksal für Benjamin nicht möglich. In ihrer widersprüchlichen Struktur freilich gleichen sich trauriges und tragisches Handeln. Nur in einem Sprung können sie sich ihres Gegensatzes versichern.

Hegel aber denkt ihn so, daß er aus der Immanenz der menschlichen Natur selbst provoziert wird. Er ist gerade nicht jener Sprung in ein »gemachtes Schicksal«, den nach ihm die »göttliche Komödie« vollzieht. Die menschliche Natur ist an ihr selbst eine zweideutige. Ihre Doppelung ist es, die dramatische Kollisionen produziert, welche die komplikationslose Verwirklichung der Selbstbestimmung des Menschen, die von der Autonomiethese moralischer Vernunft gefordert wird, unmöglich machen. In der Natur des Menschen stoßen sich göttliches und menschliches Gesetz. Sein Leben, das von den Repressionen ihrer wechselweisen Unterdrückung befreit wäre, enthielte aber den »Naturstand und die Majestät als schlechthin identisch«.[54] Es wäre der Stand absoluter Sittlichkeit. Die Tendenz zu einem solchen Leben, die dem Menschen immanent ist, verweist mit Nachdruck auf den innerweltlichen Ausgleich seiner Kollisionen. Er darf zu der Natur des Menschen nicht in Widerspruch stehen. Auch die Positivierung dieser Natur in rechtlich sanktionierten Institutionen, in denen ihre Lebendigkeit nicht mehr zur Geltung kommt, kann nur auf innerweltlicher Basis verhindert werden. Hat sich das Recht als Legitimation für Zwangsinstanzen einmal etabliert,

53 Vgl. Schmitt (3), S. 54. Mit diesem Romantizismus charakterisiert der Kritiker der deutschen Romantik die Figur des Hamlet. In einem Punkt gleichen sich jedoch seine und Benjamins Interpretation: der melancholische Hamlet kann keinen Herrschenden spielen. Für Benjamin ist dies das Kriterium seiner Menschlichkeit. C. Schmitt hat jedoch mit Recht auf die Spiegelung historisch-politischer Auseinandersetzungen im »Hamlet« hingewiesen. Gadamer hat diese Interpretation mit der hermeneutischen Formulierung des »immer schon« zugedeckt. Vgl. Gadamer (1), S. 470 f.

54 Hegel (SPR), S. 339.

dann kann es nicht anders verändert oder umgestoßen werden als durch den innerweltlichen Kampf derer, die zum obersten Zweck die freie Produktion des Lebens haben. Das Paradoxon[55], reprimiertes Leben, das im positiven Recht verhärtet ist, durch Recht zum Durchbruch zu bringen, kennzeichnet zugleich die Unendlichkeit dieses Versuchs. Hegel hat diese Erscheinung im Zirkel von Recht und Strafe gesehen und doch versucht, aus ihrer paradoxen Struktur nicht so zu springen, daß er auf die christliche Vorsehung rechnete. Nur mit Gewalt kann ein innerweltliches und nicht ans Ende der Welt verschobenes Reich der Freiheit errichtet werden.

Das Schicksal ist mit dem Faktum gesetzt, daß sich das Leben selbst entzweit und sich darin von sich selbst entfremdet. Seine entzweiten »Zonen« können nur auf die Weise wieder angenähert werden, daß vom Handelnden subjektiv nicht einsichtige Opfer verlangt werden, deren härtestes der Tod ist. Das sind eben die Merkmale des Lebens, die nur im Hegelschen »Trauerspiel« erfaßt und durchsichtig gemacht werden können: seine Entzweiung, das Opfer der Entäußerung und der tragische Tod. Ihren Zusammenhang im Kampf der Sittlichkeit mit den »unterirdischen Mächten« und ihrer »unorganischen Natur« hat Hegel gemeint, wenn er von seiner Darstellung verlangt, sie müsse »Ernst« und »heiterste Freiheit«[56] in der Schönheit einer Gestalt repräsentieren, wenn anders sie der Forderung nach Vereinigung des in Widerstreite zerfallenen Lebens genügen will.

Die eine Seite des Schicksals vollzieht sich am Handelnden in der

55 Mit unzweideutiger Anlehnung an Kierkegaard hat Benjamin dieses Paradoxon im Handeln zu überwinden versucht, indem er es unternahm, der Zirkelstruktur seiner sprachlichen Motivation, auch hier gestützt auf den Begriff natürlicher Unschuld des Menschen, in einer Sprache als *reinem* Mittel Halt zu geben. Vgl. Benjamin (3), S. 29 ff. In einer präzisen Anmerkung zum Kierkegaardschen Paradoxon hat Wittgenstein seine Existenz auf das von ihm als a priori unsinnig bestimmte Anrennen gegen die Grenze unserer Sprache und damit gegen die Grenze unserer Welt angewendet. »Dieses Anrennen hat auch Kierkegaard gesehen und es sogar ganz ähnlich (als Anrennen gegen das Paradoxon) bezeichnet. Dieses Anrennen gegen die Grenze der Sprache ist die *Ethik*.« Wittgenstein (1), S. 68.
56 Vgl. Hegel (GW), S. 124.

gesellschaftlichen Interaktion als Triebschicksal.[57] Im dramatischen Spiel sozialer Rollen, dessen rhetorischer Ausdruck die Diskussion um anerkannte Terminologien ist[58], wird der Handelnde gezwungen, seine wahren Motive zu verdecken; er muß sich von sich selbst entfremden, indem er über sie eine Maske legt, deren Bild den vorgeschlagenen Verhaltensregeln einer Gesellschaft entspricht. Derart maskierte Motivationen des Handelnden sind sublimierte oder verdrängte Erscheinungen eines Lebens, das sich in seinen Handlungen ungebrochen und nicht entfremdet wiederfinden will. Denn der menschlichen Natur, die in den Rahmen sozialer Interaktion eingepaßt ist, wohnt nach Hegel die Tendenz zu freier Selbstdarstellung inne. Unmaskiert wäre sie »reines« Leben. Von dieser Stellung zur Natur ist Hegel später entschieden abgerückt.

Drängt das reprimierte Leben aber zur Verletzung sozialer Regeln, dann antwortet das Publikum, das diese Regelverstöße wahrnimmt und dessen Verhalten sich auf unbewußter Ebene eingespielt hat, mit der Stigmatisierung und Bestrafung des Regelbrechers. Nimmt sie der Handelnde virtuell vorweg und in die Bildung seines Charakters auf, dann wird er für sich selbst zur strafenden Instanz. Dieser Mechanismus ist mit dem Verlust der Sprache als kommunikativen Instruments und damit der Begrenzung der Welt, auf die sich der Handelnde beziehen kann, verbunden. Denn die Debatte um Terminologien ist eine Metapher für die Komplikationen der Interaktion. Der »Kampf um terminologische Prämien ist nicht nur Streit um Worte, denn Worte sind Handlungsmandate, und manchmal ist eine klassifikatorische Entscheidung eine Sache auf Leben und Tod«.[60]

57 Vgl. Freud (2). Als Triebschicksale der Sexualtriebe nennt Freud vier Klassen: a) Verkehrung ins Gegenteil, b) Wendung gegen die eigene Person, c) Verdrängung, d) Sublimierung.
58 Vgl. Strauss (1).
60 Die Erfahrung der Unterdrückung und Maskierung unmittelbarer Handlungsmotive in der sozialen Interaktion hat ihren Ausdruck in den Versuchen einer Sozialpsychologie gefunden, welche die Interaktion von Trägern sozialer Rollen als ein *Drama* bestimmt, das vor einem Publikum gespielt wird, das selbst die Rolle des Schiedsrichters übernommen hat. A. Strauss erläutert

Im Verlauf des dramatischen Rollenspiels, das aus der Suche nach freier Selbstdarstellung derer entsteht, die in seine Logik verstrickt sind, treten Maskierung und Verzerrung der Antriebsmotivationen des Rollenträgers auf: »Die Masken, die er der Welt und ihren Bürgern zeigt, sind nach seinen Antizipationen ihrer Urteile geformt. Auch die anderen präsentieren sich; sie tragen ihre eigenen Masken und werden ihrerseits eingeschätzt.«[61]

Hegel hat solche sozialpsychologischen Befunde weitgehend vorweggenommen, wenn er sittliches Handeln und seine Komplikationen in einen dramatischen Bezugsrahmen spannte und anhand der paradigmatischen Form des tragischen Prozesses erläuterte. Der tragische Prozeß ist der Kern des Hegelschen Trauerspiels: »Das Bild dieses Trauerspiels, näher für das Sittliche bestimmt, ist der Ausgang jenes Prozesses der Eumeniden, als der Mächte des Rechts, das in der Differenz ist, und Apollo's, des Gottes des indifferenten Lichtes, über Orest, vor der sittlichen Organisation, dem Volke Athens.«[62] Im Stigma des Helden als der Figur, an welcher sich der Kampf der streitenden Parteien entscheidet, erscheint die Doppelung der menschlichen Natur, die sich in ihm entzweit. Ihr Widerstreit bezeichnet den Gegensatz sinnlicher und sittlicher Bestimmung des Menschen.

In der »Phänomenologie des Geistes« tritt das Janushafte der Sinnlichkeit als Gegensatz von »Lust« und »Notwendigkeit«, allerdings bereits als Widerspruch im Selbstbewußtsein, auf. In Lust und Triebbefriedigung erfährt dieses Selbstbewußtsein die Wirklichkeit als Widerspruch, da sie der Erfüllung seiner Bedürfnisse nicht nur entgegensteht, sondern im Akt des Genusses selbst anwesend ist. Es erfährt, daß der Genuß immer in der Beziehung auf sein Gegenteil und damit aus Zufall und Notwendigkeit besteht. Die Paradoxie in der Bewegung des Triebs zu seiner Befriedigung erläutert Hegel durch den »Doppelsinn«,

dieses dramatische Spiel am Paradigma einer Gerichtsverhandlung; Strauss (1), S. 82 f., 103.

61 (1), S. 7.

62 Hegel (SPR), S. 381.

in den sich das handelnde Selbstbewußtsein verstrickt. Es wird sich in ihm selbst zum »Rätsel«, denn »es erfährt den Doppelsinn, der in dem liegt, was es tat, nämlich sein *Leben* sich genommen zu haben; es nahm das Leben, aber vielmehr ergriff es damit den Tod.«[63]

So ist der Übergang seines sinnlichen Triebs in das Objekt der Befriedigung dem Selbstbewußtsein nur als Entäußerung fühlbar, die als »Sprung in das Entgegengesetzte«[64] im Handeln seinem Wissen nicht verfügbar ist. Diesen Sprung, der auf unbewußten und damit zufälligen Motiven beruht, nennt Hegel die Macht der Notwendigkeit, »an welcher die Individualität zerschmettert wird«.[65] Sie ist das »Schicksal«[66] des Individuums, das durch Triebe determiniert ist. Es sind Todestriebe, denen nach Hegel die Erfüllung versagt bleibt, denn der Handelnde hat sich »statt aus der toten Theorie in das Leben ... nur in das Bewußtsein der eigenen Leblosigkeit gestürzt und wird sich nur als die leere und fremde Notwendigkeit, als die *tote* Wirklichkeit zuteil«.[67]

Aus der Erscheinung eines solchen Todes entstehen für Hegel die Bewußtseinsformen, in denen die Suche nach Identität in der Interaktion nicht geglückt ist. Sie haben im Narzißmus des »Eigendünkels« die Kommunikation mit der Außenwelt abgebrochen und leiden an dem Schmerz ihrer Einsamkeit[68], die den Verlust an Wirklichkeit bedeutet. Obgleich sie wesentlich zu einer Konstellation gehören, die Hegel als tragische bezeichnet, gelten sie ihm schon in der »Phänomenologie« doch nur als Randphänomene, über die die Geschichte hinwegschreitet. In ihr ist es – seiner unkritischen Heldenethik gemäß – den »großen

63 (PdG), S. 265.
64 (PdG), S. 265.
65 (PdG), S. 266.
66 (PdG), S. 264.
67 (PdG), S. 265.
68 Hegel nennt diesen Narzißmus auch »Wahnsinn«. Allein in dieser sozialpsychologischen Dimension dürfte es rechtens sein, vom Wahnsinn seines Freundes Hölderlin zu sprechen. Er läßt sich bis in die zerbrochene Sprache verfolgen, die der späten Hymnik folgt.

Individuen« vorbehalten, mit Gewalt neue Lebensformen zu etablieren, in denen sich, wie er meint, die unmaskierte menschliche Natur wiederfinden kann.

Die andere Seite des Schicksals, das die »Tragödie im Sittlichen« kennzeichnet, ist daher der rechtlich-politische Konflikt, der sich in der Widersprüchlichkeit der Zerstörung alten und der Verwirklichung neuen Rechts darstellt. In der Wendung gegen das alte Naturrecht, das die Widersprüchlichkeit seiner Positivierung nicht sieht, hat Hegel dessen abstrakte Grundsätze »im Rahmen einer als Schuldzusammenhang dechiffrierten Weltgeschichte ... einer, wie ihm schien, lebendigeren Judikatur des Schicksals aufgeopfert«.[69] In der »Tragödie im Sittlichen« tat er es freilich nicht nur mit Rücksicht auf die geschichtsphilosophische Konstruktion der Weltgeschichte. Denn in ihr ist als Grund für deren Schuldzusammenhang das Paradoxon sittlichen Handelns selbst angegeben. Seine Formen sind nicht, wie schon in der »Phänomenologie«, als Reihe geschichtlicher Gestalten fugenlos in eine universalgeschichtliche Geschichtsphilosophie integrierbar.

Mit der Ableitung des Rechts aus der dramatischen Kollision ist das zweite der Tragödie im Sittlichen immanente Schicksalsmoment benannt. Sein Opfer ist der tragische Held. Auf diese Weise erscheint an ihm das Schicksal in politischer Hinsicht. Auf den Schmerz der Entäußerung seines Lebens, das unmittelbar und nicht reprimiert, nicht aber maskiert sich darstellen will, folgt in der Entscheidung der Prozeßinstanzen sein Tod. Auf den Zusammenhang von Recht und tragischer Kollision hat Benjamin aufmerksam gemacht.[70] Und wiederum unter theologischer Perspektive hat er darauf bestanden, daß sich nicht im Recht, sondern im Kampfspiel des tragischen Prozesses die Bildung eines Charakters vollzieht, der sich gegen die kausale Verknüpfung von Schuld und Schicksal wendet. Von dieser Perspektive aus bestimmt er das Paradoxon sittlichen Handelns als das des tragischen Todes, denn schon in ihm ist eine Sphäre bedeutet, die als innerweltlicher Zweck, der mit den Mitteln des

69 Habermas (4), S. 81 f.
70 Benjamin (2), S. 120 ff.

Rechts etabliert wird, nicht einlösbar ist. Im Recht ist der unendliche Regreß der Zwecke und Mittel nicht aufzuhalten. Es kann, meint Benjamin, nicht die Rede davon sein, daß durch den tragischen Tod »die ›sittliche Weltordnung‹ wieder hergestellt werde, sondern es will der moralische Mensch noch stumm, noch unmündig – als solcher heißt er der Held – im Erbeben jener qualvollen Welt sich aufrichten. Das Paradoxon der Geburt des Genius in moralischer Sprachlosigkeit, moralischer Infantilität ist das Erhabene der Tragödie.«[71] Der auf dem obersten Zweck der Mündigkeit beharrende Held hätte die Relation der Zwecke und Mittel, nach denen ein Rechtssystem organisiert ist, übersprungen, würde er das erlösende Wort[72] finden, das jenseits des tragischen Tods und trauriger Todverfallenheit liegt. In ihm würde sich das Wunder der Erlösung offenbaren. Mit dem utopischen Bewußtsein, das von dieser Heilsgewißheit wachgehalten ist, hat Benjamin dem letzten Absatz seines Trauerspielbuches den Satz von Lohenstein vorangestellt: »Ja/wenn der Höchste wird vom Kirch-Hof erndten ein/So werd ich Todten-Kopff ein Englisch Antlitz seyn.«[73]

Auch Hegel hat die Entzweiung des Lebens und seine Entäußerung im tragischen Tod in ihrer Negativität zu erfassen versucht, aber nicht unter der theologischen Perspektive seiner Erlösung. Tragisch ist gerade jenes Schicksal, daß der Protest des Handelnden gegen eine Lebensform, in der er sich nicht frei produzieren kann, einen Konflikt provoziert, der auf innerweltlicher Basis gelöst werden muß. Tragisch ist, daß aufgrund dieses Sachverhalts seine Wiederholung prognostizierbar ist. Tragisch ist ferner, daß mit dem Wissen dieser Wiederholung die Entscheidung über den physischen und sozialen Tod dessen gefällt wird, der die Normen des Handelns gebrochen hat, obgleich er im Recht ist, sofern die dialektische Unruhe zur Freiheit sein Tun angeleitet hat. Diese Erscheinung des ins Unendliche fortgehenden Regresses in der Beziehung oberster Zwecke des Han-

71 (2), S. 113; vgl. (3), S. 66 ff.
72 (2), S. 112, 120.
73 Zitiert nach Benjamin (2), S. 264.

delns und der Mittel ihrer Verwirklichung hat Hegel veranlaßt, die Welt und ihre Geschichte als einen Zerfallsmechanismus aufzufassen, in dem die depravierten Erscheinungen ehemals wirksamer Verhaltensmuster reproduziert werden, in dem aber keine Instanz sichtbar ist, die in der Lage wäre, das Bild einer freien Erfahrung aufzurichten. Ihn vor Augen protestierte er gegen die Erstarrung des Lebens und seiner Unruhe zu einem »immerwährenden Tod«. Noch in der Theodizee der späten Geschichtsphilosophie hat er Geschichte als »Gericht« bestimmt und damit das Wissen um das Paradoxon sittlichen Handelns bewahrt, das er in der »Tragödie im Sittlichen« zum Ausdruck zu bringen versuchte. Und obgleich er die Erscheinungen dieser Paradoxie, dessen schärfste die Revolution ist, in einer Dialektik des absoluten Begriffs »hinwegzufeiern«[74] versuchte, hat er dennoch ihre Härte aus der Widersprüchlichkeit des Handelns abzuleiten versucht, die er in den frühen Jenaer Jahren in einen ästhetischen Rahmen faßte.

Aufgrund der Mittel, die in ihr zur Einrichtung eines gesellschaftlichen Zustands, der nach obersten Zwecken organisiert ist, angegeben werden, kann das Schicksal der Entzweiung des Lebens nur mit Gewalt gebrochen werden. Mit einem Gewaltakt zerschlägt der politische Held den gordischen Knoten des sittlichen Paradoxons. So versuchte Hegel seine napoleonische Utopie zu denken. In der Verfassungsschrift erscheint Napoleon im Gewande eines griechischen Helden, als neuer Theseus, auf der politischen Bühne Deutschlands. Von ihm allein kann in einem Zustand der »Auflösung«[75] gesellschaftlicher Verhältnisse ein neuer deutscher Staat eingerichtet werden. Weil das Reich der Freiheit nur mit Mitteln der Gewalt durchgesetzt werden kann, wählt Hegel zur Darstellung des Handelns einen dramatischen Rahmen. In ihm vollzieht sich das Schicksal, daß Handeln, dessen oberster Zweck die Freiheit ist, auf Gewalt angewiesen ist.

74 Habermas (3), S. 89.
75 Hegel (SPR), S. 409.

4. Die Aufhebung der Schicksalskausalität in den Formen des Geistes

Das Faktum des Zufalls in der Beziehung der Mittel auf die Zwecke des Handelns, das als ihr Regreß ins Unendliche erfahren wird, ist begreifbar nur im Medium des ästhetischen *Scheins.* Weil er die einzige Instanz ist, mit deren Hilfe Hegel dieses Faktum aufzuhalten versucht, ist die Systematik der »Tragödie im Sittlichen« auch eine ästhetische. Als Form aber ist die Tragödie allein die angemessene Darstellung seines paradoxen Gefüges, denn sie gilt der Darstellung von Handlungswidersprüchen und nicht nur solchen des Wissens. Die Distanz des Verstehens zum Kampfspiel, das in ihr vorgeführt wird, ist wiederum nur im Medium der Anschauung, nicht des Begriffs, möglich; auf diese Weise erhält sie als Form der Interaktion ihren Sinn.

Es sind die Paradoxien des Scheins, welche die phänomenale Struktur der von Hegel ins Auge gefaßten ästhetischen Gestalt kennzeichnen. In der tragischen Darstellung der Sittlichkeit kommen sie in der Aporie eines Handelns zur Erscheinung, das zu seinem Gesetz hat, sich selbst zu bestimmen und damit gegen jedes Gesetz zu verstoßen. Der Gegensatz beider »Zonen« der Sittlichkeit ist in ihr so aufeinander bezogen, daß »die eine im Ernste in die andere *scheint*«.[1] Durch diese scheinhafte Vermittlung erhält der ästhetische Rahmen, in den die »Tragödie im Sittlichen« gefaßt ist, seine Notwendigkeit. Die Bestimmung des Scheins, den Hegel auch eine »leibhaftige Beziehung« nennt, ist das Metatheorem der frühen Jenaer Systematik. Seine Bedeutung besteht darin, deren inhaltliche Bestimmungen auf der Ebene des Scheins im Paradigma der tragischen Gestalt zu spiegeln. Über das in ihm angeschaute sittliche Verhältnis hinaus ist nur der praktische Sprung ins Gegenteil dieses Paradigmas denkbar. Diesen Sprung hat Hegel auf die Einrichtung einer versöhnten Gestalt des Lebens bezogen, die nur mit den

1 Hegel (SPR), S. 384 (Sperrung B. L.).

Mitteln der Gewalt erzwungen werden kann. In bezug auf ihr geschichtliches Hervortreten beschreibt er sie als biologischen Erneuerungsprozeß. In diesem Kontext steht die oft verwendete Metapher der Geburt, mit welcher der Passus der »Tragödie im Sittlichen« eingeleitet wird. Mit der Konnotation natürlicher Gewalt, die den praktischen Sprung in eine neue Lebensform begleitet, beschließt sie die ästhetische Systematik Hegels: »Wie die Bombe zu ihrer Kulmination einen Ruck tut und dann in ihr einen Moment ruht, oder wie das erhitzte Metall nicht wie Wachs erweicht, sondern auf einmal in den Fluß springt und auf ihm verweilt – denn die Erscheinung ist der Übergang ins absolut Entgegengesetzte, also unendlich, und dieses Heraustreten des Entgegengesetzten aus der Unendlichkeit oder seinem Nichts ist ein Sprung, und das Dasein der Gestalt in ihrer neugeborenen Kraft ist zuerst für sich selbst, ehe sie sich ihres Verhältnisses zu einem Fremden bewußt wird, – so hat auch die wachsende Individualität sowohl die Freudigkeit jenes Sprungs als eine Dauer des Genusses ihrer neuen Form, bis sie sich allmählich dem Negativen öffnet und auch in ihrem Untergange auf einmal und brechend ist.«[2]

Der *Moment,* den die ästhetische Gestalt fixiert, ist darin gegensätzlich bestimmt, daß er die aporetische Situation der Dauer und Ruhe im zeitlichen Fließen manifestiert. Wegen dieses Sachverhalts hat Hegel die sinnliche Prägnanz der Gestalt als Einheit von »Wiederholung« und »Antizipation«[3] charakterisiert. In ihr kristallisiert sich »absolute Gegenwart«. Deswegen ist die »schicksalslose« Darstellung des sittlichen Verhältnisses für ihn unwahr, denn diese Aporie ist der tiefste Grund dafür, daß sich an einem Handelnden die Macht des Schicksals, die auch als Vergehen der Zeit beschrieben werden kann, mit Notwendigkeit vollzieht. Durchsichtiger hat er die Erfahrung zeitlicher Bestimmtheit des Bewußtseins erst später zu denken versucht, denn die Härte dieses Schicksals kann sich nur dort wirklich vollzie-

2 (SPR), S. 410.
3 (SPR), S. 410.

hen, wo es sich vollkommen individualisiert hat.[4] Hölderlin hat dieses Schicksal in seinen Aufsätzen über »Das Werden im Vergehen« und »Über die Verfahrungsweise des poetischen Geistes« dadurch zu kennzeichnen versucht, daß er den Moment der Auflösung, in dem sich alte und neue Lebensform berühren, als »furchtbar« und »göttlich« bezeichnete. Vor Hegel hat er versucht, ihm durch das geschichtsphilosophische Vermögen der »Erinnerung« den zwanghaften Charakter zu nehmen.[5]

Die Aporie von Dauer und zeitlichem Fluß ist die des sinnlichen Scheines in der Gestalt. Denn obgleich der Schein seine exemplarische Ausführung im dramatischen Spiel erfährt, gilt als seine theoretische Zusammenfassung dennoch das Phänomen der ästhetischen Gestalt. Ihre Phänomenalität kann nur auf der sinnlichen Wahrnehmung von Gegenständen beruhen und nicht auf dem Denken von Zeitstrukturen. Erst in die sprachliche Äußerung kann Prozessualität in anderer Weise eingehen, als es in der sinnlichen Manifestation einer Gestalt der Fall ist. Der Terminus der Gestalt ist jedoch von Hegel auf die Interaktion eines Volks im dramatischen Prozeß appliziert worden. Dadurch versuchte er, die in ihm stattfindenden nicht verbalisierten, vorsprachlichen und unbewußt gebliebenen Verhaltensformen zur Geltung zu bringen. Es ist sogar so, daß der Widerspruch zwischen nicht verbalisiertem Verhalten und sprachlicher Äußerung als einer Metapher für Handeln die Prägnanz der »Tragödie im Sittlichen« ausmacht. Ihm ist dann seine Schärfe genommen, wenn die Skulptur zur exemplarischen Gestalt einer Lebensform erhoben wird, da er sich in ihrem sprachlosen Material nicht objektivieren kann. Die Frage, wie Darstellung und Auflösung der konstatierten Aporien zugleich möglich sei, kennzeichnet das Rätsel der ästhetischen Gestalt. Kommunikabel ist es nur im Handlungsvollzug zu machen. Deshalb muß sich sittliches Handeln im dramatischen Rahmen bewähren.

4 Daher kann auch nur ein Selbstbewußtsein Schicksal haben. Vgl. (L), S. 370.
5 Hölderlin (IV, 1), S. 251 u. 283 ff. Hölderlin spricht vom »Faden« der Erinnerung.

Später hat Hegel die Paradoxien des Scheins auf logischer Ebene in der Wesenslogik abgehandelt und sie in die Logik des Begriffs aufzulösen versucht. Auf diesen gedanklichen Resultaten basiert dann seine späte Rechtstheorie. In seiner ästhetischen Systematik führen sie in bezug auf die modernen Verhältnisse zu einer Zerfallsdiagnose, wie sie erkenntnistheoretisch einen infiniten Regreß, eine »Logik des Zerfalls« einschließen. Sie ist Hegels Antwort gegen den unendlichen Progreß der umstandslosen Erhebung ins Reich der Kunst. Die mythologische Darstellung des Reichs der Freiheit kann für ihn nur der Ausdruck eines gedankenlosen Eskapismus sein, der die Widersprüche im Handeln nicht sieht. Denn das Ziel des Progresses ins Unendliche im ästhetischen Absolutismus ist die Erzählung einer neuen Mythologie gewesen, deren paradigmatische Form aber die Universalgeschichte des Epos oder des Romans. Hegel hat die epische aus dem Katalog der Formen, denen die wahre Darstellung menschlicher Verhältnisse gelingt, deswegen ausgeschlossen, weil sie ein kontemplatives Modell impliziert, Handeln aber dramatischen Charakter hat. Deshalb nennt er seine Paradoxien die »Tragödie im Sittlichen«. Seine Antwort auf die problemlose Vorwegnahme eines absoluten Zustands hat daher selbst einen ästhetischen Rahmen. Er hat ihn erst verlassen, nachdem er die rechtliche und ökonomische Organisation moderner gesellschaftlicher Verhältnisse an ihnen selbst als vernünftig bestimmt hat.

Hegels Suche nach neuen Deutungsschemata der Paradoxien des Scheins, die der Gestalt immanent bleiben, kündigt sich schon innerhalb der ästhetischen Systematik an. Das absolut sittliche Verhältnis, repräsentiert durch die Gestalt, hat einen Mangel an sich, der wiederum mit einem Begriff aus der Sphäre der Ästhetik charakterisiert wird. In ihrer Naturverbundenheit ist die Gestalt auch *Nachahmung* der Natur, und sofern gilt, daß »der Geist höher ist als die Natur«[6], muß sich dieser Mangel beheben lassen. Hegel unterdrückt diese Einsicht, indem er zur Gestalt bemerkt: »Sie vereinigt zwar die als Notwendigkeit auseinan-

6 Hegel (SPR), S. 388.

dergehaltenen Momente derselben nicht zur absoluten Unendlichkeit in sich innerlich, sondern hat diese Einheit nur als eine *nachgeahmte* negative Selbständigkeit, nämlich als Freiheit des Einzelnen; aber es ist doch dieses reelle Wesen schlechthin der absoluten indifferenten Natur und Gestalt der Sittlichkeit verbunden. Wenn es dieselbe nur als ein *Fremdes* anschauen muß, so *schaut* es sie doch *an* und ist im Geiste eins mit ihr.«[7] Es ist also der *Geist*begriff, mit dessen Hilfe der Mangel der Gestalt und ihrer *Natur* in den Blick gerückt wird. Erst auf seiner Folie, so scheint es schon hier, kann es gelingen, ein Bewußtsein zu konstruieren, das auch dann, wenn es sich an die Natur entäußern muß, in seinen Handlungen bei sich ist. In der Entfaltung eines solchen Geistbegriffs muß sich aber die Form des Beisichseins als *Anschauung* als unzureichend erweisen. In ihr können, wie Hegel im »System der Sittlichkeit« formuliert, die »Augen des Geistes« und die des Körpers nicht so zusammenfallen, daß kein Drittes diese Einheit stört. Ein so gefaßter Geistbegriff geht aber auch von der Prämisse aus, das Selbstbewußtsein sei keine Form des Handelns, sondern im voraus eine des Wissens.

Die ästhetische Systematik aber setzt voraus, daß das Selbstbewußtsein sich im Handeln bewähren muß, wenn anders es als lebendig bezeichnet werden soll. Es ist gerade das Schicksal, daß über seiner Gestalt und der durch sie repräsentierten Lebensform ein Drittes als Notwendigkeit liegt. Wäre sie der formalen Repräsentation des Schicksals nicht immanent, dann bliebe es ein »Schattenspiel«. Für es würde das gleiche wie für den glücklichen Genuß im komischen Bewußtsein gelten. Daher muß die Gestalt in ihrer paradigmatischen Form des tragischen Prozesses die Natur als lebendige und tote zur Erscheinung bringen können. Denn »so notwendig jene Existenz des Absoluten ist, so notwendig ist auch diese Verteilung, daß einiges der lebendige Geist, das absolute Bewußtsein und die absolute Indifferenz des Ideellen und Reellen der Sittlichkeit selbst sei, anderes aber

7 (SPR), S. 384 (erste Sperrung, B. L.).

dessen leibliche Seele und sein empirisches Bewußtsein, das seine absolute Form und das innere Wesen nicht vollkommen vereinigen darf, aber doch der absoluten Anschauung als eines gleichsam Fremden genießt«[8]. Dies bezeichnet Hegel als die »Energie«[9], welche die ästhetische Gestalt als Form des Lebens, das Zusammengreifen von Unendlichkeit und Endlichkeit in ihr, kennzeichnet.

Bereits in der »Phänomenologie« appliziert er auf die exemplarische Form dieses energischen Prinzips in der tragischen Kollision, auf den Zusammenstoß endlicher und unendlicher Natur des Menschen in der Form der Tragödie eben jenen Geistbegriff, der davon ausgeht, er müsse gewußt und nicht angeschaut und genossen werden. Deshalb löst sich die tragische Lebensform vom Standpunkt des absoluten Geistes in der Sphäre des objektiven in den Rechtszustand als ihre Wahrheit auf. Zwanglos geschieht diese Auflösung jedoch nur unter universalgeschichtlicher Perspektive des Geistes. In seiner objektiven Sphäre versucht Hegel noch einmal den Schmerz der Entäußerung des Lebens im tragischen Tod darzustellen.

Auf der Basis tragischer Entäußerung entsteht die objektive Seite des Lebens in der Bildung des Geistes, in welcher er sich selbst entfremdet ist. In der Schreckensherrschaft der Französischen Revolution konstatiert Hegel den Höhepunkt der Zerfallsdialektik im Trauerspiel der Weltgeschichte. Der tragische Tod ist dort zum physischen Ende des Lebens geworden, zur »*Furie* des Verschwindens«[10], mit dem seine Zwecke selbst zugrunde gehen. »Das einzige Werk und Tat der allgemeinen Freiheit ist daher der *Tod*, und zwar ein *Tod*, der keinen innern Umfang und Erfüllung hat, denn was negiert wird, ist der unerfüllte Punkt des absolut freien Selbst; er ist also der kälteste plätteste Tod, ohne mehr Bedeutung als das Durchhauen eines Kohlhaupts oder ein Schluck Wassers.«[11] Die Tat der Revolu-

---

8 (SPR), S. 385.
9 Damit hat er sie als ein *tätiges* Verhältnis bestimmt.
10 (PdG), S. 418.
11 (PdG), S. 418 f.

tionäre ist keine, die Hegel als sittliche klassifizieren will. Sie ist es aus einem Grund nicht, der Hegels eigenen Intentionen, die sich gegen die Trennung von Politik und Moral wendeten, widerspricht. Denn nach ihm ist sie nicht mehr die Tat, die unter dem reinen Gesetz zur Pflicht steht, weil sie mit Interessen ganz anderer Art verbunden ist. Oder vielmehr ist es so, daß er mit dem Blick auf moderne gesellschaftliche Verhältnisse, die sich als rechtliche und ökonomische Organisationsformen reproduzieren, die Tat, welche auf der Motivation reiner Pflicht beharrt, die Tugend, welche das Reich der Freiheit mit einem Sprung ins Werk setzen will, zum »Eigensinn« deklariert. Nach ihm ist der Sinn der Tat, deren Interesse es war, ein freies Selbstbewußtsein zu etablieren, ein anderer geworden. So argumentiert Hegel mit dem Recht und seiner Person, die beide das Resultat einer tragischen Kollision sind, gegen die Wiederholung einer ehemals sittlichen Tat. Er wendet sich gegen das Zitat der antiken Polis, das sich gegen die modernen Verhältnisse richtet. Er tut es jedoch nur auf der Ebene des objektiven Geistes. Vom Standpunkt des absoluten Wissens ist für ihn auch die revolutionäre Tat gerechtfertigt. Auch die Revolutionäre finden sich ins »Pantheon« der Weltgeschichte erhoben.

Ähnlich geschieht es der Form der Tragödie eher, als daß ihre Akteure es selbst erfahren dürfen, daß die tragische Entäußerung des Lebens nicht die reine Negativität ist. Erst der Distanz, die ein Gesichtspunkt gewährt, dessen absolutem Wissen die Universalgeschichte verfügbar ist, kann sie sich als Kunstform erweisen. Solange dies nicht der Fall ist, der tragische Prozeß aber als Paradigma des Lebens und des mit ihm gesetzten Schicksals gilt, kann mit Recht von seiner pantragischen Interpretation gesprochen werden. Mit der Distanz aber, die das universalgeschichtliche Bewußtsein zum tragischen Vollzug des Lebens setzt, das sich dann erst als das griechische erweisen kann, führt Hegel auch jenen Gegensatz ein, dem geschichtsphilosophische Motive immanent sind: den von *Natur* und *sittlicher Welt*. Im Naturrechtsaufsatz hat er nur vom Gegensatz zwischen Natur und der »Majestät« des Gesetzes gesprochen, der im tertium comparationis einer lebendigen Gestalt des Lebens vereint werden mußte.

Die Tat der reinen Pflicht, die von den Akteuren der Tragödie begangen wird, setzt die Differenz von Natur und sittlicher Welt. Hegel erläutert sie mit einem impliziten Aristoteles-Zitat: ». . . die Tat ist dieses, das Unbewegte zu bewegen und das nur erst in der Möglichkeit Verschlossene hervorzubringen und hiermit das Unbewußte dem Bewußten, das Nichtseiende dem Sein zu verknüpfen.«[12] Als Paradigma eines Charakters, der auf der Wirklichkeit der Gesinnung reiner Pflicht beharrt, nennt er die Antigone.[13] Im tragischen Prozeß seiner Bildung ist dem rechtlosen Zustand, der die unbewußte Einheit von Natur und sittlicher Welt charakterisiert, das Ende bereitet. Sie zerstört zu haben, ist das Verbrechen des tragischen Charakters; mit dieser Tat sind seine Schuld und sein Schicksal verbunden. Im tragischen Prozeß hat er gegen Verhaltensnormen opponiert, die sich auf unbewußter Ebene eingespielt haben. Im handelnden Charakter spiegelt sich diese Opposition als Entzweiung in seinen unbewußten und bewußten Teil. Auch hier kennzeichnet Hegel diese Entzweiung so wie im Naturrechtsaufsatz. Der handelnde Charakter ist Schauplatz des Widerstreits von göttlichem, d. h. allgemeinem, und unterirdischem Gesetz, das ein »ins Innere verschlossene(r) Sinn«[14] bleibt. Aber er beharrt nachdrücklicher als in der ästhetischen Systematik auf der Notwendigkeit der Emanzipation aus der Unmittelbarkeit dieses natürlichen Sinnes. Mit ihr ist der Tod des tragischen Helden und der Lebensform, die er repräsentiert, verbunden, »denn die Unmittelbarkeit hat die widersprüchliche Bedeutung, die bewußtlose Ruhe der Natur und die selbstbewußte unruhige Ruhe des Geistes zu sein. Um dieser Natürlichkeit willen ist überhaupt dieses sittliche Volk eine durch die Natur bestimmte und daher beschränkte Individualität«.[15] Die Notwendigkeit, daß der

12 (PdG), S. 336.
13 Vgl. (PdG), S. 336.
14 (PdG), S. 332.
15 (PdG), S. 342.

Geist zum »Ich des Selbstbewußtseins« fortschreiten muß, ist sein Schicksal. Die Lebensform der schönen Sittlichkeit ist durch sie »in viele Punkte zersprungen«.[16]

Mit einer Energie, die als ein »Gipfelpunkt der schriftstellerischen Leistungen Hegels«[17] bezeichnet wurde, wird ihre Existenz und ihr Zerfall beschrieben. Unter der Prämisse, daß die Einheit von Kunst- und Lebensform nicht wieder zu beleben ist, wird dies nicht mehr mit einer Zerfallsdiagnose verbunden, wie es in der »Tragödie im Sittlichen« der Fall war. Dies kommt besonders zum Ausdruck, wenn die Tragödie als Form des absoluten Geistes und damit als Kunstform, also von der Höhe des seiner selbst gewissen Geistes aus, noch einmal aufgenommen wird. Es ist eine Form, die bereits dem geschichtsphilosophischen Vermögen der »Erinnerung« übergeben ist. Ihm erschließt sich die tragische Lebensform als eine des Trauerns, weil ihre Akteure nicht wissen, daß sie zerfallen muß. Sie wird bereits hier als Welt der Vorstellung bezeichnet, denn unbewußter Weise bedienen sich die Menschen in ihr des sprachlichen Mediums. Und obgleich Sprache als Merkmal des freien Geistes das Mittel ist, dessen sich der »ins Innre verschlossene Sinn« in der Figur des tragischen Helden bedient, ist er ihm doch nicht als »erinnerter« verfügbar. Der tragische Held als Paradigma einer Lebensform ist deshalb auch in dem Sinne blind, daß er keine Geschichte kennt. Auch dies bringt Hegel mit seiner Naturbestimmtheit in Verbindung. »Der offenbare Geist hat die Wurzel seiner Kraft in der Unterwelt; die ihrer selbst sichere und sich versichernde *Gewißheit* des Volks hat die *Wahrheit* ihres Alle in Eins bindenden Eides nur in der bewußtlosen und stummen Substanz Aller, in den Wassern der Vergessenheit.«[18] Das ἓν καὶ πᾶν aber kann nicht mehr als bewußtlose Substanz gedacht werden. Sittliches Handeln muß sich daher nicht mehr in einem dramatischen Rahmen bewähren, sein Gradmesser ist das akkumulierte Wissen einer universalgeschichtlichen Vernunft geworden. Ihr ist die

16 (PdG), S. 342.
17 Lukács (4), S. 599.
18 Hegel (PdG), S. 339.

tragische Kunstform zu einer der vielen Formen geworden, die als ganze vergangen sind. Hegel findet nun in der »selbstischen Körperlichkeit«[19] des tragischen Helden und in der tragischen Lebensform in Umkehrung zur »Tragödie im Sittlichen« den noch »veräußerten« Geist auf: »Er ist der Geist des tragischen Schicksals, das alle jene individuellen Götter und Attribute der Substanz in das Eine Pantheon versammelt, in den seiner als Geist selbst bewußten Geist.«[20]

5. Anmerkungen zum Modell einer »Logik des Zerfalls«

Mit dem dialektischen Kern besonders der Passagen der »Phänomenologie«, in denen der Zerfall substantieller Sittlichkeit, die Entfremdung des Geistes in die Welt der Bildung und die Aufklärung konstatiert wird, kritisiert die »negative Dialektik« das Herrschaftsdenken instrumenteller, allein die Zweck-Mittel-Rationalität berücksichtigender Vernunft. Mit entscheidenden Anklängen an die zwischen Wissen und Handeln vermittelnde Funktion der Kantischen Einbildungskraft versucht sie mit dem jungen gegen den späten Hegel das Bild freier Erfahrung als ein archetypisches Schematisieren der Einbildungskraft in einer ästhetischen Systematik aufzurichten.

In ihr ist es die Kunst, und unter den Künsten besonders die Musik, welche die Geschichte in ihren Manifestationen und Tendenzen in negativer wie in positiver Hinsicht antizipiert. Dies wird zum ersten Mal in einer eindringlichen Interpretation des Sirenenkapitels aus der »Odyssee« in der »Dialektik der Aufklärung« dargelegt. Ausdrücklich wird an dieser Stelle von der »ahnungsvollen Allegorie der Dialektik der Aufklärung«[1] gesprochen. Mit dem Begriff der Allegorie ist zugleich auf das Werk Benjamins verwiesen. Wie jenes wird auch die negative Dialektik, mit größerer Vorsicht zwar und weniger Gewißheit,

19 (PdG), S. 525.
20 (PdG), S. 524.
1 Horkheimer-Adorno (1), S. 48.

von theologischen Motiven in Gang gehalten. In der Insistenz auf dieser Allegorie ist angedeutet, was die gesamte Theorie auf ihren verschiedenen Anwendungsbereichen immer wieder deutlich zu machen versucht. Als dialektische weigert sie sich, gegen das Interesse an der Eindeutigkeit ihrer Befunde, auch in bezug auf mögliche Anweisungen für ein vernünftiges politisches Handeln, einzelne Forschungsbereiche auseinanderzuhalten. Vielmehr steht im Hintergrund soziologischer, metapsychologischer, kunsttheoretischer und philosophischer Interpretationen immer die Umkehrung des Hegelschen Satzes aus der Vorrede zur »Phänomenologie«, der die Problematik des philosophischen Systems apodiktisch dahingehend zusammenfaßt, das »Ganze« erst sei das »Wahre«.[2]

Der archimedische Punkt im Erfahrungsgehalt der Theorie in bezug auf die Geschichte ist wie beim jungen Hegel dadurch bezeichnet, daß sie sich als permanenter Katastrophenzusammenhang erweist. Im Zusammenbruch des Spätbürgertums im zwanzigsten Jahrhundert hat die Dialektik von Rationalität und Mythologie ihren vorläufigen Höhepunkt erreicht. Ahnungsvoll ist diese »Logik des Zerfalls«[3] in der Allegorie des Odysseus, der, an den Schiffsmast gefesselt, die Arbeit seiner Gefährten und die Kunst der Sirenen genießt, deswegen dargestellt, weil sie die Wurzel geschichtlicher Krisen ins Bild rückt: die Verknechtung menschlicher und außermenschlicher Natur durch die »List der Vernunft«, durch zweckrationales Denken und Handeln, deren Bannkreis immanent nicht aufzubrechen ist.

Die Kritik der negativen Dialektik an dieser Verknechtung kann Marx nicht folgen, dessen These es war, daß sich nur aus der Immanenz zweckentfremdeter Arbeit heraus die über den Individuen der Geschichte lastende Herrschaft aufheben ließe, daß sich Entfremdung und die Bewegung ihrer Aufhebung mit-

2 Hegel (PdG), S. 21.
3 Vgl. zur »Logik des Zerfalls«: Adorno (5), S. 143 ff. Dort heißt es unter anderem: »Nicht zufällig war das Paradoxon seit Kierkegaard die Verfallsform von Dialektik.« An dieses Paradoxon versucht die »Negative Dialektik« anzuschließen: »Ihre Logik ist eine des Zerfalls«. Vgl. (5), S. 407.

einander vermitteln müßten. Marx hat diesen Vermittlungsweg mit der Formel von der Aufhebung der Selbstentfremdung, die denselben Gang mache wie diese, zu fassen versucht. Sie gibt noch der ökonomischen Theorie ihren geschichtsphilosophischen Impuls. Nur im historischen Augenblick, in dem das Proletariat als wahres Subjekt der Geschichte in sie eingreift, war für Marx radikale, d. h. bis zur Wurzel vordringende Kritik bestehender Verhältnisse und bewußte Herstellung eines neuen, daher auch positiv bestimmbaren Trägers der Geschichte, zusammengefallen. Der kritischen Theorie aber in der Ausführung Adornos ist der Übergang in revolutionäre Praxis nicht möglich.[4] Der Sprung mit den Mitteln der Gewalt auf die Einrichtung eines versöhnten Lebens hin, den Hegel in seiner ästhetischen Systematik ins Auge gefaßt hat, ist für ihn keine Alternative zum Leben, das sich als »immerwährender Tod« darstellt. Allein das künstlerische Bild bewahrt den Vorschein einer freien Gesellschaft, auf deren bestehende Realität nur die Zerfallsprognose verlängert wird, die Hegels ästhetischer Systematik immanent ist. Unter sie fallen auch die Ansätze, die das geschlossene »System«[5] gesellschaftlicher Verhältnisse durch Reflexion aufzulösen versuchen, deren Ziel die Einleitung von Bildungsprozessen ist.

Adorno will zwischen der Reflexion als genuin philosophischem und dem künstlerischen Medium keine Grenze in den Fragen

4 Darin und im Versuch, Geschichtsphilosophie mit einer Anthropologie zu vermitteln, unterscheidet sich Marcuse von Adorno. Marcuse versucht an die anthropologischen Implikationen der Marxschen Theorie derart anzuknüpfen, daß er den von den Repressionen der Kultur befreiten und mit seiner Natur versöhnten Menschen im Anschluß an Kant und Schiller durch eine Materialisierung seines Spieltriebs als freien Vermögens zur Produktion zu bestimmen versucht. Als Schauplatz spielerischen, d. h. frei produzierenden Vermögens ist auch bei ihm die Kunst Vorschein einer freien Gesellschaft. Mit den konkreten Handlungsweisungen, die seine Theorie zu geben versucht, ist ihr anthropologisches Fundament allerdings nicht vermittelt. Vgl. Offe (1), S. 73 ff. Offe hebt die Nähe der Position Marcuses zur konservativen Kulturkritik, etwa Gehlens, hervor.

5 Vgl. zur Rede über die Gesellschaft als einem geschlossenen System: Horkheimer-Adorno (1), S. 53, 144, 300.

aufrichten, die mit Aussicht auf erfolgversprechende Antwort an beide gestellt werden können. Philosophie und Kunst sind beide der »bestimmten Negation« verbunden. Beide sind »bewußtlose Geschichtsschreibung der Negativität«. Zentrale Stellen zeigen dies in bezug auf die Philosophie. Zwischen Kausalität, dem »Bann der beherrschten Natur«[6], und Freiheit vermittelt die »bestimmte Negation«. Sie wird in positiver Formulierung wie die künstlerische Verfahrungsweise beschrieben: als Affinität und Sympathie zur Natur: »Weiß einmal das Subjekt das Moment seiner Gleichheit mit Natur, so wird es nicht länger Natur sich gleichmachen... Affinität ist die Spitze einer Dialektik der Aufklärung... Das Bewußtsein weiß von seinem Anderen so viel, wie es ihm ähnlich ist, nicht indem es sich samt der Ähnlichkeit ausstreicht... Aber auch Affinität ist keine positive ontologische Einzelbestimmung... Affinität ist kein Rest, den Erkenntnis nach Ausschaltung der Identifikationsschemata der kategorialen Apparatur in Händen hielte, vielmehr deren bestimmte Negation.«[7] In bezug auf das künstlerische Medium aber wird Affinität zur Natur als Mimesis beschrieben. Wahre Kunst muß sich den Dingen anpassen, darf sie nicht gleichmachen. Nur im mimetischen Verfahren ist die Utopie als »ein Miteinander des Verschiedenen«[8], als Schema eines Vermögens bedeutet, dessen Ziel es ist, Nichtidentisches vor nivellierender Identität zu »retten«.[9]

Auch wissenschaftstheoretische Erwägungen, wenn anders sie so genannt werden dürfen, sind bei Adorno auf mimetisches Verfahren zurückbezogen.[10] Daher kommt es nicht zur Abgren-

6 Adorno (5), S. 264.
7 (5), S. 264 f.
8 (5), S. 151.
9 Das Motiv der »Rettung« von Natur gegen zweckrationales Denken geht auf Benjamin zurück. Wenn es nicht nur eine Metapher sein soll, dann muß es von theologischen Implikationen bestimmt sein. In Verbindung mit der Allegorie wird es von Benjamin auch mit diesem Sinn gebraucht. Am ausgeführtesten liegt es in seinem Barockbuch vor.
10 Vgl. (5), S. 165. Mit Bezug auf erkenntnistheoretische Erwägungen

zung von Philosophie und Kunst. Sie würde dem Verdikt verfallen, dem die auf Herrschaftsdenken beruhende Arbeitsteilung verfällt. Der Nachdruck, welcher auf den Gedanken der Mimesis als Affinität zu menschlicher und außermenschlicher Natur gelegt wird, erweist die Nähe Adornos zum jungen Hegel. Es ist jedoch bei ihm zweifellos eine Entpolitisierung dieser Bestimmung zu beobachten, denn bei Hegel ist sie mit dem Versuch verbunden, die praktische Philosophie neu zu begründen.

Der Bezug von Philosophie und Kunst aufeinander ist, was die Kraft ihrer Darstellung betrifft, bei Adorno in negativer Verkehrung zwar, aber logisch auf die gleiche Weise gedacht, wie es im Idealismus zwischen den ausgeführten Positionen Kants und Hegels der Fall war. Berührten sich dort Philosophie und Kunst im Ideal zu lösender Probleme, im Indifferenzpunkt sich potenzierender Reflexion, so tun sie es hier in umgekehrter Richtung, in der Depotenzierung dieses Ideals, der Darstellung einer »Logik des Zerfalls«. War dort das Verhältnis von Philosophie und Kunst als sich ins Absolute steigerndes zweier Potenzen des Bewußtseins gedacht, so hier als dessen negative Depotenzierung. Schelling hat dieses Verhältnis von Philosophie und Kunst exemplarisch ausgedrückt: »Die letztere, obgleich ganz absolut, vollkommene Ineinsbildung des Realen und Idealen verhält sich doch selbst wieder zur Philosophie wie Reales zum Idealen. In dieser löst der letzte Gegensatz des Wissens sich in die reine Identität auf, und nichtsdestoweniger bleibt auch sie im Gegensatz gegen die Kunst immer nur ideal. Beide begegnen sich also auf dem letzten Gipfel und sind sich, eben kraft der gemeinschaftlichen Absolutheit, Vorbild und Gegenbild.«[11]

Auch bei Adorno spielt die Kunst wie im Idealismus nach Kant eine solch entscheidende Rolle, weil sie als Schauplatz der Aporien gedacht wird, die zwischen »Wissen« und »Handeln« wirken. Gegen die Zweckrationalität der Kantischen Ethik wird

M. Webers wird hier die »Komposition« von Begriffen mit der musikalischen verglichen. Beide »stiften« nach Adorno einen geistigen Gehalt.
11 Schelling (V), S. 348.

polemisiert[12] und dagegen auf das tiefste, weil materiale Konzept des freien Willens in der Lehre von der produktiven Einbildungskraft hingewiesen.[13] Mimesis als »Zweckmäßigkeit ohne Zweck« allein garantiert ein freies Miteinander des Verschiedenen, als das die Utopie bestimmt worden war. Weil die gesamte Theorie Adornos auf diesem Mimesisgedanken beruht, ist sie auch im künstlerischen Medium begründet, denn ihm gelingt es in exemplarischer Weise, mimetisch darzustellen. Die Formel der Zweckmäßigkeit ohne Zweck, die bei Kant immer mit der Autonomieforderung des moralischen Willens verbunden war, gestattet ihm auch, theoretisch notwendig von der Autonomie des künstlerischen Mediums jedem Inhalt gegenüber zu sprechen.

Es ergeben sich jedoch daraus auch die entscheidenden Widersprüche der Theorie. Sie beziehen sich darauf, daß im mimetischen Verfahren utopische und negative Züge zugleich gedacht werden müssen. Es muß vorhandene Dinglichkeit zugleich abbilden und sie als falsch dementieren. Es muß alle Gegenständlichkeit kritisieren und zugleich ein Utopikon freier Darstellung aus ihr entfalten. Kunstimmanent wiederholen sich diese Widersprüche in bezug auf den Vorrang oder die Gleichberechtigung verschiedener Darstellungsmedien. Einerseits darf kein hierarchisches Verhältnis zwischen den Künsten aufgebaut werden, weil dies die Spiegelung real vorhandener Herrschaftsstrukturen bedeuten würde. Alle müssen sich in der Idee der Kunst aufheben.[14] Andererseits ist die Musik diejenige Kunst unter den Künsten, die aufgrund ihres technischen Materials und dadurch, daß sie auf die Konzentration des Hörens angewiesen ist, dazu prädestiniert ist, die Idee der autonomen Kunst als Konstruktion eines autonomen Menschen zu verwirklichen. Die Idee der Utopie als Miteinander des Verschiedenen verbietet es jedoch, innerhalb des mimetischen Materials Hierarchien zu entwickeln. Deshalb ist der Vorrang des musikalischen Mediums

12 Vgl. Adorno (5), S. 255 f.
13 (5), S. 227.
14 Vgl. (6), S. 158 ff.

nur ein mutmaßlicher.[15] Es scheint sogar, als sei der Begriff des
»Verfransungsprozesses«[16] einzelner künstlerischer Medien aus
utopischen Motiven entwickelt worden. Seine Vorgeschichte hat
er im romantischen Begriff der »Mischung« aller Kunstgattun-
gen, deren Tendenz das Universale der Kunst ist.[17]

Auch im Bereich der einzelnen Künste versucht Adorno, ein
Programm freier Integration zu entwickeln.[18] Für die Musik
gilt dies in bezug auf die Konzeption einer musique informelle,
die weder an subjektivistische Ausdruckskomponenten, noch
an Techniken gesetzmäßiger Komposition gebunden ist. In der
Dichtung erscheint als ihr Pendant der parataktische Fluß von
Sprachreihen, der durch keine logische Form behindert ist.

Da als einzige Vermittlungsinstanz des Paradoxons von Wissen
und Handeln aber der ästhetische Schein angegeben wird, ist
die Kunst in der kritischen Theorie die Mitte, die Indifferenz
von Wahr und Falsch. Ihr wohnen die gleichen Widersprüche
inne, die für den Gestaltbegriff des jungen Hegel charakteristisch
sind. Im Handeln lassen sie sich nur als Paradoxon vollziehen.
Dies ist bereits in der Allegorie der Dialektik der Aufklärung
angedeutet. Die Kunst ist der Praxis von Herrschaft und
Knechtschaft ferngehalten. Das macht ihre Stärke und Schwäche
zugleich aus, denn im Brennpunkt des künstlerischen Mediums
spiegeln sich die Herrschaftsstrukturen der Gesellschaft, indem es
aber gleichsam von außen in sie hineinscheint, ist in ihm angedeutet, daß das geschlossene System ihres Herrschaftszusammen-
hanges von innen nicht gebrochen werden kann. Daher sind ihm
keine Anweisungen auf ein Handeln zu entnehmen, das sich
dessen Aufhebung zum Ziel gesetzt hat.

15 Vgl. (1), S. 298.
16 Dieser Begriff bezeichnet die Tendenz zur Einheit in der Mannigfaltigkeit
künstlerischer Medien. Adorno (6), S. 159, 177.
17 Als utopisches Bedürfnis wird es folgendermaßen charakterisiert: »... die
bilderlose Realität ist das vollendete Widerspiel des bilderlosen Zustands
geworden, in dem Kunst verschwände, weil die Utopie sich erfüllt hätte, die
in jedem Kunstwerk sich chiffriert. Solchen Untergangs ist die Kunst von sich
aus nicht fähig. Darum verzehren sich aneinander die Künste.« (6), S. 182.
18 (2), S. 365 ff., (4), S. 156 ff.

Dem paradoxen Vollzug der Widersprüche des Lebens ist die Gewißheit eines versöhnten versagt. Deshalb mag es gerechtfertigt sein, in der negativen die Verlängerung der Zerfallsdialektik zu sehen, die Hegels »Tragödie im Sittlichen« kennzeichnet. In der Darstellung dieses Zerfalls spielt die Kunstform der Allegorie, der nach Lukács ein religiöses Bedürfnis immanent ist, die entscheidende Rolle, und es ist nicht von ungefähr, wenn er ihren Fürsprechern vorwirft, sie richteten sich im »Divertissement« des Melancholikers ein.[19] Nach ihm ist sie geradezu als antiaufklärerisch zu bestimmen, wenn unter Aufklärung der konsequente Verzicht auf transzendente Begründung des Daseins zu seiner partikularen Rechtfertigung verstanden wird. Es kann jedoch nicht übersehen werden, daß sich gerade jene Allegorie der Aufklärung, in der sich die Brüche und Widersprüche kristallisieren, in welche sich die »List der Vernunft« verstrickt, immanent gegen die Glorifizierung einer harmonisch in sich geschlossenen Kultur richtet, die Lukács selbst versucht hat. Dieser Klassizismus kennzeichnet noch seine späte Kunsttheorie. Ihm entspricht in der späten Theorie der Gesellschaft die Affirmation der Positivität ihres Zustandes. Der Allegoriker aber schaut mit einem Blick, in dem die Utopie einer mit sich selbst versöhnten Natur immer bedeutet ist, auf das Trümmerfeld der Geschichte, den Ausdruck einer »Naturgeschichte des Leidens«. In ihm verbirgt sich die Trauer über eine säkularisierte Welt, die sich des Wunders ihrer Erlösung nicht mehr gewiß ist.

6. Exkurs zu Hölderlin

Hegel war es, der den Versuch unternahm, Entzweiung als die Form der modernen Welt zu erfassen, gleichwohl aber unter ihrer Bedingung die Einheit der Widerstreite zu denken, in die sich seiner Meinung nach Subjektivität und Objektivität aufgelöst hatten. Unter den nachkantischen Theoretikern ist es Höl-

---

19 Mit Recht und großer Zurückhaltung hat Lukács dies in seiner Benjaminkritik vorgetragen. Vgl. Lukács (2), S. 727 ff.

derlin gewesen, welcher der Energie und Sensibilität von Hegels Argumentation am engsten verbunden ist. Auch er versuchte, das Faktum des Zerfalls modernen Lebens vor Augen, die Bedingungen zu formulieren, unter denen Philosophie und Dichtung im Zeitalter der Französischen Revolution möglich sind.

Schon innerhalb der Systementwürfe des jungen Hegel entwikkelt sich die Abkehr von der Begeisterung für die Schönheit der griechischen Individualität und die Polemik gegen die Belebungsversuche einer Form des Lebens, mit der die Moderne nur noch äußerlich verbunden ist. Hegel hat diese geschichtsphilosophisch motivierte Distanzierung erst in seiner »Phänomenologie« vollzogen. Innerhalb des Gefüges ihrer Gedanken ist es das Medium der Kunst, das als ganzes nicht die Kraft besitzt, die zu der Bewältigung seines Programms vorausgesetzt ist. In ihm läßt sich nach Hegel nur die bloße Trauer um zerfallene Lebensformen darstellen, vor der Notwendigkeit aber, eine prosaisch gewordene Welt durchsichtig zu machen, versagt es, weil es in der blinden Abbildung alles Wirklichen verharrt. Die Schönheit aber, welche die plastische Individualität in ihrer Einmaligkeit charakterisiert, kann nach dieser Distanzierung Hegels von seiner ästhetischen Systematik nur erfaßt werden, wenn ihre Natur, in den weltgeschichtlichen Progreß eingespannt, in die Ferne geschichtlicher Distanz gerückt ist. Dann erst ist sie der Erinnerung des Selbstbewußtseins übergeben und wirkt in seinem Wissen, nicht aber in seinem Handeln fort: »Die Er-Innerung hat sie aufbewahrt und ist das Innre und die in der Tat höhere Form der Substanz.«[1]

Für Hegel ist demnach die Form der Kunst kein Paradigma mehr, in dessen Medium sich Wirkliches voll ergreifen ließe. Seine späte Ästhetik kann daher als ein Nekrolog auf sie gelesen werden; er geht davon aus, daß sich künstlerische Darstellung und die ihr zugehörenden Lebensformen in die Nischen und Freiräume zurückgezogen haben, die ihnen im System kapitalistischer Rationalität geblieben sind. Anders Hölderlin. Einzelnes

1 Hegel (PdG), S. 564.

Sinnliches, das sich nach Hegel erst begreifen läßt, wenn der Übergang vom Wesen zum Begriff vollzogen ist, wird für ihn erst präsent, wenn geschichtsphilosophische und poetologische Theorie die Bedingungen der Möglichkeit hymnischer Dichtung eingegrenzt haben. Mit konziser Begrifflichkeit versuchte er deshalb, den Rahmen abzustecken, innerhalb dessen sie sich bewegen kann, und zwar so, daß es das Gedichtete selbst ist, das in sich das Gesetz der Geschichte und ihr Formgesetz enthalten muß.

Exemplarisch ist dieser Bezugspunkt Hölderlins in den beiden Texten »Das Werden im Vergehen« und »Über die Verfahrungsweise des poetischen Geistes« thematisiert. Beider Teleologie liegt darin, ein Gesetz der Geschichte und der Dichtung zu erweisen – oder in Hölderlins Terminologie: ein »Maas«[2] –, das allem gemein und jedem eigen. Ihr eigenes Maß ist es also, das Verhältnis von geschichtlicher Kontinuität und Diskontinuität zu klären, die Möglichkeit von Dichtung darin zu messen und beides aufeinander zu beziehen. Denn auch für Hölderlin ist die Signatur der Epoche dadurch charakterisierbar, daß es der Widerstreit von Natur und sittlicher Welt ist, in den die Bildung der Moderne auseinandergetreten ist. Der Anfang von Philosophie und Dichtung kann nur in ihm und den Inhalten, die er repräsentiert, liegen. Er kann nicht in einen absoluten Indifferenzpunkt der Wissens- und Handlungsformen gelegt werden, denn dies muß, wie es bei Schelling der Fall war, zu mythologisierenden Fixierungen führen.

In der Metapher der »Exzentrischen Bahn« aus den Vorarbeiten zur endgültigen Fassung des »Hyperion« noch waren deren beide Extreme, der Zustand »seelige(r) Einigkeit«[3], des Seins, »im einzigen Sinne des Wortes«[4], und der Zustand höchster Bildung als nicht zu vereinender Widerstreit auseinandergefallen. Einzig in dem, was Hölderlin »Liebe« nennt, schien sich ein Vergleich beider Extreme anzudeuten. Den Formen des Wis-

2 Hölderlin (II,1), S. 91; vgl. (IV,1), S. 241.
3 (III), S. 236.
4 (III), S. 236.

sens und des Handelns aber wird in der Vorrede zur vorletzten
Fassung die Möglichkeit einer solchen Vereinigung abgesprochen.
In den genannten Texten werden diese beiden Extreme auf ein
tertium comparationis bezogen, auf die Idee des Lebens. Dadurch
ist es möglich, auch die Gemeinschaft der griechischen Polis, ihre
schöne Sittlichkeit, nicht als Naturzustand, sondern als eine be-
sondere, mittlerweile alt gewordene Wirkung des Wechsels
zwischen Natur und sittlicher Welt zu bestimmen; sie sind jedoch
in diesem Dritten nicht versöhnt, sondern in paradoxer Weise
aneinander gebunden. Der Begriff der Versöhnung ist im Spät-
werk Hölderlins nicht zu finden. Einmal wird dieses Wort in
den Vorstufen einer Hymne affirmativ in den Anfang gesetzt,
aus ihrer endgültigen Fassung ist es verschwunden.[5] So vollzieht
sich der Übergang, der in der Hymne »Patmos« in das suggestive
Bild von »leichtgebaueten Brüken«[6] gebracht ist, auf denen die
»Söhne der Alpen über den Abgrund weg«[7] von Gipfel zu
Gipfel der Zeit gehen, mit dem Bewußtsein, daß es getrennte
Sphären sind, die miteinander verbunden werden sollen.

Obgleich Geschichtsphilosophie und kalkulables Gesetz – so bezeichnet Hölderlin die Logik des Gedichteten – im Gedichteten
selbst vereint sein müssen, können sie dennoch voneinander ab-
gehoben werden, damit die Intentionen Hölderlins deutlich werden. Sie beruhen auf dem Versuch, zu leisten, was Hegel nicht
vollkommen gelang: die Koinzidenz formaler und inhaltlicher
Bedeutungsstrukturen im Gedichteten herauszuarbeiten. Hegel
hat dies an dem Paradigma der Skulptur versucht. Er entwik-
kelte jedoch keinen Begriffsapparat, der es ihm gestattet hätte,
den betrachteten Gegenstand aus seiner Immanenz heraus zu
erfassen. Dies freilich ist auch nicht seine Intention, denn die
ästhetische Anschauung wird innerhalb seines Bezugsrahmens
sogleich verlassen, um der Geschichtsphilosophie zu weichen, so
wie die sinnliche Gewißheit dem absoluten Wissen Platz machen
muß. Die formalanalytische Ästhetik Kants und der von ihm

5 Vgl. Szondi (4), S. 55 ff.
6 Hölderlin (II,1), S. 165.
7 (II,1), S. 165.

beeinflußten Theoretiker trifft sich darin mit Hegels Position, daß sie die formalen Aspekte eines Bedeutungsträgers am ehesten aus der Anschauung zu gewinnen in der Lage ist. Jedoch weicht sie nicht sofort in seine Interpretation als geschichtlicher Manifestation aus, was zugleich die Grenze ihrer Interpretationskraft bezeichnet. Es würde Hölderlin überfordern, verstände man seine, zudem nur fragmentarisch vorliegende, Theorie als geleistete Integration von Kants und Hegels Kunstphilosophie, denn ihre Wahrheit erfüllt sich erst in der späten Hymnik. Dennoch ist auch sie an einer Leerstelle zu lokalisieren, die schon im Kantischen System dazu führte, das Erkenntnisvermögen der Einbildungskraft an eine zentrale Stelle zu setzen, ein Vorgang, der auch das Theorem der romantischen Ironie motiviert hat. Diesem Integrationsverständnis bliebe freilich die Notwendigkeit unverständlich, die der Grund dafür ist, die Logik der Geschichte im Gedichteten auszudrücken. Für Hölderlin ist der Grund des Versuchs, Schemata der Darstellung dieser Identität zu finden, einerseits die Auflösung, wie sie als reale in der Französischen Revolution geschehen ist, andererseits der Zustand der Reflexion, welcher auf dem Gedanken der Trennung beruht. Beide aber gilt es zu überwinden. Das Ziel seiner Darstellungsschemata ist es, etwas freizulegen, was, wie es im Prosaentwurf der Feiertagshymne heißt, »der Gedanke nicht kennt«.[8]

In den beiden genannten Texten sind es die Begriffe des »Moments« und des »Hauptpunkts«, denen die Vereinigungsfunktion des Gegensatzes von geschichtlicher Kontinuität und Diskontinuität und des Widerspruches von Form und Stoff des Gedichteten zukommt. Was die »Erinnerung« als Verständnisprinzip der Geschichte, ist die »Zäsur« als Ruhe und Anfang des Gedichts. In den Anmerkungen zu den Ödipus- und Antigoneübersetzungen hat Hölderlin die Zäsur bildlich dargestellt. Es geht ihm bei diesem Versuch darum, zu zeigen, daß jeweils die eine Hälfte des Gedichteten gegen die andere in Schutz genommen werden muß, »um nemlich dem reißenden Wechsel der

8 (II,2), S. 669.

Vorstellungen, auf seinem Summum, so zu begegnen, daß alsdann nicht mehr der Wechsel der Vorstellung, sondern die Vorstellung selber erscheint«.[9] In der Vorstellung soll sich demnach verbinden, was sich als Verbindendes und Verbundenes bezeichnen läßt. Von Hölderlin wird es in bezug auf die Tragödie das »reine Wort« genannt, ein Wort, das nicht von plastischer Körperlichkeit getötet werden kann, wie es in der Gemeinschaft der griechischen Polis der Fall war und worin deren Tragik bestand; das aber auch jenseits der Tragik der modernen Epoche liegen soll, in der die Plastizität einer einzelnen sinnlichen Erscheinung unter der Herrschaft der Reflexion in membra disjecta auseinanderfällt. Von diesem Gesichtspunkt aus mag Benjamin auf die Bemerkung Hellingraths hingewiesen haben, Hölderlins Sophoklesübersetzungen seien »barock«.[10]

Dadurch, daß in der Zäsur nicht der Wechsel der Vorstellungen, sondern die Vorstellung selbst sich ausdrückt, ist sie durch eine reflexive Struktur charakterisierbar, in welcher die »exzentrische Rapidität« des Gedichteten in einem Moment aufgehalten ist. In der Immanenz des Gedichteten findet sich jetzt die Metapher der »exzentrischen Bahn«, die in den Vorarbeiten zum »Hyperion« den Auseinanderfall von Natur und sittlicher Welt bezeichnete. In den Anmerkungen jedoch wird auf die vereinigende Funktion der Zäsur hingewiesen: »Der kühnste Moment eines Taglaufs oder Kunstwerks ist, wo der Geist der Zeit und Natur, das Himmlische, was den Menschen ergreift, und der Gegenstand, für welchen er sich interessiert, am wildesten gegeneinander stehen, weil der sinnliche Gegenstand nur eine Hälfte weit reicht, der Geist aber am mächtigsten erwacht, da, wo die zweite Hälfte angeht. In diesem Moment muß der Mensch sich am meisten festhalten, deswegen steht er auch da am offensten in seinem Karakter.«[11] Die Zäsur ist die Bedeutung des Gedichteten, sein Grund, der ihm Wahrheit und Wirklichkeit gibt,

9 (V), S. 196.
10 Benjamin (2), S. 211.
11 Hölderlin (V), S. 266.

seine, in der Sprache der »Verfahrungsweise«, »hyperbolische Richtung«.

Von dieser Charakterisierung der Zäsur als der Umkehr im Gedichteten, wo für einen Moment der Wechsel seiner Vorstellungen aufgehalten ist, kann auf die Vereinigungsfunktion des Moments hingewiesen werden, die er im Werden und Vergehen geschichtlicher Welten hat. Seine Landschaft ist das »wüste Land«, wie es in den Anmerkungen zur Antigone-Übersetzung erscheint, seine Zeit die »Hälfte des Lebens«, die Zäsur im Gange der Geschichte, der in der Hymne »Mnemosyne« als »hälftig« charakterisiert wird. In dem geschichtlichen Moment dieser Zäsur, der durch das Ineinanderfallen der Modalbestimmungen Wirklichkeit, Möglichkeit und Notwendigkeit gekennzeichnet ist, im Zustande der Auflösung alles Wirklichen oder, wie Hölderlin formuliert, im »Zustande zwischen Seyn und Nichtseyn«[12], herrscht die Empfindung dieser Auflösung, und zugleich wird die alte Welt in die Erinnerung aufgenommen. Die Notwendigkeit dieser Distanzierung ist dem ersten Schmerz, der die Trennung von gewohnten Verhaltensformen begleitet, noch unbekannt; er ist die bloße Negation, aus der nichts wird und werden kann. In den Gedichten Hölderlins wird er als elegische Trauer dargestellt, als Stand mit sich selbst zerfallener Geistigkeit, deren Handlungsträger sich nicht ans objektive Leben entäußert haben. Die Sprache aber, in der die Notwendigkeit der Auflösung geschichtlich alt gewordener Handlungsmuster erkannt ist, darf nicht die bloßer Klage sein. Dieser Gesichtspunkt charakterisiert die Härte von Hölderlins hymnischer Dichtung.[13]

Der Grund der Erinnerung ist also die Empfindung der Auflösung der gelungenen Wechselwirkung von Natur und sittlicher Welt. In ihr selbst aber muß die alt gewordene aufbewahrt und die neue als Antizipation gegenwärtig sein. Der Moment der Umkehr der Modalitäten der Erfahrung enthält wie die Zäsur eine reflexive Struktur. In ihr wird der Subjektivität das sich

12 (IV,1), S. 283.
13 Vgl. Szondi (3).

an ihr nur vollziehende Geschehen der Auflösung durchsichtig, und darin ist sie frei. Freiheit und Notwendigkeit sind in der Erinnerung vereint. Daß es die Subjektivität sein muß, an der sich der Schmerz der Auflösung fühlbar macht, enthält einen Fichteschen Zug im Denken Hölderlins. Zugleich ist es die Subjektivität, welche sich in der Erinnerung in den Gang der Geschichte eingepaßt weiß. Darin hat Hölderlin Hegel vorweggenommen. In der Hymne »Mnemosyne« ist die Umkehr, welche die Subjektivität in der Erinnerung vollzieht, in einem Wort ausgedrückt. Das Verbum »behalten« dient zunächst der Beschreibung toter Objektivität, die erst durch die Erinnerung beseelt wird. Erst die erinnernde Subjektivität versteht den Satz: »Vieles aber ist/Zu behalten.«[14]

In geschichtlicher Hinsicht also gibt der Moment des Erinnerns dem Gedichteten seine Bedeutung. Mit der Klärung dieses Grundes aber ist für Hölderlin seine Möglichkeit erwiesen, sein geschichtsphilosophischer Ort bestimmt. An der fortdauernden Ungewißheit jedoch, ob die Vereinigung von Natur und sittlicher Welt je so gelingen kann, daß von der Versöhnung dieses Gegensatzes gesprochen werden darf, muß sich das Gedichtete abarbeiten.

14 (II,«), S. 197.

Literaturverzeichnis

In dem Verzeichnis der Literatur sind die im Text zitierten und in den Anmerkungen erwähnten Titel aufgeführt. Die in Klammern gesetzten Nummern bzw. Siglen bezeichnen den Titel, wie er zusammen mit dem Namen des Autors als Zitat erscheint.

Fichte, J. G. Sämtliche Werke, hrsg. von J. H. Fichte. Bonn 1834 ff. (I ff.)

Hegel. Theologische Jugendschriften, hrsg. von H. Nohl. Tübingen 1907 (J)

– Schriften zur Politik und Rechtsphilosophie, hrsg. von G. Lasson. Leipzig 1923 (SPR)

– Differenz des Fichte'schen und Schelling'schen Systems der Philosophie, hrsg. von G. Lasson. Hamburg 1962 (Diff)

– Glauben und Wissen oder die Reflexionsphilosophie der Subjektivität in der Vollständigkeit ihrer Formen als Kantische, Jakobische und Fichtesche Philosophie, hrsg. von G. Lasson. Hamburg 1962 (GW)

– Politische Schriften. Nachwort von J. Habermas. Frankfurt 1966 (PS)

– Jenenser Realphilosophie. Die Vorlesungen von 1803/04, hrsg. von J. Hoffmeister. Leipzig 1932 (R I)

– Jenenser Realphilosophie. Die Vorlesungen von 1805/06, hrsg. von J. Hoffmeister. Leipzig 1931 (R II)

– Phänomenologie des Geistes, hrsg. von J. Hoffmeister. Hamburg [6]1952 (PdG)

– Wissenschaft der Logik, hrsg. von G. Lasson. Zweiter Teil. Hamburg 1963 (L)

– Grundlinien der Philosophie des Rechts, hrsg. von J. Hoffmeister. Hamburg [4]1955 (RPh)

– Vermischte Schriften aus der Berliner Zeit, hrsg. von H. Glockner. Stuttgart 1958 (BS)

Hölderlin. Sämtliche Werke (Große Stuttgarter Ausgabe), hrsg. von F. Beißner. Stuttgart 1946 ff. (I ff.)

Kant. Werke in sechs Bänden, hrsg. von W. Weischedel. Darmstadt 1960 ff. (I ff.)

Schlegel, F. Kritische Ausgabe, hrsg. von E. Behler unter Mitwirkung von H. Eichner und J. J. Anstett. Paderborn-München-Wien-Zürich 1958 ff. (I ff.)

- Von der Seele, hrsg. von G. Müller. Augsburg-Köln 1927 (I)
- »Philosophie der Philologie«, hrsg. von J. Körner. In: Logos XVII (1928), 16–66 (2)
- Kritische Schriften, hrsg. von W. Rasch. München ²1964 (3)
- Hrsg. Europa. Eine Zeitschrift. Mit einem Nachwort zur Neuausgabe von E. Behler. Darmstadt 1963 (4)

Schelling, F. W. J. Sämtliche Werke, hrsg. von K. F. A. Schelling, I. Abteilung Bd. 1-10, II. Abteilung Bd. 1-4. Stuttgart-Augsburg 1865-1861 (I ff.)

Adorno, Th. W. Minima Moralia. Reflexionen aus dem beschädigten Leben. Frankfurt ²1962 (1)
- Vers une musique informelle. In: Quasi Una Fantasia. Musikalische Schriften II. Frankfurt 1963, 365–437 (2)
- Fortschritt. In: Die Philosophie und die Frage nach dem Fortschritt. München 1964, 30-48 (3)
- Parataxis. In: Noten zur Literatur III. Frankfurt 1965, 156-182 (4)
- Negative Dialektik. Frankfurt 1966 (5)
- Die Kunst und die Künste. In: Ohne Leitbild. Parva Aesthetica. Frankfurt 1967, 158-182 (6)

Benjamin, W. Schriften II. Frankfurt 1955 (II)
- Das Kunstwerk im Zeitalter seiner technischen Reproduzierbarkeit. Frankfurt 1963 (1)
- Ursprung des deutschen Trauerspiels, hrsg. von R. Tiedemann. Frankfurt 1963 (2)
- Zur Kritik der Gewalt und andere Aufsätze. Frankfurt 1965 (3)

Biemel, W. Die Bedeutung von Kants Begründung der Ästhetik für die Philosophie der Kunst. Kantstudien 77. Köln 1959 (1)

Blumenberg, H. Die Legitimität der Neuzeit. Frankfurt 1966 (1)

Dilthey, W. Die dichterische und philosophische Bewegung in Deutschland 1770 bis 1800. In: Gesammelte Schriften V. Band. Leipzig-Berlin 1924, 12-27 (1)

Ey, H. Das Bewußtsein. Berlin 1967 (1)

Freud, S. Der Witz und seine Beziehung zum Unbewußten. Gesammelte Werke VI. Frankfurt ³1961 (1)
- Triebe und Triebschicksale. In: Gesammelte Werke X. Frankfurt ³1963, 210-232 (2)
- Die Verdrängung. In: (2), 248-261 (3)

Fulda, H. F. Das Problem einer Einleitung in Hegels Wissenschaft der Logik. Frankfurt 1965 (1)

Gadamer, H. G. Wahrheit und Methode. Tübingen ²1965 (1)

Habermas, J. Strukturwandel der Öffentlichkeit. Untersuchungen zu einer Kategorie der bürgerlichen Öffentlichkeit. Neuwied-Berlin ²1965 (1)

– Dialektischer Idealismus im Übergang zum Materialismus – Geschichtsphilosophische Folgerungen aus Schellings Idee einer Contraction Gottes. In: Theorie und Praxis. Sozialphilosophische Studien. Neuwied-Berlin 1963, 108–161 (2)

– Hegels Kritik der Französischen Revolution. In: (2), 89-107 (3)

– Naturrecht und Revolution. In: (2), 52-88 (4)

– Nachwort zu Hegels politischen Schriften. In: Hegel (PS), 343-370 (5)

– Arbeit und Interaktion. In: Natur und Geschichte. Karl Löwith zum 70. Geburtstag. Stuttgart 1967, 132-155 (6)

– Erkenntnis und Interesse. Frankfurt 1968 (7)

Hare, R. M. The Language of Morals. Oxford University Press ²1967 (1)

Heidegger, M. Kant und das Problem der Metaphysik. Frankfurt ³1965 (1)

Henrich. D. Hölderlin über Urteil und Sein. In: Hölderlin-Jahrbuch 1965/66, 73-96 (1)

– Kunst und Kunstphilosophie der Gegenwart. Überlegungen mit Rücksicht auf Hegel. In: Poetik und Hermeneutik II, hrsg. von W. Iser, München 1966, 11-32 (2)

– Fichtes ursprüngliche Einsicht. Frankfurt 1967 (3)

Hollerbach, A. Der Rechtsgedanke bei Schelling. Frankfurt 1957 (1)

Horkheimer, M. – Adorno, Th. W. Dialektik der Aufklärung. Philosophische Fragmente. Amsterdam 1947 (1)

– Zur Kritik der instrumentellen Vernunft. Frankfurt 1967 (2)

Jähnig, D. Schelling. Die Kunst in der Philosophie. Pfullingen 1966 (1)

Jauß, H. R. Fr. Schlegels und Fr. Schillers Replik auf die Querelle des Anciens et des Modernes. In: Europäische Aufklärung. Herbert Dieckmann zum 60. Geburtstag. München 1967, 117-140 (1)

– Hrsg. Die nicht mehr schönen Künste. Grenzphänomene des Ästhetischen. München 1968 (2)

Kambartel, F. Erfahrung und Struktur. Bausteine zu einer Kritik des Empirismus und Formalismus. Frankfurt 1968 (1)

Kierkegaard, S. Über den Begriff der Ironie. Mit ständiger Rücksicht auf Sokrates. Düsseldorf-Köln 1961 (1)

Kimmerle, H. Zur Chronologie von Hegels Jenaer Schriften. In: Hegel-Studien, hrsg. von F. Nicolin und O. Pöggeler Bd. 4. Bonn 1967, 125-176 (1)

Koselleck, R. Kritik und Krise. Ein Beitrag zur Pathogenese der bürgerlichen Welt. Freiburg- München 1959 (1)

Lukács, G. Die Theorie des Romans. Ein geschichtsphilosophischer Versuch über die Formen der großen Epik. Neuwied-Berlin ²1963 (1)

– Die Eigenart des Ästhetischen. 2. Halbbd. Neuwied-Berlin 1963 (2)

– Über die Besonderheit als Kategorie der Ästhetik. Neuwied-Berlin 1967 (3)

– Der junge Hegel. Über die Beziehungen von Dialektik und Ökonomie. Neuwied-Berlin ³1967 (4)

– Geschichte und Klassenbewußtsein. Neuwied-Berlin 1968 (5)

Mannheim, K. Das konservative Denken. Soziologische Beiträge zum Werden des politisch-historischen Denkens in Deutschland. In: Wissenssoziologie. Berlin-Neuwied 1964, 408-565 (1)

Marcuse, H. Eros und Kultur. Ein philosophischer Beitrag zu Sigmund Freud. Stuttgart 1957 (1)

Marquard, O. Kant und die Wende zur Ästhetik. In: Zeitschrift für philosophische Forschung. Meisenheim 1962, 231-243 und 263-374 (1)

– Über einige Beziehungen zwischen Ästhetik und Therapeutik in der Philosophie des neunzehnten Jahrhunderts. In: Literatur und Gesellschaft, hrsg. von H. Schrimpf. Bonn 1963, 22-55 (2)

– Zur Bedeutung der Theorie des Unbewußten für eine Theorie der nicht mehr schönen Kunst. In: Jauß (2), 375-392 (3)

Marx, K. Die Frühschriften, hrsg. von S. Landshut. Stuttgart 1964 (1)

– Der 18te Brumaire des Louis Napoleon. In: Marx-Engels. Werke Bd. 8. Berlin 1960, 113–207 (2)

– Werke, Ergänzungsband. Schriften bis 1844. Berlin 1968 (3)

Offe, C. Technik und Eindimensionalität. Eine Version der Technokratiethese? In: Antworten auf Herbert Marcuse, hrsg. von J. Habermas. Frankfurt 1968, 73-88 (1)

Paul, J. Vorschule der Ästhetik, hrsg. von N. Miller. München 1963 (1)

Riedel, M. Hegels Kritik des Naturrechts. In: Studien zu Hegels Rechtsphilosophie. Frankfurt 1969, 42-74 (1)

Ritter, J. Hegel und die Französische Revolution. In: Metaphysik und Politik. Studien zu Aristoteles und Hegel. Frankfurt 1969, 183-255 (1)

– Moralität und Sittlichkeit. Zu Hegels Auseinandersetzung mit der kantischen Ethik. In: (1), 281-309 (2)

Rosenkranz, K. Hegels Leben. Darmstadt 1963 (1)

Rosenzweig, F. Das älteste Systemprogramm des deutschen Idealismus. In: Kleinere Schriften. Berlin 1937, 230-277 (1)

Ryle, G. The Concept of Mind. Harmondsworth ²1966 (1)

Sandkühler, H. J. Freiheit und Wirklichkeit. Zur Dialektik von Politik und Philosophie bei Schelling. Frankfurt 1968 (1)

Schiller, F. Werke. Nationalausgabe Bd. 20. Philosophische Schriften. Erster Teil. Weimar 1962 (1)

Simmel, G. Der Begriff und die Tragödie der Kultur. In: Das individuelle Gesetz. Philosophische Exkurse, hrsg. von M. Landmann. Frankfurt 1968, 116-147 (1)

Schmitt, C. Politische Romantik. München-Leipzig ²1925 (1)

– Politische Theologie. Vier Kapitel zur Lehre von der Souveränität. München-Leipzig ²1934 (2)

– Hamlet oder Hekuba. Der Einbruch der Zeit in das Spiel. Düsseldorf-Köln 1956 (3)

Strauss, A. Spiegel und Masken. Die Suche nach Identität. Frankfurt 1968 (1)

Strohschneider-Kohrs, I. Die romantische Ironie in Theorie und Gestaltung. Tübingen 1960 (1)

Szondi, P. Friedrich Schlegel und die romantische Ironie. Mit einer Beilage über Tiecks Komödien. In: Satz und Gegensatz. Sechs Essays. Frankfurt 1964, 5-24 (1)

– Versuch über das Tragische. Frankfurt ²1964 (2)

– Der andere Pfeil. Zur Entstehungsgeschichte des hymnischen Spätstils. In: Hölderlin-Studien. Mit einem Traktat über philosophische Erkenntnis. Frankfurt 1967, 33-54 (3)

– Er selbst, der Fürst des Fests. In: (3), 55-81 (4)

Wind, E. Art and Anarchy. London 1963 (1)

Wittgenstein, L. Schriften 3. Frankfurt 1967 (1)